住宅現場
公開講座

# 品質を守る木造住宅の計画と設計

力石眞一・中村 茂

井上書院

## はじめに

　本書の主題は，在来構法による木造住宅において，設計段階で十分な検討をしておかないと，施工段階でいくらがんばっても品質を確保することが難しい内容（以下，施工段階の品質を本書では「施工品質」といいます）について，「どのような点に配慮した設計をすれば，施工品質が確保できるか」を明らかにするという点にあります。そしてこれは，「特別の構法*1や工法*2によらず，普通のコスト条件下で，普通の技能をもった職人さんたちによって，多くの事例で採用されている仕様」で建てられる住宅を対象としています。

　本書は，次のような方々を念頭において書かれています。

①建築の専門教育を受けているが，木造住宅の設計実務に就いてまだ日が浅く，最低限守るべき施工品質を備えた住宅をつくるには設計上どのようなポイントがあるのかを知りたいと考えている方々。

②現場の管理がおもな業務であり，設計に携わってはいないが，最低限守るべき施工品質を備えた住宅をつくるには設計上どのようなポイントがあるのかを知っておくことで，そうした配慮が欠けている設計を改善し，それを現場の作業に反映させたいと考えている方々。

③建築の専門教育を受けてはおらず，設計や施工の実務にも携わってはいないが，建築会社の社員として建築主の方と接触する機会が多く，最低限守るべき施工品質を備えた住宅をつくるにはどのような設計上のポイントがあるのかを知り，それを設計や施工の実務に反映させることで建築主の方からの評価を得たいと考えている方々。

　本書は，木造住宅の設計に関する専門的な知識のない方でも，最低限守るべき施工品質を備えた住宅をつくるための設計上のポイントが理解できるよう，設計作業をSTEP 1〜STEP 9に区分して構成しています。

　本書が，「住まいづくり」に関わる方々にとって，それぞれのおかれている場面でお役に立つことができましたなら，私たち筆者の大きな喜びです。

力石眞一・中村茂

*1：ここでは構法という言葉を，建築物を成立させている架構形式や部材の構成のしかたの意味で使っています。
*2：ここでは工法という言葉を，施工方法の意味で使っています。

## ●本書の記載内容について

「住宅の品質」を広い意味でとらえれば，建設地周辺の施設や通勤・通学の利便性などのように，個人レベルで変えたり造り込んだりすることが難しい品質や，内外の空間のデザインや使い勝手，住まい方などのように，個人個人でつくり込むことのできる品質などが含まれるといってよいと思います。しかしながら，これらの品質は住宅設計にあたって非常に大きな要素ではありますが，本書の主題である施工品質という視点から対象外としています。特に後者については先達の方々のすばらしい論説が数多く出版されており，入手も容易であることなどから本書では記載しておりません。

「住宅の品質確保の促進等に関する法律（以下「品確法」といいます）」に規定された「性能表示」は，これからの時代の設計作業に不可欠なものの一つでありますが，いわゆるマニュアル本などが数多く出版されており本書では記載しておりません。しかしながら，表示された性能を確保するために必要となる基礎的な内容などが品確法では規定されていないものがあり，これらについては記載しています。

確認申請や公庫融資手続きなどは，設計業務をサービス業ととらえれば重要な業務の一つですが，施工品質には直接的に関連がなく，本書では記載しておりません。

「欠陥住宅」や「手抜き工事」などの告発本は数多く出版されておりますが，そこで指摘された問題は，単に施工現場での不手際だけで起きた問題ではなく，その前段階である設計段階での検討不足や，情報収集とその判断などが不適切であった，などのケースが少なくなかったのではないかと考えています。

本書に記載しているのは，さまざまな設計要素を整理し，組み立て，そして創造された空間を，耐久性をもった安全な建物として現実のものとするために必要な，いわば裏方ともいえる基礎的な内容です。

読者の皆様が，「建築基準法」や「品確法」の規定だけにこだわるのではなく，法の規定がなくとも，自らの判断で必要と考えた指標を取り入れて設計をしていただきたいと考えており，その際に本書が役立つことがありましたなら大きな喜びです。

なお，「施工品質」を守るための工事段階での要点に関しては，力石眞一著『住宅現場・公開講座 品質を守る木造住宅のつくり方』（井上書院）をお読みください。

● ページの構成について

STEPごとの構成は、下記のようになっています。本文をお読みになる際の参考にしてください。

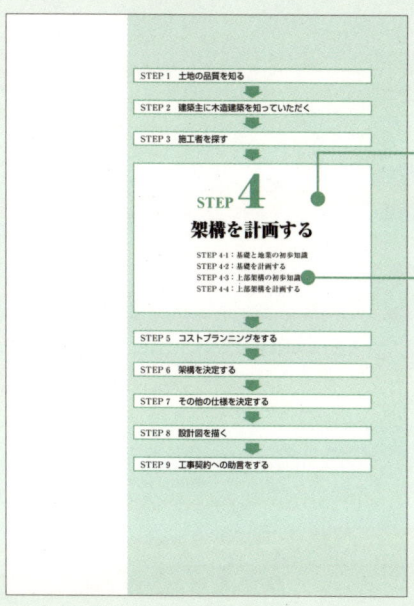

● 各STEPの冒頭ページには、現在の設計作業がどの段階であるかが把握できるよう、全体の流れのなかでの当該のSTEPを大きく表記しています。

● 記載内容の大項目を明記しています。実務に際しては、原則としてここに書かれている順番に進むことをお勧めします。

● STEP1〜5までは、各STEPを構成する主要な項目を大項目として掲げています。

● 記載内容の概要が一目で把握できるように、解説ごとに見出しを設けています。
また、すべての記載内容は建築主や施工者の方々と何らかの関わり合いが生じますが、特によく話し合いをもっていただきたい内容に、以下のシンボルを付けています。

：設計者　：建築主　：施工者

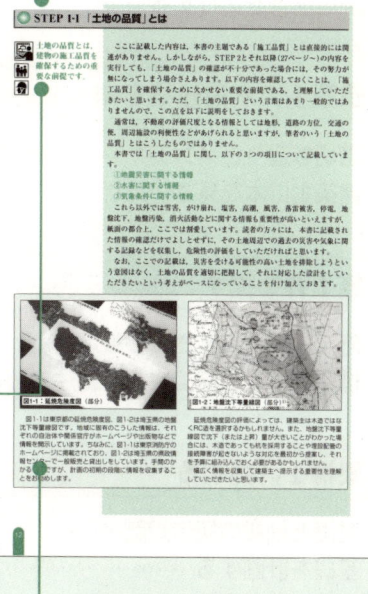

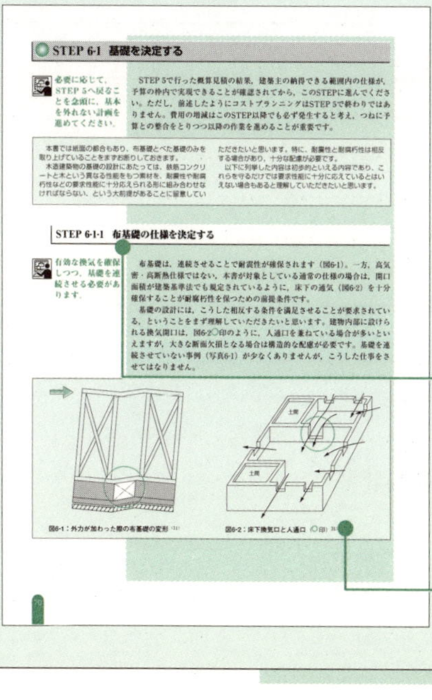

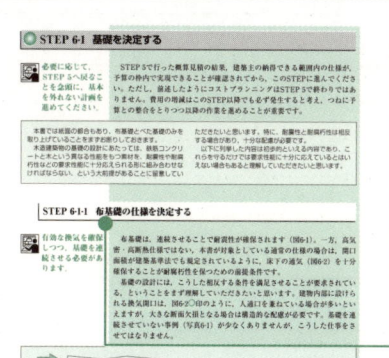

● 本文および図版や写真の補足的な解説は、囲み記事として記載しています。

● STEP6以降では、大項目の内容をさらに細かく説明する必要があることから、中項目を設けています。

● 図版や写真の番号は、STEPごとの通し番号としています。

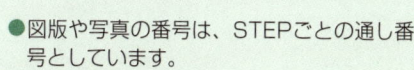

## 目次

- はじめに……………………………………………………………………………… 3
- 本書の記載内容について…………………………………………………………… 4
- ページの構成について……………………………………………………………… 5
- 設計スケジュールと本書の記載内容との関連…………………………………… 8

### STEP 1　土地の品質を知る

- STEP 1-1　「土地の品質」とは……………………………………………………12
- STEP 1-2　地震災害に関する情報を知る…………………………………………13
- STEP 1-3　水害に関する情報を知る………………………………………………19
- STEP 1-4　気象情報を知る…………………………………………………………21
- STEP 1-5　現地調査を実行する……………………………………………………25

### STEP 2　建築主に木造建築を知っていただく

- STEP 2-1　適切な造りとメンテナンスが建物の耐久性を約束してくれます…28
- STEP 2-2　建築主に木を見ていただく……………………………………………32

### STEP 3　施工者を探す

- STEP 3-1　施工品質は職人さんの誠意によって左右される……………………40
- STEP 3-2　信頼のおける施工会社に発注するために押えておきたいこと……43

### STEP 4　架構を計画する

- STEP 4-1　基礎と地業の初歩知識…………………………………………………46
- STEP 4-2　基礎を計画する…………………………………………………………48
- STEP 4-3　上部架構の初歩知識……………………………………………………53
- STEP 4-4　上部架構を計画する……………………………………………………56

### STEP 5　コストプランニングをする

- STEP 5-1　なぜコストプランニングが必要なのか………………………………64
- STEP 5-2　概算見積資料をつくる…………………………………………………65
- STEP 5-3　コストプランニングはSTEP 5で終わりではありません…………68

## STEP 6　架構を決定する
- STEP 6-1　基礎を決定する……………………………………………………………… 70
- STEP 6-2　上部架構を決定する………………………………………………………… 82
- STEP 6-3　部材寸法を決定する………………………………………………………… 92

## STEP 7　その他の仕様を決定する
- STEP 7-1　有害性情報を評価する……………………………………………………… 98
- STEP 7-2　「高気密・高断熱」と「夏の壁内結露」を考える……………………………107
- STEP 7-3　大工さん関連の作業の仕様を決定する……………………………………118
- STEP 7-4　その他の職人さん関連の作業の仕様を決定する…………………………129
- STEP 7-5　薬剤の使用をできるだけ避ける……………………………………………146

## STEP 8　設計図を描く
- STEP 8-1　施工品質を守ることのできる図面を描く……………………………………150
- STEP 8-2　特記仕様書を書く……………………………………………………………155

## STEP 9　工事契約への助言をする
- STEP 9-1　契約前の建築主と施工者に改めて理解しておいてもらうこと……………160
- STEP 9-2　着工前の施工者に再確認しておくこと……………………………………166

- ●コラム1：隣地の建物が新築建物に与える影響も考慮して計画を進める必要があります……… 38
- ●コラム2：「我が家の耐震診断チェック」は営業のツールとして非常に有効です……………… 62
- ●引用文献………………………………………………………………………………170
- ●参考文献………………………………………………………………………………172
- ●索　　引………………………………………………………………………………173
- ●あとがき………………………………………………………………………………176

## ●設計スケジュールと本書の記載内容との関連

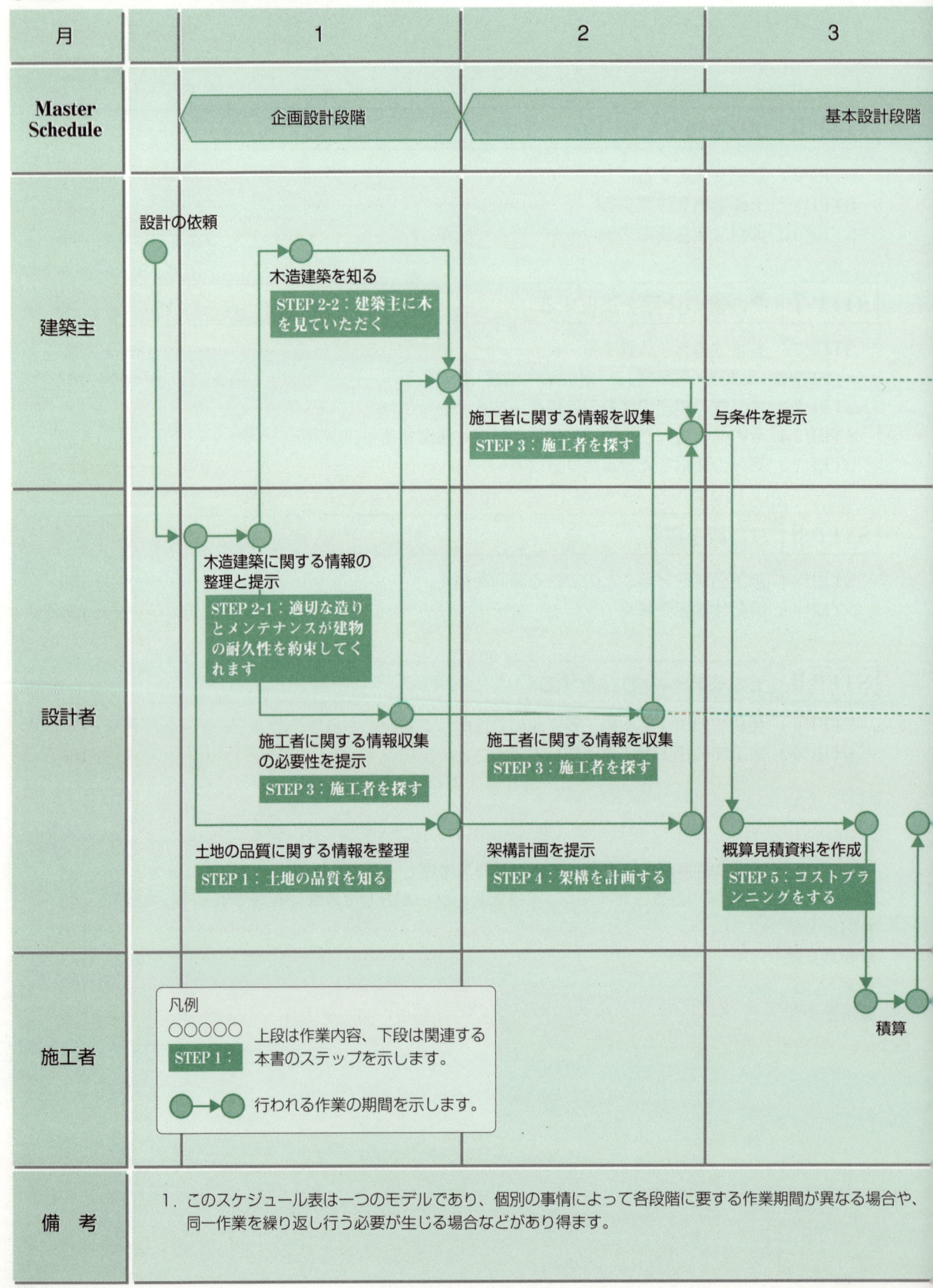

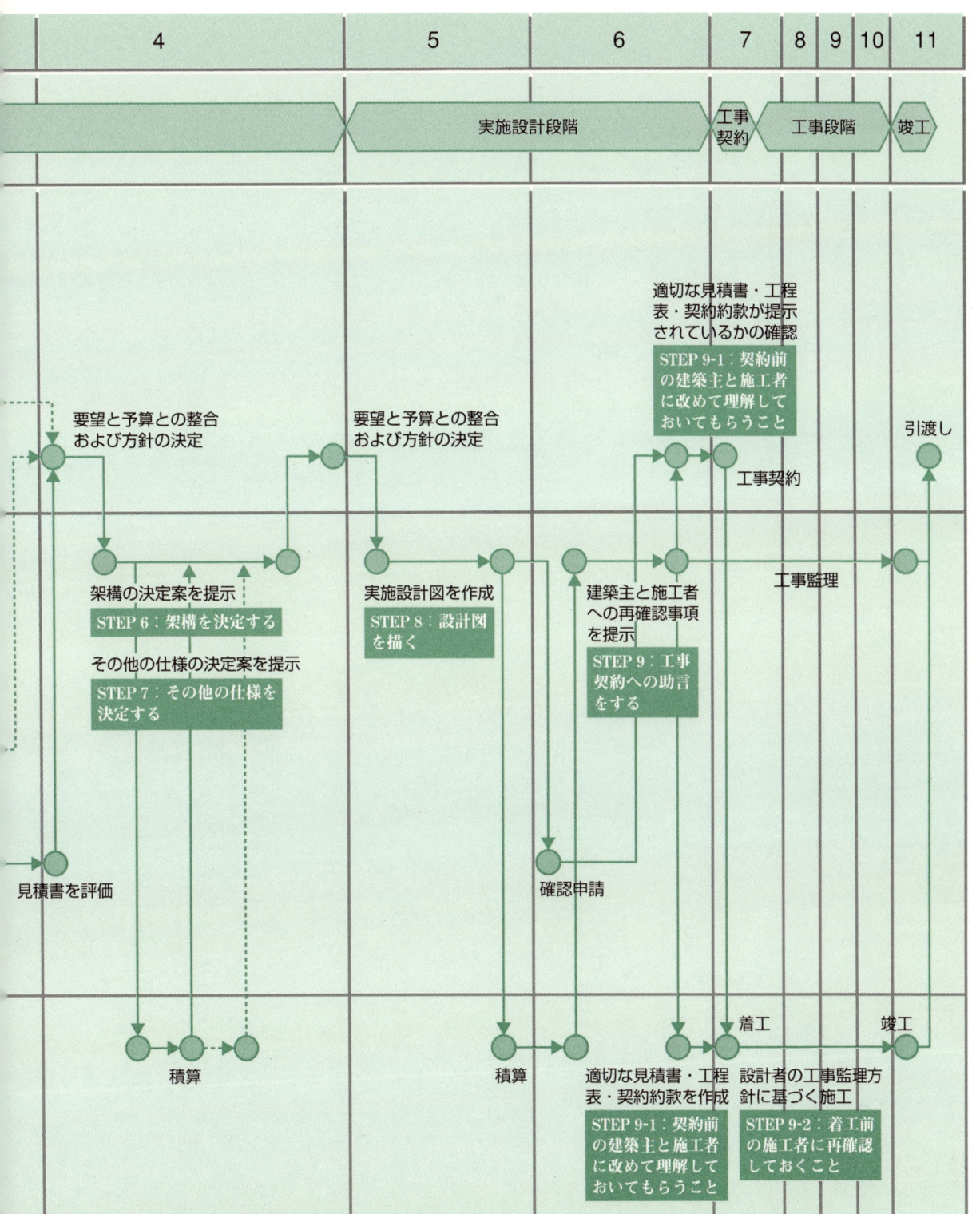

2. このスケジュール表には、施工品質に関連しない作業は割愛しています。
いうまでもないことですが、設計の実務にあたってはここに記載されていない建築主の与条件、使い勝手、デザインなどの諸要素の検討を並行して進めることが必要です。

# STEP 1
# 土地の品質を知る

STEP 1-1：「土地の品質」とは
STEP 1-2：地震災害に関する情報を知る
STEP 1-3：水害に関する情報を知る
STEP 1-4：気象情報を知る
STEP 1-5：現地調査を実行する

STEP 2　建築主に木造建築を知っていただく

STEP 3　施工者を探す

STEP 4　架構を計画する

STEP 5　コストプランニングをする

STEP 6　架構を決定する

STEP 7　その他の仕様を決定する

STEP 8　設計図を描く

STEP 9　工事契約への助言をする

## STEP 1-1 「土地の品質」とは

土地の品質とは，建物の施工品質を確保するための重要な前提です。

　ここに記載した内容は，本書の主題である「施工品質」とは直接的には関連がありません。しかしながら，STEP 2とそれ以降（27ページ〜）の内容を実行しても，「土地の品質」の確認が不十分であった場合には，その努力が無になってしまう場合さえあります。以下の内容を確認しておくことは，「施工品質」を確保するために欠かせない重要な前提である，と理解していただきたいと思います。ただ，「土地の品質」という言葉はあまり一般的ではありませんので，この点を以下に説明をしておきます。

　通常は，不動産の評価尺度となる情報としては地形，道路の方位，交通の便，周辺施設の利便性などがあげられると思いますが，筆者のいう「土地の品質」とはこうしたものではありません。

　本書では「土地の品質」に関し，以下の３つの項目について記載しています。

　①地震災害に関する情報
　②水害に関する情報
　③気象条件に関する情報

　これら以外では雪害，がけ崩れ，塩害，高潮，風害，落雷被害，停電，地盤沈下，地盤汚染，消火活動などに関する情報も重要性が高いといえますが，紙面の都合上，ここでは割愛しています。読者の方々には，本書に記載された情報の確認だけでよしとせずに，その土地周辺での過去の災害や気象に関する記録などを収集し，危険性の評価をしていただければと思います。

　なお，ここでの記載は，災害を受ける可能性の高い土地を排除しようという意図はなく，土地の品質を適切に把握して，それに対応した設計をしていただきたいという考えがベースになっていることを付け加えておきます。

図1-1：延焼危険度図（部分）

図1-2：地盤沈下等量線図（部分）[1]

　図1-1は東京都の延焼危険度図、図1-2は埼玉県の地盤沈下等量線図です。地域に固有のこうした情報は、それぞれの自治体や関係官庁がホームページや出版物などで情報を開示しています。ちなみに、図1-1は東京消防庁のホームページに掲載されており、図1-2は埼玉県の県政情報センターで一般販売と貸出しをしています。手間のかかることですが、計画の初期の段階に情報を収集することをお勧めします。

　延焼危険度図の評価によっては、建築主は木造ではなくRC造を選択するかもしれません。また、地盤沈下等量線図で沈下（または上昇）量が大きいことがわかった場合には、木造であっても杭を採用することや埋設配管の接続障害が起きないような対応を最初から提案し、それを予算に組み込んでおく必要があるかもしれません。

　幅広く情報を収集して建築主へ提示する重要性を理解していただきたいと思います。

## STEP 1-2　地震災害に関する情報を知る

地震被害の大きさは地盤の硬さに左右されますが、この問題だけではありません。

　沖積層と呼ばれている地層は、経年的にみて十分に締め固められておらず、一般的にいって地耐力には期待できない地盤といえます。こうした地盤は、軽重量といえる木造住宅にとっても、不同沈下の問題や、地震時に大きな被害を受ける可能性があることなどから、好ましくないといえます。

　図1-3は、関東大震災時における木造建築の被害について、縦軸に倒壊率、横軸に沖積層の厚さをとったものです。地震動は地層の振動特性に合致した成分が増幅され、地層が軟弱なほど増幅の度合いが大きくなりますが、沖積層の厚さが増すにつれて被害が大きくなっていることがわかると思います。

　こうした地盤の状態は図1-4、図1-5、図1-6などの地図類によって確認できます。ここには同一地区の地盤情報を載せていますが、〇印の土地は、木造住宅の支持地盤として問題ないと判断して差し支えないと思われます。一方、〇印の土地は、水田であった沖積層の地盤にさらに盛り土をしたと思われ、不同沈下の可能性も含めて注意が必要な地盤ということが推定できます。

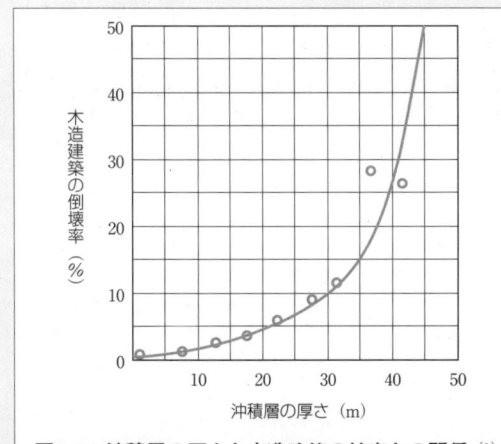
図1-3：沖積層の厚さと木造建築の被害との関係 (1)

図1-4：地質図・東京（部分）2)

図1-5：土地条件図・東京東北部（部分）3)

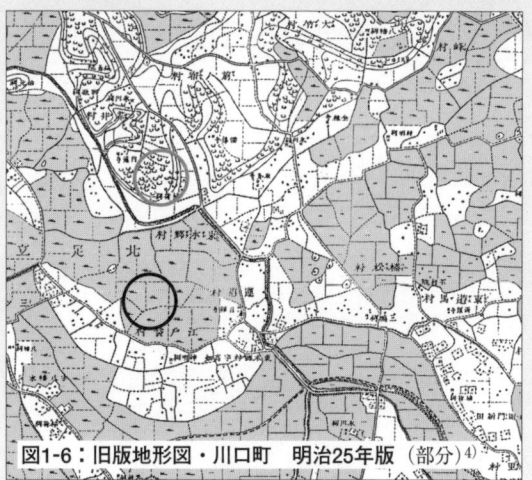
図1-6：旧版地形図・川口町　明治25年版（部分）4)

図1-4、図1-5、図1-6：
　図1-4は地質図といいます。ここには地殻の最上部の地層が年代ごとに色分けされており、建設地の地質を識別できます。ちなみに、●印は沖積層（低湿地堆積物）、○印は洪積層（下末吉相当層・13万年前〜11万年前）であることがわかります。このように、地質図で当該地盤の地質の状況がつかめますが、人の手が加わっていた場合には、支持層として適当ではなくなっている場合がありますので注意が必要です。
　図1-5は土地条件図といいます。ここには人工地形の状況などが色分けされており、建設地の地盤の状況を識別できます。図1-5の●印は盛り土地、○印は手が加えられていない台地であることが読み取れます。
　図1-6は旧版地形図といいます。これは、明治時代に作成された「仮製版」や「本製版」とも呼ばれている、等高線が引かれた近代的な地図として入手できる最も古いものです。旧版地形図と現在の地形図とを重ね合わせることで、地表面の状態の変遷を知ることができ、そこから住宅の地盤としての適性などが推測できます。
　地質図は産業技術総合研究所が、土地条件図は国土地理院が作成し発行しています。前者は東京地学協会（東京都千代田区二番町12-2、03-3261-0809）、後者は武陽堂（東京都中央区日本橋3-8-6、03-3271-2451、地質図も扱っています）などで入手が可能です。ただ、絶版となっている地域や作成されていない地域もあります。また、旧版地形図は国土地理院の地方測量部や国土地理院本院（つくば市）などでコピーが入手できます。
　なお、図1-4、図1-5、図1-6は、ここでは比較のために同一スケールに直して載せていますが、それぞれ1/20万、1/2.5万、1/2万と縮尺が異なります。1/20万では計画地が特定しにくい場合がありますが、地質図は1/5万や1/7.5万が作成されている地域もありますので、そうした地域ではできるだけ縮尺率の小さな地質図を使って確認するよう努めていただきたいと思います。

**地盤と建物の周期が一致すると、建物の振幅が増大します。**

　地震による建物の被害の大きさには、地震動の大きさや継続時間のほかに地震動に含まれる周期成分と建物の固有周期が大きく関係しています。地盤の卓越周期と建物の固有周期が一致すると振幅が増大し、その結果として建物が大きな被害を受けることがありますが、これを共振現象といいます。

　建物の固有周期は、振動に関与する建物の質量（平屋であれば屋根・小屋組・壁上部）と水平剛性（おもに壁部）との比率で決まります。日本の木造建築は、旧来は屋根が重く壁量が少ないために比較的固有周期が長かったのですが、現在は柱や壁が多く、屋根も軽い素材を使用するようになったために固有周期が短くなっています。質量と剛性の比率でみると、いわゆる土蔵（固有周期は0.2秒程度といわれています）と近い固有周期になっています。図1-7は、木造建築の固有周期調査を旧来と現在とに分けて整理したものですが、そうした傾向を読み取っていただけると思います。
　東京の沖積層の卓越周期は0.5〜1.0秒、洪積層の卓越周期は0.3〜0.5秒といわれていますので、関東大震災時に洪積層上の土蔵の被害率が多かったといわれていることと符合します。ただ、一般的な論調では、旧来の木造住宅の被害率は洪積層上よりも沖積層上に多かったといわれていますが、図1-7(a)を見ると洪積層上でも少なくなかったことが推測されます。例えば固有周期が0.2秒の建物を、卓越周期が0.5秒の沖積層の地盤と、0.2秒の洪積層の地盤のそれぞれに建築した場合を比較すれば、後者には共振現象が発生して大きな被害を受ける危険性がありますが、前者は共振現象による被害を免れることが考えられます。
　このように、建物の固有周期と地盤の卓越周期との関係によっては、単純に沖積層が危険で、洪積層が安全とはいいきれない場合があり、共振現象が起きにくい固有周期の建物となっているかどうかという点も、耐震性を確保する重要な要素の一つであるということを、理解していただければと思います。

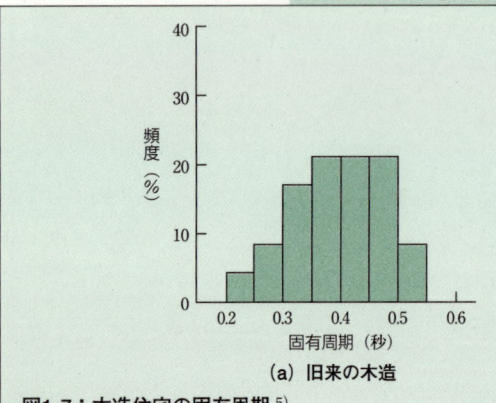

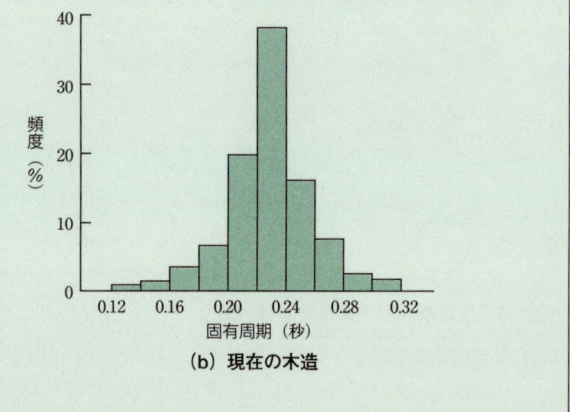

図1-7：木造住宅の固有周期 [5]
(a) 旧来の木造
(b) 現在の木造

**地盤の卓越周期は常時微動波形などから推測できます。**

　地盤の卓越周期は，地震計や常時微動の測定を解析することや，地域は限られますが地盤図などによっても得ることができます。しかし，現実にはそうしたデータを得られない場合が多いといわなくてはなりません。ただ，正確とはいえないまでも，共振現象の影響度について，ある程度の推測をすることは可能ですので，それを以下に述べておきます。

　図1-8は地盤を4つに分類し，それぞれの地盤の典型的な常時微動の波形と卓越周期を示したものです。このデータからは，岩盤上では建物の固有周期を0.2秒以上（⚪印），洪積層では0.15秒以下（⚪印），沖積層では0.2秒以下（⚪印），厚い沖積層では同0.4秒以下（○印）にすれば，卓越周期の範囲から外れる可能性が高いことがわかります。もちろん，読者の方が評価したいと考えている地盤が，必ずこの4つの地盤のどれかにあてはまるということではありません。ただ，前述した地質図や土地条件図などにより地質の状態が確認できますし，地質断面図が整備されている地域もありますので，それらをもとに当該地盤の卓越周期がこの4つのどれに近いかを推測することは無理ではないと思います。

　図1-8からは，固い地盤は周期のピークの幅が狭く，軟らかい地盤は広いこともわかると思います。木造建築物は地震力を受けて仕口などに緩みが発生すると，固有周期が長くなってしまいますので，岩盤上では部分的に損傷を受けても共振域から離れる傾向にあるといえますが，軟らかい地盤上の場合には，固有周期が長くなるとその長くなった周期でさらに共振を受けることを繰り返す（図1-8の○印）おそれがあります。さらにいえば，大きい地震を受けた場合，もともともっていた地盤の固有周期も長くなってしまうという点も頭に入れておいていただきたいと思います。また，建物自体の振動減衰性（揺れの止まりやすさ）は，固有周期の長い建物は一般的にいって小さく，共振時の増幅率は大きくなる傾向がありますが，固有周期の短い建物はその逆の傾向を示すということも付け加えておきます。

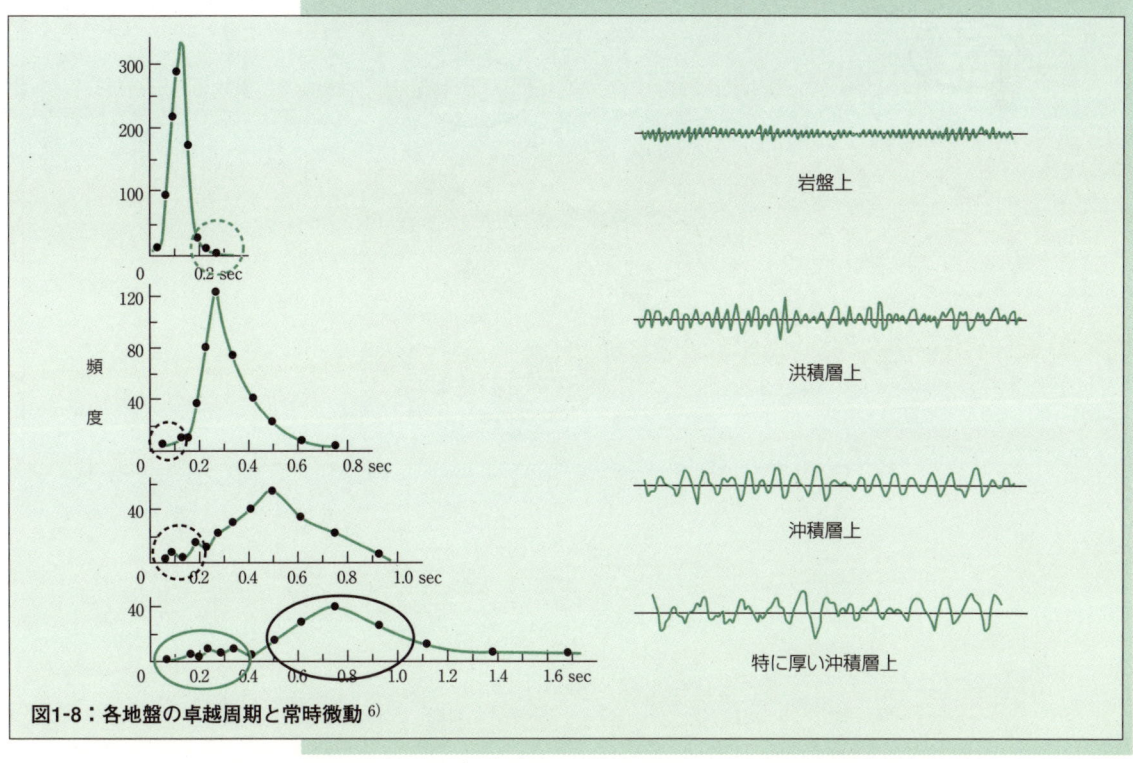

**図1-8：各地盤の卓越周期と常時微動** [6)]

すべての自治体が公表しているわけではありませんが，共振の影響度を含めて，地震被害の程度を検討した資料があります。

図1-9は，埼玉県が公表している「地震被害想定調査報告書」のなかで，南関東地震が発生した際の木造建築物の破損危険度を表したものです。

この地震は駿河湾を震源地と想定していますので，震源方向にあたる図の下部ほど破損の危険性が高くなる傾向があるはずです。しかし，そうなっていない地域もあることがわかると思います。

図1-10は，図1-9と同一部分の地質図に図1-9に記載した①～④を同じ位置にプロットしてあります。危険度がⅢに評価されている①と③のいずれもが沖積層であり，危険度がⅠとⅡの②と④が洪積層であることがわかると思います。震源までの距離が遠くても，地盤によっては大きな被害を受ける可能性が増していることを理解していただきたいと思います。

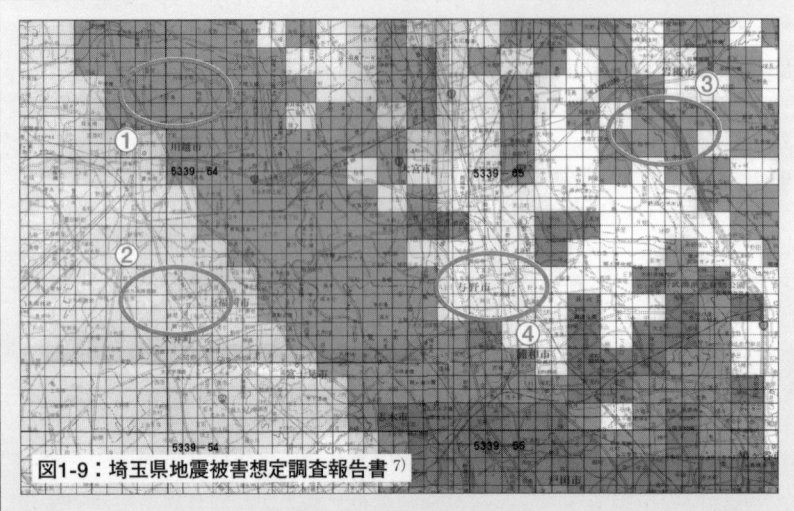
図1-9：埼玉県地震被害想定調査報告書[7]

凡例
- Ⅳ 危険度 大
- Ⅲ 危険度 中
- Ⅱ 危険度 小
- Ⅰ 危険度 微

この報告書では、危険度の判断に使用した固有周期と卓越周期の数値は明らかにされていません。ただ，固有周期に関しては古い時代に建設された木造建築も含んで検討されているようです。

図1-7(a)の固有周期よりもかなり長い0.6秒程度のもともと耐震性能の低い建物も評価に含まれていると考えておくべきです。そうした建物は洪積層の上では危険度が少なく評価されてしまいますが，危険度が低く評価されていても，単純に安心であるとは考えないようにしていただきたいと思います。

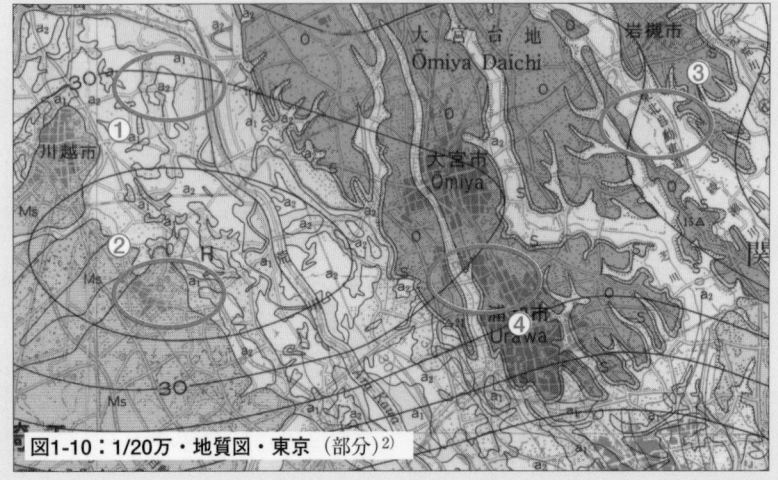
図1-10：1/20万・地質図・東京（部分）[2]

**地震の被害が一番大きいのは，活断層の直近とは限りません。**

建物が断層上にまたがっていれば破壊は免れませんが，阪神大震災の震源とされている活断層である淡路島の野島断層が，庭を横切っていたにもかかわらず，建物は倒壊していない事例が見られる一方で，同じ野島断層で断層線をはさんで幅約20mの範囲内で，両側から倒れ込んだ形で建物が倒壊している地域もあるようです。

このように，被害の大きさは活断層と建物の距離に必ずしも比例せず，地盤の構造に大きく影響するといえるようです。

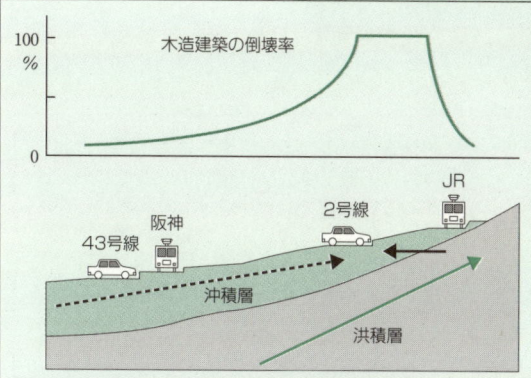

図1-11：神戸市東灘区における木造家屋の被害分布と地盤の模式断面図 [8]

13ページで沖積層が厚くなると被害が大きくなると述べましたが，阪神大震災では沖積層が薄い場所で倒壊率が上昇するという逆の現象が発生しました。これは，いまだ知られていない伏在断層があるのではないかといった説が出る原因となりました。

現在では硬い地盤（洪積層）の中を早く伝わってきた地震動（→印）が，軟らかい地盤（沖積層）を揺らし（→印）軟らかい地盤の中を遅く伝わってきた地震動（⋯→印）と重なったことで振動が増幅されたと説明されており，これをフォーカシング現象と呼んでいます。

 **活断層をむやみに恐れる必要はありませんが，かといって注意を怠るというようなことがあってはなりません。**

活断層の直近でも大きな被害を受けていない事例があることを知っていただきましたが，このことから活断層の危険性を低く評価するようなことは絶対にしないでいただきたいと強調しておきます。

図1-12：日本の活断層 東京（部分）[9]

カリフォルニア州法では、活断層から15m以内は人が住む建物の建築は禁止されているなど、海外では活断層上の建築について規制をしているところもあるようです。日本では建築を規制している自治体（横須賀市では、活断層をはさむ幅50mの範囲内での住宅の建築を事実上禁止）もありますが、一部に限られているようです。

その理由としては、詳細な位置や活動データがそろっている活断層が少ないこと、再活動の周期が短くても千年から長い場合は十万年にもなり、建物の寿命とあまりにもかけ離れていること、などがあげられているようです。ただ、法律や自治体による規制はなくとも、活断層の近くに建築することは避けたほうがよいことだけは確かであり、情報の収集とその確認だけは必ず実行することをお勧めします。

具体的には『日本の活断層』（東京大学出版会刊・図1-12）が現在のところでは最も信頼のおける資料と思われますが、縮尺が約1/33万のため、建設地の特定には多少無理があります。この資料の確実度ⅠからⅢまでの活断層が記載されている、縮尺が1/10万の表層地質図を発行している自治体もあり、幅広く情報収集をして、できるだけ正確かつ信頼できる情報を入手していただきたいと思います。なお、インターネットでも最新の活断層の調査情報を得ることができます。

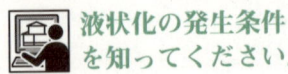 **液状化の発生条件を知ってください。**

液状化による建物の被害については、1964年の新潟地震以降になって強く認識されるようになりましたが、一般的には固く締まっていない砂質地盤であること、地下水位が高く土の粒子間に水が飽和していること、という二つの条件が満足された場合に液状化が生じやすいと考えられています。

逆にいえば、地盤改良をすることでこの二つの条件のどちらか一つでも取り去ってしまえば液状化が発生しにくくなるということになりますが、施工状態の良否などもあると思われ、あくまで発生しにくいということであって、完全に発生を防げるとはいいきれないようです。

対策を施した地盤であっても、液状化が発生した場合があることに注意していただかなくてはなりません。

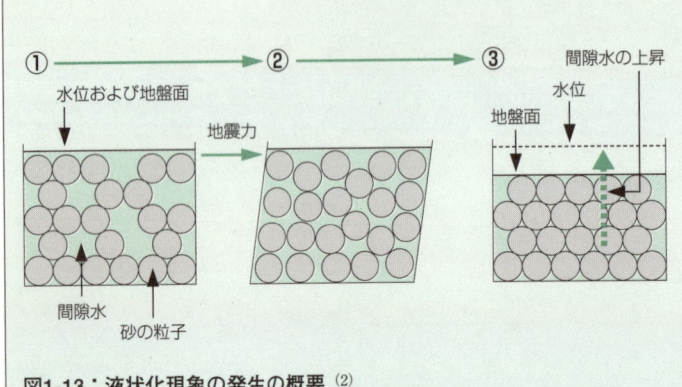

図1-13：液状化現象の発生の概要 (2)

地震が発生する前の地下水面下の砂地盤では、砂の粒子は互いに結びついており一応安定している状態（図1-13①の状態）といえます。しかしながら、こうした状態の地盤が地震力を受けると、間隙水圧が大きくなり限度を超えると、砂の粒子が引き離されてバラバラな状態となり、地盤は比重の大きな液体のようになりますが、こうした状態（②の状態）を液状化と呼んでいます。そして、その液体中の砂の粒子が沈下して間隙水が地上に押し出され（③の状態）、地盤沈下をもたらします。液状化の状態では、地盤は完全に支持力を失い、建物の沈下や地下埋設物の浮き上がりなどの被害を発生させます。

 **液状化現象は解明されていない点が多いことや、埋立て地だけに発生する現象ではないということを知ってください。**

液状化現象は、海岸周辺の埋立て地以外でも発生しており、内陸の盆地、大きな河川の周辺、旧河川跡、扇状地などでも注意が必要です。計画地の過去の液状化の有無を確認することが、防止策の第一歩であることを理解していただければと思います。

液状化による被害の予測情報（図1-14）を公開している自治体も多く、それぞれの情報センターなどで確認していただきたいと思います。

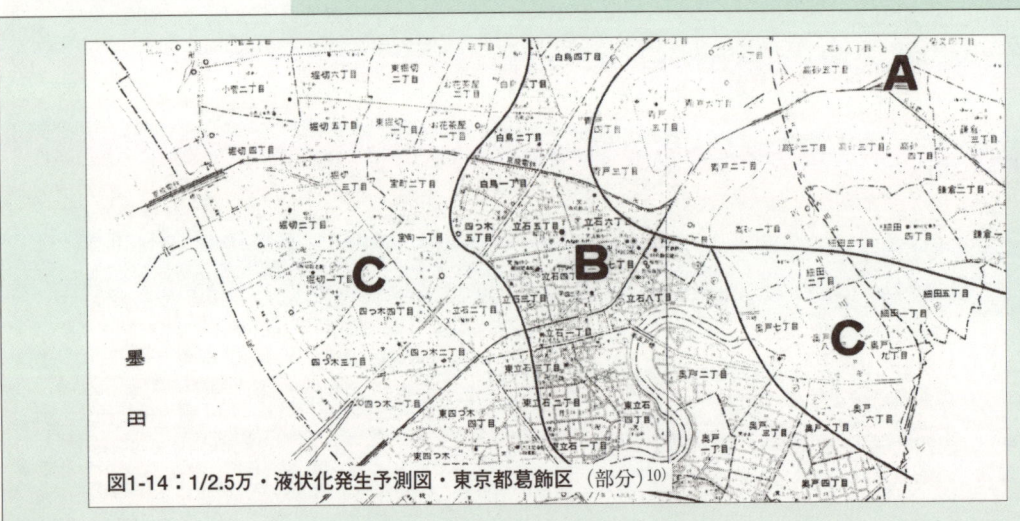

図1-14：1/2.5万・液状化発生予測図・東京都葛飾区（部分）10)

## STEP 1-3　水害に関する情報を知る

洪水による被害を受ける可能性を確認してください。

　治水計画は国によって大きく異なります。洪水確率の年数を長く設定している例としては，1万年に一度の高潮に耐えることを想定しているオランダの堤防や，千年に一度の洪水に耐えることを想定しているイギリスのテームズ川などをあげることができます。

　日本の河川における治水計画は，大都市の河川では150〜200年に一度，大都市の中小河川では50〜100年に一度，そのほかの中小河川では50年に一度の洪水に耐えることが目安といわれています。つまり，日本においては河川によって洪水確率が大きく違うということになります。そしてここでいう，例えば100年に一度の洪水に耐えるという意味は，100年の間に洪水被害をまったく受けないということを保証するものではなく，過去のデータにより100年に一度の確率でしか起き得ない大量の雨水の流入などがあっても，洪水は発生しないと考えられる，という意味であり，想定以上の降雨量がごく近い将来に発生するかどうかは別問題であるということを念頭において，設計にあたっていただきたいと思います。100年という長さは，人や住宅の平均寿命よりも長いスパンであることから，現実感に乏しい話ととらえがちですが，重要な問題と考えていただきたいと思います。

　建築基準法で規定している耐震設計が，どのような地震にも耐える建物をつくるようには規定されていないように，治水計画も洪水がまったく起きないように計画されてはいないことを理解しておいていただきたいと思います。

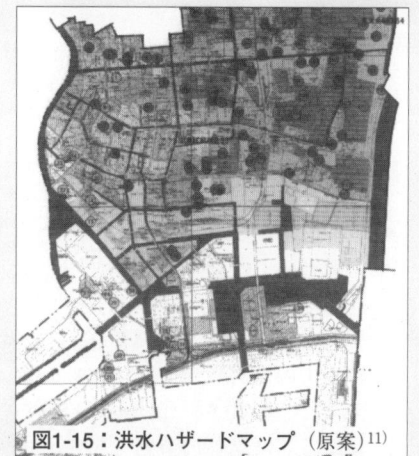
図1-15：洪水ハザードマップ（原案）[11]

　図1-15は、国土交通省荒川下流工事事務所がホームページで公開している「洪水ハザードマップ（原案）」です。これは、あくまでもシミュレーションであり厳密なものではありませんが、洪水が発生した場合の浸水深さを知ることができます。

　また、図1-16は市町村単位で作成している「洪水ハザードマップ」の一例です。すべての自治体でこうした情報が整備されているわけではありませんが、当該地の市町村の河川課などへ問い合わせしてみることをお勧めします。

図1-16：市町村が作成した洪水ハザードマップの一例

内水氾濫と呼ばれている氾濫が増えていることに注意が必要です。

浸水被害に関しては，近年は河川の増水による氾濫だけでなく，保水・遊水機能の低下による，いわゆる内水氾濫が増える傾向にあることにも注意が必要です。

内水氾濫の増加は，水田や湿地・樹林などが減少する一方で，建物や舗装部分などが増加したために地域の保水・遊水能力が低下して，従来は問題が発生しなかった降水量でも，雨水排水路の排水能力を超える場合が出てきたことに原因があるといわれています。

そして，この雨水排水路の排水能力は，建設費の問題から過去の最大雨量をもとに決められてはいないことや，自治体ごとに排水能力の設定基準が異なっていること，なども知っておいてください。具体的には，1時間当たりの降水量（降雨強度といいます）を40〜60mmとして管径を決めている場合が多いようです。ちなみに東京では50mm/hで確率年が3年，神戸では48mm/hで確率年が10年となっています。東京と神戸では，降雨強度はほぼ同じ値ですが，確率は3倍以上東京が高くなっており，降雨強度の値だけでは評価できないことにも注意が必要です。こうした降雨強度や確率年は，各自治体の下水道局で確認できます。

ただ，数値を入手しても，多くの設計者はこうした分野までの教育は受けていない場合が多く，危険性を正しく評価することはなかなか難しいといわざるを得ません。そこで，こうしたデータはあくまで一つの目安として位置付けていただき，洪水範囲を予測したデータを入手することに力を注いだほうが，現場の設計実務に携わる方々には効果的であると思います。

図1-16，図1-17は埼玉県内の公共図書館に置かれていたものです。また東京都では，都民情報ルームに過去の水害記録や水防計画が備えられています。建設地の自治体にこうした情報の有無を確認してみることをお勧めします。

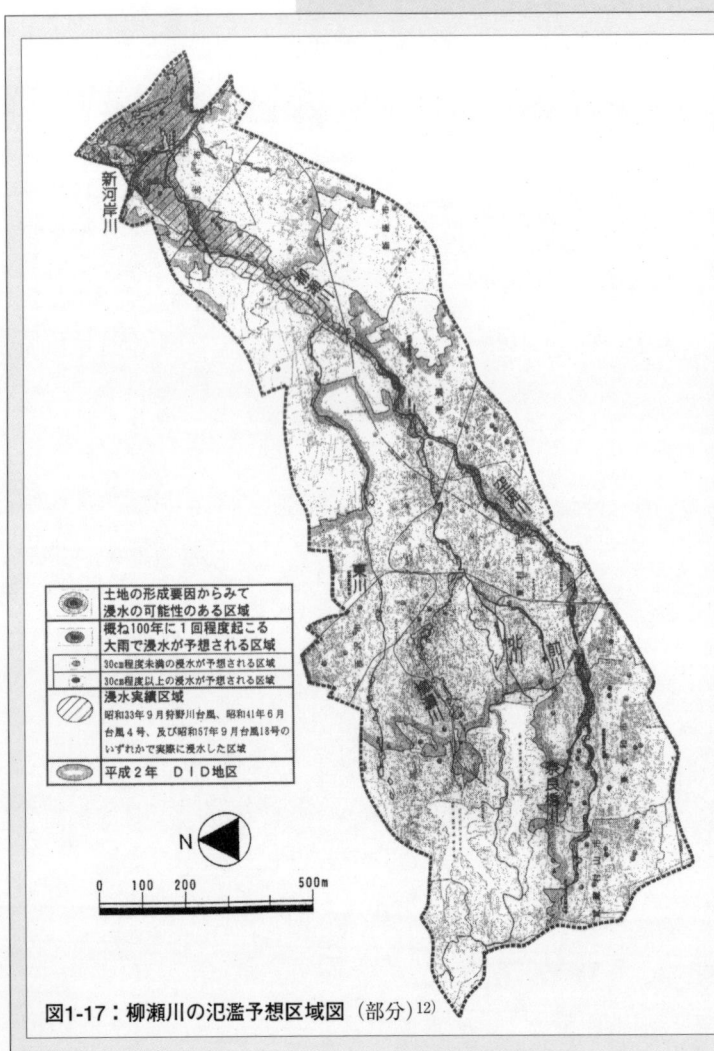

図1-17：柳瀬川の氾濫予想区域図（部分）[12]

図1-17では、中小の河川の氾濫の危険性が読み取れます。これは埼玉県の中小河川の一つである柳瀬川の氾濫予想区域図ですが、ここではいわゆる内水氾濫の履歴なども考慮して危険性を評価しています。

なお、これは（財）リバーフロント整備センターが発行している『身近な川について考えてみよう』という本のなかに収められていたものの抜粋です。

## STEP 1-4 気象情報を知る

**低温によるコンクリートの破壊に注意してください。**

　気温が私たちの日常生活に与える影響は大きいものがありますが，施工品質に与える影響も大きいことを知っておいていただきたいと思います。
　コンクリートが十分硬化した後でも氷点温度以下になると，コンクリート内の空隙部に水が供給されることがあると破壊を生じることがあります。また，コンクリートの打設直後の強度が出ていない時期には水が大量に含まれており，前述の場合よりもさらに簡単に破壊が発生することになります。
　前者を「経年凍害」，後者を「初期凍害」といい，いずれの凍害に関しても，日最低気温が頻繁に摂氏0℃以下になる地域では細心の注意が必要です。ちなみにJASS 5では，コンクリート打設後の28日間の日別平均気温平滑平年値が3.2℃以下の場合は，寒中コンクリートとするよう定められています。

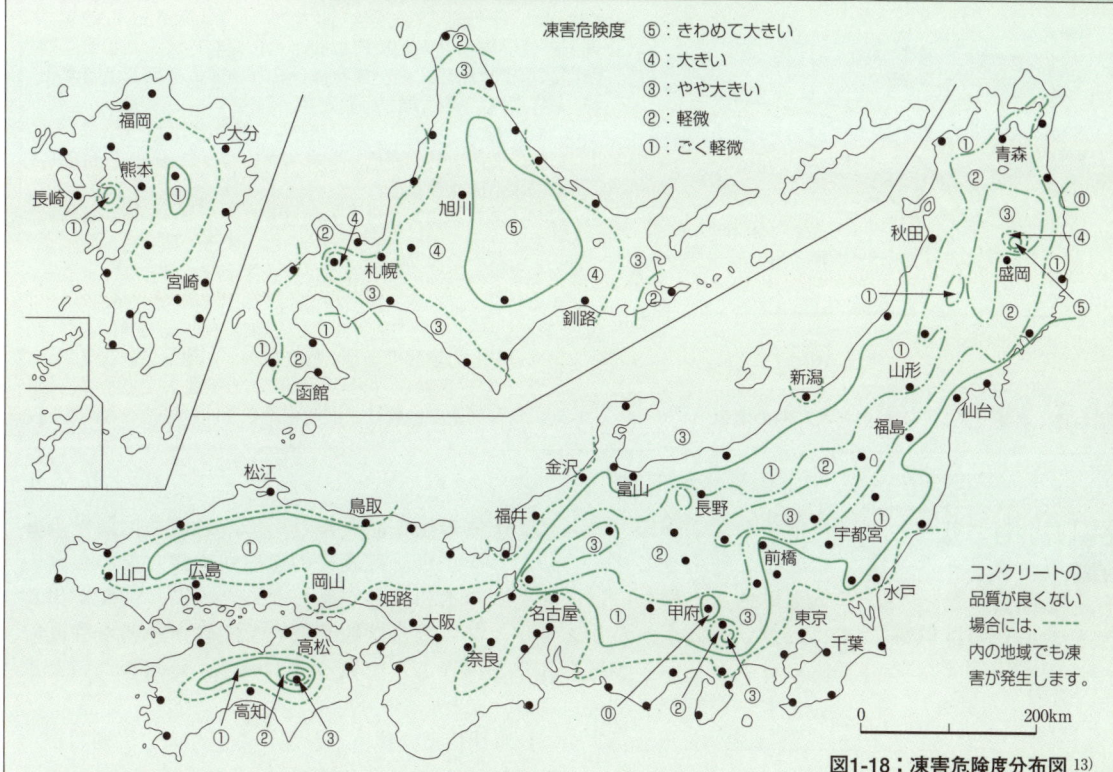

図1-18：凍害危険度分布図 13)

　日本の冬の気候は、寒暖の差が激しく日照時間も比較的長いため、凍結と融解の繰り返しが多く起こりやすいことから、世界的にみると凍害の危険性の大きい国といえるようです。特に、水分供給源としての積雪がある北海道、東北地方および関東や中部地方の内陸部は危険性が高いといえます。また、危険性が少ないと考えられる四国や九州などでも山間部では凍害例が報告されており、凍害が北の地域だけのものだと考えないでいただきたいと思います。

　以下に、寒中コンクリートのおもな注意点をあげておきます。
1．空気量を4.5％とする（少し多めがよい）。
2．コンクリートの打継ぎ面、型枠内部および鉄筋の表面に付着している氷雪または霜は完全に取り除く。
3．打ち込んだコンクリートをシート等で覆い、露出面が長時間さらされたままで放置しないようにする。
4．打込み後のコンクリートが凍結しないよう、4～5日シート養生または断熱養生にて初期養生する。

**コンクリートにとっては低温過ぎるのは問題ですが，高温過ぎても好ましくありません。**

気温が高い場合は，コンクリートの乾燥が速くなるために水和反応に必要な水分が不足して強度の低下を招いたり，プラスチックひび割れなどが発生することがあります。コンクリートの硬化中の温度は，水和熱による温度上昇も含めて40℃を超えないことが望ましく，ちなみにJASS 5では，コンクリート打設後の28日間の日別平均気温平滑平年値が25℃を超える場合は，暑中コンクリートとするよう定められています。

一般的に，住宅工事では暑中コンクリートへの配慮が欠けているといわなければなりません。予想される気温が高い場合は，中庸熱ポルトランドセメントを使用することなども視野に入れて，品質の確かなコンクリートが打設できるよう，建設予定地の過去の気温情報から設計段階でのコンクリートの仕様を決め，施工時点でそれが適切か再度確認のうえで，最終的な仕様を決定していただければと思います。

コンクリートは水と反応して硬化しますが，これを水和反応といい，その際に熱を発生しますがこれを水和熱といいます。気温が低い場合は水和反応がゆっくり進むため，水和熱は問題になりませんが，高い場合は反応が急激に進むことで水和熱も高くなるため注意が必要です。

以下に，暑中コンクリートのおもな注意点をあげておきます。
1. 打込み個所以外の鉄筋・型枠などにコンクリートが付着しないように注意する。
2. 打ち込まれるコンクリートが接するコンクリートやせき板などの面は，直射日光が当たらないように養生し，散水や水の噴霧などによりできるだけ温度が高くならないようにする（コンクリートが接触するまで，湿潤状態を保つ）。
3. コンクリートを打ち込み，上面の均しの後，噴霧等によりコンクリートの表面の湿潤状態を保つ。初期ひび割れ（プラスチックひび割れ，沈みひび割れ）が発生した場合は，早期にタンピングと鏝仕上げを併用して，ひび割れを消す。

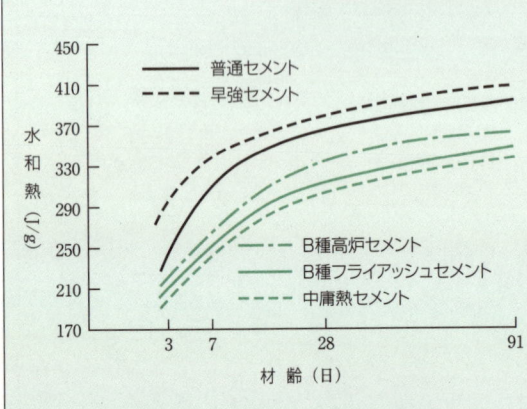
図1-19：各種セメントの材齢と水和熱の関係 [14]

**長い目で見ると，コンクリートの施工品質にとって好ましいのは低温での養生です。**

前述したように，コンクリートの施工品質にとって，過度な低温や高温は好ましくありません。しかしながら，打設後の温度が凍結しない程度の低温であった場合にはセメントの水和反応が遅くなるために，強度が出るには長い時間がかかりますが，この場合は結果として組織が緻密な強度の高いコンクリートが得られるということを知っておいていただきたいと思います。

公庫仕様書に規定されている型枠の存置期間が，気温15℃以上の場合は3日以上であるのに対し，5℃以上の場合は5日以上とされていることはこうしたことによります。気温の低さは施工期間を延ばしますが，養生期間をきちんと確保しさえすれば品質の高いコンクリート構造物が得られることを理解していただければと思います。

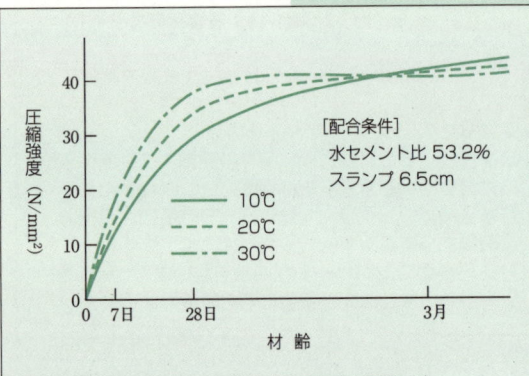
図1-20：養生温度の圧縮強度に及ぼす影響 [15]

 **地盤の凍結深度を把握してください。**

地中の温度が0℃以下になると，水分が凍結して地盤が上昇します。これを凍上現象といい，寒冷地では建物に大きな被害を与えることがあります。

北海道の北見地方で，木造平屋建の建物の基礎が約30cm上昇した事例が報告されています。この場合の建物四隅の相対的な凍上量の差は最大で10cm程度であり，直ちに倒壊という事態には至らなかったようですが，当然ながらそこでの生活には何らかの支障が生じたものと思われます。

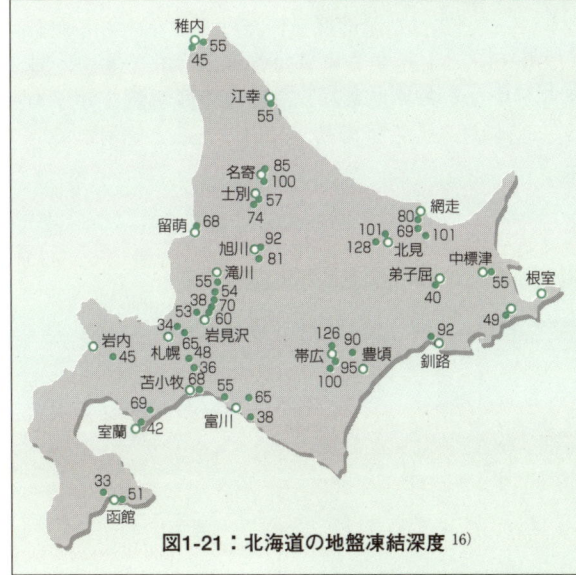

図1-21：北海道の地盤凍結深度 16)

凍上によって上昇した基礎は、氷が解けると基礎の下部に生じたすき間に土砂が入り込むことによってもとの位置に戻れなくなります。この繰り返しによって基礎の不ぞろいが徐々に増大していくことになりますが、放置すればやがて倒壊という事態もあり得ると考えておかなくてはなりません。

凍上が発生するかどうかは、地質（一般的に、シルトや粘土層は保水性が大きいために凍上しやすく、砂・砂利層は保水性が小さいために起きにくいといえます）、凍結面の温度（凍上量は2、3月に最も大きくなりますが、これは日中の融雪水が夜間に凍結すること、積雪がなくなり雪による保温効果が減るためと考えられています）、地下水位の高さ、建物の重量などの条件によって異なります。

凍上被害を防ぐには、基礎底面を凍結深さ（凍結深度といいます）以深に下げることが効果的です。図1-21は北海道の各地の凍結深度ですが、建築基準法第40条の規定により、条例で凍結深度を定めている自治体もありますので、設計にあたってはそうした情報を必ず収集していただきたいと思います。

  **木造建築の耐久性は湿度に大きく左右されます。**

図1-22はクリモグラフといい，その土地の温度と湿度の1年間の変化をみることができます。これによれば，宮崎と青森は一般的な木材腐朽菌の生育に好適といわれている温湿度条件をもっていることがわかります。また，東京と大阪は，図で示した生育条件からは外れていますが，湿気を十分に排除できない場合は，気温が高い時期には容易に生育に好適な環境になり得ることを読み取っていただきたいと思います。

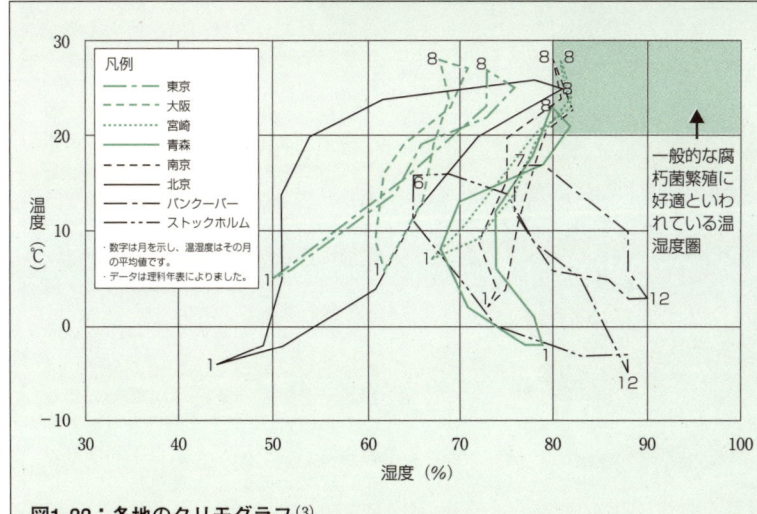

図1-22：各地のクリモグラフ (3)

図1-22には、バンクーバーとストックホルムのクリモグラフも載せていますが、わが国の2×4工法の発祥地ともいえるこれらの土地の気候は、日本とは逆勾配になっていることがわかります。つまり、気温の高い夏に湿度が低く、気温の低い冬には湿度が高くなっており、こうした温湿度条件は日本より腐朽菌が生育しにくい気候といえます。適切な処置を講じない安易な導入は危険な側面があるといえますが、在来工法にもそれはいえることです。

その土地の気候条件から離れた造りの住まいに耐久性を求めても、満足した結果は得られないということを理解していただきたいと思います。

**日本は雨の多い土地であることを再認識してください。**

　各地の年間降水量をグラフに整理してみました。北欧や北米だけでなく，中国と比べても日本は降水量が多い国であることが理解してもらえると思います。中国の寺院は軒の出が短いのに対し，日本ではそうした建築様式をそのまま受け入れるのではなく，三手先(みてさき)などの高度な技術を駆使して深い軒を確保したのは，降水量の違いが関わっているといってよいように思います。先人の工夫と知恵を改めて見つめ直すことも必要ではないかと感じます。

　また，東京はバンクーバーと大差はないものの，ストックホルムの倍以上の降水量があり，違いは23ページで述べた温湿度条件だけではないことがわかります。年間降水量が4,000mmにも達する尾鷲は例外的存在ですが，日本は2,000mmを超える地方が少なくありません。建設地の降水量を知っておくことは，設計者として，計画にあたっての初歩知識であると理解していただければと思います。

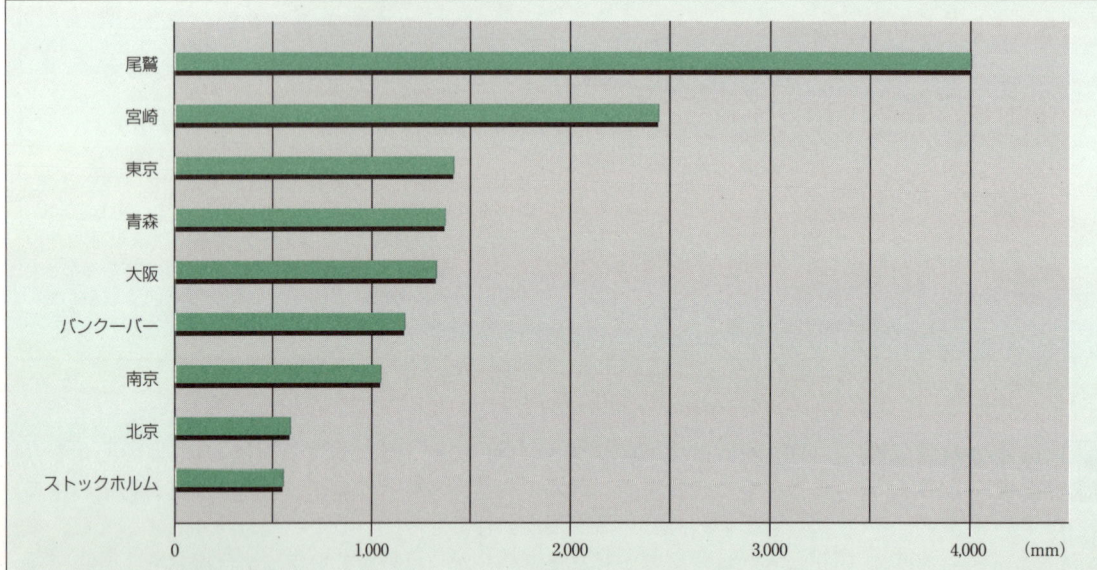

図1-23：各地の年間降水量(3)

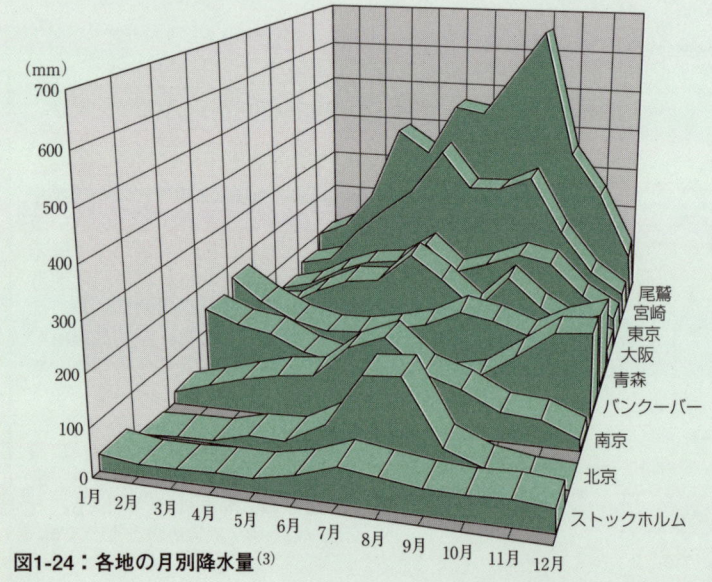

図1-24：各地の月別降水量(3)

　東京、大阪、青森の3都市とバンクーバーの年間降水量にはそれほどの違いがありませんが、月別の降水量を見ると違いがあることがわかります。

　東京、大阪は冬に雨量が少なく夏が最大となっています。一方、青森とバンクーバーのピークは冬だけであり、この季節の降水量は両者でほぼ一致していますが、木材腐朽菌の繁殖に適した温度条件となる夏は、バンクーバーでは降水量が最も少ない季節となっています。

　雨に濡れた木材が速やかに乾燥できる造りになっていない場合は、木材腐朽菌にとってさらに繁殖しやすい条件が加わることになりますので、青森はバンクーバーより不利な気候条件をもっていると理解していただきたいと思います。

## STEP 1-5 現地調査を実行する

机上調査で得られた情報だけでは不十分な場合があります。建設予定地を設計者自身の目で確認することは重要です。

今まで述べてきた，いわゆる机上調査から得られる情報に加えて，建設予定地とその周辺も含めて現地を確認することは重要です。この目的は，机上調査によって把握した内容の裏付け，あるいは相違点を確認していくなかで，地盤に関する本調査を実施する必要があるかを判断することです。

本調査を実施すれば，地盤の状態をより正確に把握できることはいうまでもありませんが費用のかかることでもあり，木造住宅では建築主の予算上の制約などから本調査を実施しない事例が大半であるといってよいように思います。ただ，建設予定地が以下に列挙したような状況であることが確認できた場合は，本調査を省略しないことをお勧めします。また，このような土地にあっては，周辺地盤の沈下状況を注意深く観測することが重要です。建築主の予算の適切な配分は設計者の重要な業務の一つであり，それには地盤調査の必要性の評価も当然含まれると考えていただきたいと思います。

①沖積層と洪積層の境目に近い敷地
②谷底状の沖積層の敷地
③盛り土が新しい敷地
④盛り土厚さに変化のあることが推測される敷地

地盤の本調査にかわるものとして，壺掘りを実施することも有効です。

いわゆる「壺掘り」を敷地内の複数個所に実施することで，表1-1をもとに，$N$値と地耐力のそれぞれの推定値を得ることができます。多くの住宅ではスウェーデン式サウンディング試験（以下「SS試験」といいます）のような簡易な地盤調査さえ行うことなく基礎の形式を決めていることが多いようですが，そうした場合でも壺掘りだけは実施することをお勧めします。

表1-1：$N$値および地耐力推定表 [17]

| 地層の硬さ | | 素掘り | 推定$N$値 | 推定許容地耐力<br>（長期kN/m²） |
|---|---|---|---|---|
| 粘性土 | 極軟 | 鉄筋を容易に押し込むことができる | 2以下 | 20以下 |
| | 軟 | スコップで容易に掘れる | 2～4 | 30 |
| | 中 | スコップに力を入れて掘る | 4～8 | 30 |
| | 硬 | スコップを強く踏んでようやく掘れる | 8～15 | 100 |
| | 極硬 | つるはしが必要 | 15以上 | 200 |
| 地下水面上の砂質土 | 非常に緩い | 孔壁が崩れやすく，深い足跡ができる | 5以下 | 30以下 |
| | 緩い | スコップで容易に掘れる | 5～10 | 50 |
| | 中 | スコップに力を入れて掘る | 10～20 | 100 |
| | | スコップを強く踏んでようやく掘れる | 20～30 | 200 |
| | 密 | つるはしが必要 | 30以上 | 300 |

[$N$値]
　地盤の標準貫入試験において、63.5kgのハンマーを75cm自由落下させ、サンプラーを30cm貫入させるのに要するハンマーの打撃回数をいい、地盤の硬さを表す指標となります。

[スウェーデン式サウンディング試験（SS試験）]
　この試験は住宅工事の地盤調査としては最も多く行われている方法といってよいと思います。100kgの載荷による沈下測定に続き、スクリューポイントと呼ばれる先端部分を地中に回転貫入させて、その回転数によって$N$値を算出します。電動式のSS試験機もありますが、人力で回転させるタイプを使用するケースが多いようです。手動タイプの場合は、ある程度の個人差がでることは避けられないように思われ、土質の違いや調査員の経験によって、得られる結果に差がでる場合があると考えておいたほうがよいように思われます。

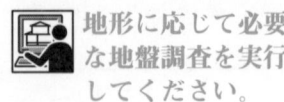
地形に応じて必要な地盤調査を実行してください。

木造住宅は別にして，通常の建築工事における地盤調査といえば，ボーリングと標準貫入試験が最も一般的といえます。しかし，これによって得られる土層断面図，$N$値，孔内水位があれば，問題のない基礎の設計ができると考えないようにしていただきたいと思います。例えば，砂質土では標準貫入試験の$N$値から，その地盤のせん断強さを支配する土の内部摩擦角$\phi$をある程度の信頼性をもって決定することができますが，粘性土の場合はせん断強さを支配する土の粘着力$C$を推定することは不可能といってもいい過ぎではありません。地盤の透水性について定性的に知ることができても定量的に推定することは難しく，特に地下水圧についてはまったく不明といってもよいことがあります。また，記載されている孔内水位が常水面とは限りません。どのような地盤調査をするにしても，基礎設計のために必要なデータは，地盤調査の体系やその方法を十分理解したうえで適切な方法を選択しなければ得られないということを理解していただきたいと思います。

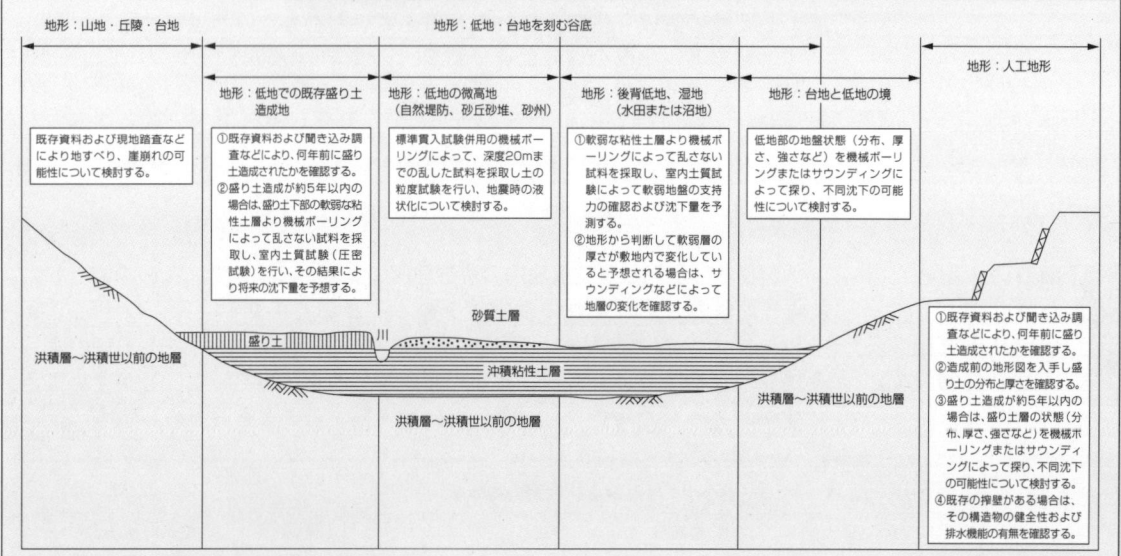

**図1-25：地形に応じた必要な調査内容** [18]

　現在、住宅工事で行われている地盤調査としては、以下があげられます。
　①サウンディング試験（SS試験、ポータブルコーンペネトロメーター試験、オランダ式貫入試験）
　②表面波探査調査
　③室内土質試験（ハンドオーガーボーリング）
　④標準貫入試験併用による機械式ボーリング
①では、通常は土質の調査は行われず地耐力だけの調査になります。簡便なことから、最近では②が採用されることが多くなっているようですが、これはいわば波動現象を地表で観測することによって地盤構成を推定するものであり、これをもとに基礎設計をすることはお勧めできません。③と④は土質と支持力が調査対象となりますが、特別な事情がある場合を除いて採用されることはほとんどありません。
　図1-25は地形ごとに必要となる地盤調査方法も含め、確認したい内容の概要を整理したものです。信頼できる地盤調査会社からのヒアリング結果なども含め、総合的に判断して調査方法を決定していただきたいと思います。

　本書は地盤調査を主題としてはいませんので、具体的な調査方法の適否について述べることは避けたいと思います。ただ、一般論としての、調査会社に関する注意点を述べておきたいと思います。地盤調査を行っている会社は以下のように区分できます。
　①地盤調査専門会社
　②さく井などを主とした会社
　③基礎工事を主とした会社
　これらのうち特に注意が必要といえるのは②、③の会社です。独立した地盤調査部門をもたずに、本業の片手間に地盤調査を行っている会社は、①の地盤調査専門会社に比べて地盤に関する知識や経験が乏しく、調査内容の信頼度が低い場合があります。また、①のなかには地盤改良工事までも請け負う会社があり、木造住宅の地盤としては問題がないにもかかわらず、地盤改良工事につながる報告書を提出してくるところもありますので注意が必要です。
　個々の会社の実態をよく見きわめ、評価を下していただきたいと思います。

| STEP 1　土地の品質を知る |

| STEP **2**
# 建築主に木造建築を
# 知っていただく
STEP 2-1：適切な造りとメンテナンスが
　　　　　建物の耐久性を約束してくれます
STEP 2-2：建築主に木を見ていただく |

| STEP 3　施工者を探す |

| STEP 4　架構を計画する |

| STEP 5　コストプランニングをする |

| STEP 6　架構を決定する |

| STEP 7　その他の仕様を決定する |

| STEP 8　設計図を描く |

| STEP 9　工事契約への助言をする |

## STEP 2-1 適切な造りとメンテナンスが建物の耐久性を約束してくれます

**施工品質の確保と外観のデザインとの間には、大きく関係する部分があります。**

本書の主題は「設計段階においていかに施工品質を確保するか」という点にあり、デザインなどに関しては対象外としています。ただ、ここではその原則を外れて建物の形態や納まりなどにふれています。これは、「建物の耐久性を約束できる施工品質」を実現するための視点に立って記載したためであることをお断りしておきます。

どのような住まいをつくるか、ということに夢を描いている建築主の意識をこうした視点へ向けさせることは簡単ではないと思いますが、長く安心して住み続けることのできる住まいを得るためには、欠かせないということを説明していただければと思います。

なお、いうまでもありませんが、デザインや納まりなどは、ここに記載した以外の多くの要素を加えた検討を通して決定されるものです。読者の方々が実務で行うこうした検討材料の一つとして、ここに記載した内容を位置付けていただければ幸いです。

**腐朽と蟻害が木造住宅の大敵であることを、まず再認識してもらってください。**

木造建物の主要構造部材はいうまでもなく木材ですが、木材は「腐朽」や「蟻害」を受けずに経年変化による劣化だけを受けた場合であれば、図2-1に示すように長期間にわたって強度を保つことが知られています。このことから、①構造部材の「腐朽」と「蟻害」をできるかぎり防ぐこと、②被害を受けた場合の対策を考えておくこと、の二つが木造建築の主要な命題であるといってもよいと思います。

鉄やプラスチックのような材料は、新しいときが一番強く、古くなるにつれて弱くなっていきます。ところが、ヒノキは伐採後200年程度は強度が増加し、それ以後は次第に強度が低下していきますが、800年経過した材と伐採したばかりの材とを比べると、曲げ強度ではほぼ同等、圧縮強度では20％程度増していることが、図2-1を見ていただくとわかると思います。

これは、木の細胞を構成するセルロースとリグニンのうちの、強度に影響するといわれているセルロースをつくっているブドウ糖の分子が、大気中に長く置かれたことで次第に結晶化の度合いが増すことで、結果として強度を増す働きをすることが理由と考えられており、これは約300年続くといわれています。

一方、この分子は時間の経過とともにところどころが切れて短くなり、これは木を弱くする働きをするといわれています。この変化が並行して進むために最初は強くなり、次第に弱くなるという放物線を描いて強度が変化すると考えられています。

ケヤキはヒノキと異なった変化を示します。曲げ強度は、当初はヒノキの1.7倍程度ありますが、直線的に強度が低下し500年を過ぎたあたりで逆転します。日本人がヒノキを建築用材として高く評価してきた理由の一端がわかります。

\*上記の記述の一部は、西岡常一・小原二郎著『法隆寺を支えた木』（日本放送出版協会）から抜粋させていただきました。

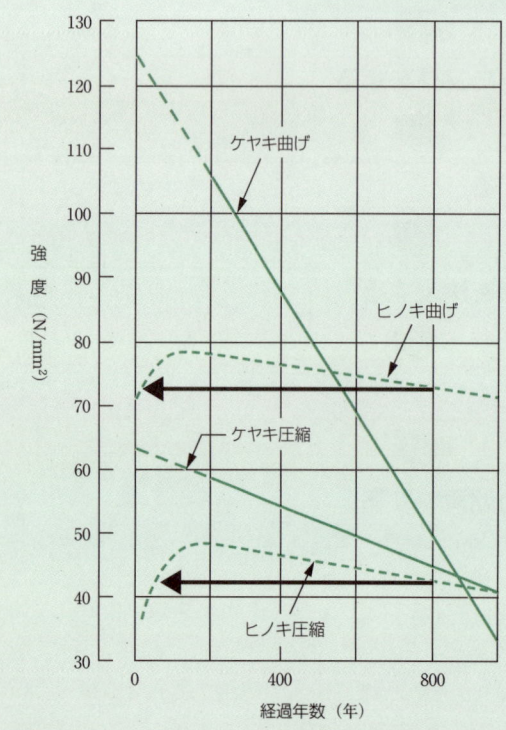

図2-1：ヒノキとケヤキの強度の経年変化の比較 [19]

**腐朽と蟻害の防止には，濡れた木材を使用しないことが原則です。**

　人力に頼って伐採や運搬をしていた時代には，いわゆる「葉枯らし」をすることなどで重さを軽くすることが必須であり，運搬手段も限られていたことから，必然的に市場に出るまでに時間がかかりました。時代は移り，機械力を使って伐り出しを行うようになってからは，重さはそれほど大きな問題ではなくなり，今では伐った材をより早く市場へ出すことのみが考えられているように筆者には感じられます。

　過去には，結果として流通することができなかった未乾燥材が大量に出回っているのが現状です。未乾燥材には，強度や割れを含む変形などの問題があることが指摘されていますが，筆者としては，これらに加えてカビが発生する可能性が高いことも問題点の一つとして付け加えておきたいと思います。

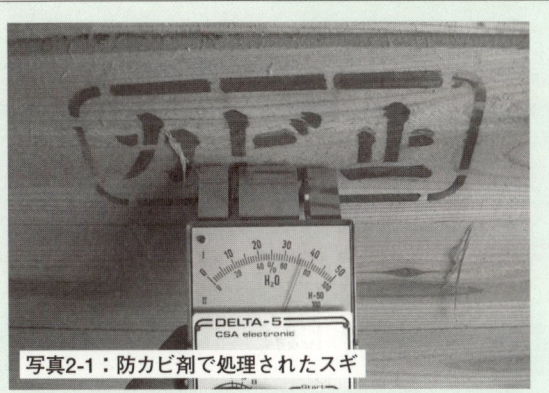
写真2-1：防カビ剤で処理されたスギ

　スギは含水率の高い材が非常に多く流通している樹種といえますが，この写真の材の含水率は37％であり，筆者の知る範囲では非常に少ない部類に入ります。ただ，腐朽菌は含水率25〜30％でも発生する可能性があるといわれていますので，そうした視点でみれば，37％でもカビ止め処理をしているのは，材の強度を保つうえでの必要な処理といえます。防カビ剤の有効期間や放散の程度，人体への影響などに関する情報を筆者は入手できていないため，これが問題であるとは断定できません。

　ただ，早く出荷させることを優先させてこうした処理を選択することより，含水率を下げる努力をしていただきたいと考えています。この問題は製材業者さんや材木屋さんが単独で動いても成果が得られない，関係者全員で動かなければ解決しない問題といえると思います。その突破口として，まず設計の立場にある読者の方々が，含水率の高い材は使用しないという基本姿勢をもっていただき，それを建築主に説明していただければと考えています。

**木材が濡れにくい形態とするなどの工夫も，非常に重要です。**

　1300年の時を超えて法隆寺が現存できたことは，後で述べるメンテナンスの努力によるところが大きいのですが，筆者はその形によるところも大きいと考えています。

　深い軒は建物が濡れることを防ぎ，露出された構造材は濡れることがあっても，放散が容易なために木の内部に水をためることはありません。

　こうしたデザインをそのまま現代にもってくることはできませんし，お勧めもしません。ただ，仏教は中国から伝来したにもかかわらず，建物の形は中国の軒の浅い形式をそのまま模倣することなく，雲形肘木（くもがたひじき）や三手先という難しい仕事にあえて挑戦してまでも軒の深さを確保した先人の知恵と努力に，私たちは学ばねばならないと感じます。

写真2-2：法隆寺五重塔
（写真：土肥博至）

**適切な屋根勾配とすることも重要です。**

軒の深さだけでなく、屋根の勾配も重要です。誤解を恐れずにいえば、日本の木造住宅の屋根の造りは、ある程度の雨水の浸入を前提にしています。浸入してきた雨水をできるだけ速やかに外部へ放出する必要があり、屋根の素材に適した勾配の確保が欠かせません。外観だけで緩い勾配を採用してしまうことは避けなければなりません。

図2-2：唐招提寺 [20]

フランク・ロイド・ライトは「見える屋根は高価で不必要」として、木造住宅のフラットルーフを提唱しました。ただ、その考え方は建設地の気候風土を前提にして出たものとしてとらえないと間違いをおかすと筆者は考えています。

木造のフラットルーフはミシガン、バージニア、イリノイなどで実現していますが、これらの土地の年間降水量は900mm程度です。年間4,000mmの雨が降る尾鷲との比較は意味がありませんが、東京の6割程度であるということを知っていただかなくてはなりません。また、湿度は5月が最も低く、12月が最も高くなっており、日本の多くの都市と逆の傾向を示しています。

確かに勾配の緩い屋根は材料も少なくすみ、ライトが目指した「ユソニアン住宅」実現のためには、これは欠かせない要素の一つであったと思いますが、屋根裏スペースにはある程度の断熱効果も期待できます。それぞれの気候風土から育まれた形を、何の配慮もなしに異なる土地へ持ってくることには無理があることを理解していただければと思います。

なお、屋根勾配を十分にとった建物を立面図に描くと、図2-2のようになり、屋根のプロポーションが非常に大きく感じられます。しかし、実際に建物を見るのは地上レベルからであり、この図のようには見えないことは理解してもらえると思います。こうしたことを建築主によく説明していただきたいと思いますが、まず設計者が誤解しないようにしていただかなくてはなりません。

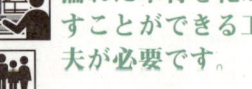
**濡れた木材を乾かすことができる工夫が必要です。**

主要構造部分をすべてあらわしにすれば、乾かすということに関しては問題がなく、そうした造りを実践している方々もおられますが、本書が対象としている一般住宅の解決策としては、あまり現実的とはいえません。ただ、主要構造部分が隠ぺいされることを前提にした通風の確保は、簡単ではないということをまず認識しておく必要があります。特に、「腐朽」や「蟻害」の多くは土台回りに発生していますので、この部分への配慮が欠かせません。この点に関する最も効果のある対策は、土台と地盤との距離を十分に確保し、建築基準法の開口面積の規定にとらわれずにできるだけ大きい床下の通気口を、通風に効果的な位置に設けることといえます。

斜線制限や周辺への影響にも配慮しなければならず、費用の点からみても床下部分を高くするには限度があり、桂離宮ほどの高さをとることは現実には無理があるといえます。ただ、こうした配慮が建物の耐久性につながることを建築主に理解してもらえるように、働きかけていただければと思います。

写真2-3：桂離宮

（写真：小林美紀）

**土に接した木材の耐用年数は，非常に短いことを伝えてください。**

前述したように，木はその置かれた環境やメンテナンスの状態によっては千年以上の寿命を保つことができますが，ヒノキやヒバなどのように耐腐朽性が高いといわれている樹種であっても，腐りやすい環境に置けば10年とももたないことも再確認していただきたいと思います。

表2-1：
これは，戸外の土中に埋めた杭の耐用年数を実験した結果です。ただ，この実験の条件は，一般的な住宅の木造部分がおかれている状況よりかなり過酷といえますので，これが通常の木造住宅における耐用年数とは考えないでください。

表2-1：土壌に設置した場合の、おもな樹種の心材の耐用年数 [21]

| 樹　種 | 耐用年数 | 樹　種 | 耐用年数 |
|---|---|---|---|
| アカマツ | 5.5 | ミズナラ | 6.5 |
| カラマツ | 6.0 | センベル | 8.0 |
| エゾマツ | 2.5 | セコイヤ | 8.0 |
| スギ | 6.0 | ベイツガ | 3.0 |
| ヒバ | 7.0 | ベイマツ | 6.0 |
| ヒノキ | 7.0 | ベイモミ | 3.0 |
| クヌギ | 5.0 | ベイヒ | 6.0 |
| クリ | 7.5 | ベイヒバ | 7.0 |
| ケヤキ | 7.5 | ベイスギ | 7.0 |
| ブナ | 4.0 | スプルース | 3.0 |

**土台回りの状況を調べることができる工夫が必要です。**

木部と地盤との距離を十分にとり，さらに床下の通風にも配慮した基礎回りとすれば，木造建築物の耐久性は大いに向上するといえますが，腐朽の可能性から完全に逃れられるわけではありません。法隆寺が千年以上の寿命を保っているのも適切なメンテナンスがあってのことであり，その重要性は住宅においても変わりません。特に，腐朽の可能性の高い土台回りに関しては定期的なチェックが欠かせませんが，基礎高さが不十分であるため，床下に入って状況を確認することが困難な事例が少なくありません。

図2-3：
図2-3は，外部側から柱脚部と土台のメンテナンスができるように考えられたものですが，床下側からの点検も必要であり，人の移動が可能な高さの確保が必要です。これは工事費用の増加要因となりますので，桂離宮などのように，人が立てるほどの床下の高さは現代の住宅では望むべくもありませんが，はって移動ができる程度の高さは確保してもらわなければなりません。実務の際に，検討の一端に加えていただければと思います。

筆者の狭い範囲の知見ではありますが，このような配慮のもとにつくられた事例を知りません。おそらく非常に限られた事例しかないと思われますが，筆者もこうした考えで設計をしたことはなく，反省しなければならないと考えています。

＊本図は関東学院大学、股黒弘三教授のお考えをもとに作図したものです。

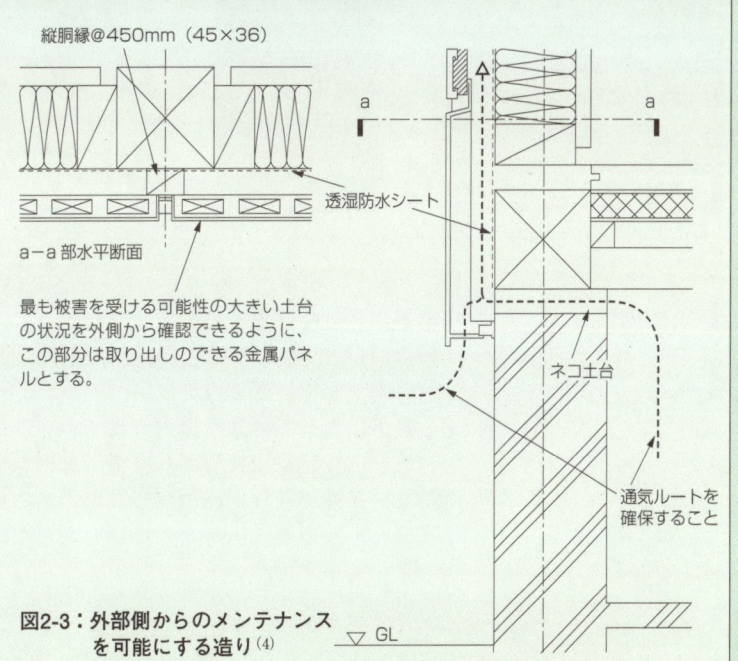

図2-3：外部側からのメンテナンスを可能にする造り [4]

## STEP 2-2 建築主に木を見ていただく

木材の等級には，JAS規格だけでなく，市場規格ともいうべきものがあります。

　針葉樹の構造用製材の等級については，JAS規格による等級と，それとは呼称の多少異なる一般の流通経路のなかでの等級の二つが使われているといえます。

　現行のJAS規格（以下，「新JAS規格」といいます）は平成3年に施行されましたが，平成7年までは一般市場で使われている等級付けに近いといえる，旧規格としての「製材のJAS規格（以下，「旧JAS規格」といいます）」との併存状態となっていました。旧JAS規格が目視による評価を主とした規格であったのに対し，新JAS規格には含水率やヤング係数などの指標が取り入れられました。この点は大変評価できますが，含水率は単なる区分となっており，ヤング係数の区分も一応は等級の扱いになっていますが，実態は単なる数値の表示にとどまっていることは残念に思います。官庁工事を除けば，JASの表示がなくても流通にはまったく支障がなく，前述したように数年前まで新旧の二つの規格が併存していたことが原因といえるかもしれませんが，まだ新JAS規格は浸透しているとはいえないと感じられます。

写真2-4：JAS規格表示の事例

　構造材としての木に関連するJAS規格のなかには，「針葉樹の構造用製材」、「広葉樹の製材」、「枠組壁工法構造用製材」などがありますが、ここでは、軸組工法の構造材に主として使われる「針葉樹の構造用製材」について述べてみたいと思います。

　この規格における指標のおもなものとしては、以下の内容があげられます
①「曲げ」と「圧縮」それぞれの応力をおもに必要とする部位に使う材の区分：前者を甲種、後者を乙種（写真2-4の①）として指定。
②目視による区分：最上級の1級から最低の3級までの3段階に区分し、★印の数（写真2-4の②）で表示（★の数が多いほど等級が高い）。
③含水率による区分：D15〜D25（写真2-4の③）までと、これに含まれない未乾燥材の4段階に区分。
④ヤング係数による区分：抜き取り破壊試験によるE50〜E150までの6段階に区分。
　JAS認定の製材工場から出荷される製品には、これらの指標が表示されることになっていますが、ここに載せた材のように、ヤング係数の表示がないものが多いようです。

　一方，一般市場では多くの材がJAS規格とは別の規格（以下，本書では「市場規格」と呼びます）で等級付けが行われ，取引されています。この市場規格は旧JAS規格の基準と同様に，割れ，曲り，ねじれ，腐朽，丸身，節などから判定しているようです。

　以下にこれらの基準の内容についてみていくと，割れ，曲り，ねじれ，腐朽などは，建築用材であれば最下級の材であっても，必ず満足しなければならない条件であり，この点に問題がある材は建築用材として使われてはなりませんし，市場に出ることはほとんどないといってよいと思います。

「丸身」に関しては，写真2-5～2-8の各等級の写真を見ればわかるように，1等材を別にすると「丸身」はほとんど見られず，各等級間に大きな差はないといえます。

　「節」に関しては，各等級間に明確な差が見られます。というより，「節」の状態で特1等以上の材は等級が付けられているといったほうがよいかもしれません*1。ここに載せた写真を見ていただければ，「特1等」とその上の「上小節」と「無節」の間には大きな差があることがわかると思います。また，この写真ではその差が判別できませんが，「上小節」と「無節」の間にも小さな節の数で違いがあります。

　なお，こうした等級付けとは別に乾燥状態に関する規格があり，一般的には「KD材*2」と呼ばれ，そうした表示もされているようですが，含水率の数値を明記したものはないようです。また，JAS規格や市場規格に入らない材を「グリーン材」と呼ぶ場合もあるようです。当然といえるかもしれませんが，「グリーン材」には前述したような表示はいっさい記されていません。

写真2-5：無節（ヒノキ）

写真2-6：上小節（ヒノキ）

写真2-7：特1等（ヒノキ）

写真2-8：1等（ヒノキ）の丸身

*1：筆者は、現在の「市場規格」は「節の状態」を等級判断の重要な指標としているとみています。こうした評価を否定するつもりはありませんが、やや「節」の有無にその評価が傾き過ぎているきらいがあるように感じています。
　確かに見た目のきれいさも重要ですが、それ以前の問題として、建築用材として備えていなければならない強度や耐久性などの品質があると考えます。
　そうした点を確保するために必要な指標について、34ページ以降で述べてみたいと思います。

*2：Kiln Dryの略称で、人工乾燥材を指しますが、ベイマツなどはおおむね20％前後の含水率となっている場合が多く、確かに含水率に関しては評価してよいと思います。ただ、輸入材の中には、検疫で使用される「燻蒸剤」が残留しているものがあるようですので注意が必要です。

製材された木には，隠れている節があることを伝えてください。

「節」のある部分は強度的に弱く，その意味からすれば，「節」が多い材に低い等級付けをするということは理にかなっているように思えます。しかしながら，「節」は図2-4のように，木の根元から上部までの間に，多かれ少なかれ必ず存在します。つまり，写真2-5のような無節材でも削っていけば「節」が出てくる場合があるということです。

こうしたことから，製材所では「節」をいかに出さずに製材するかが，腕の見せ所ともいわれています。誤解を恐れずにいえば，市場規格は表面的に見えている「節」だけで評価を下しているということであり，これでは美観上の評価と強度上の評価が区別されることなく使われているといわなくてはなりません。

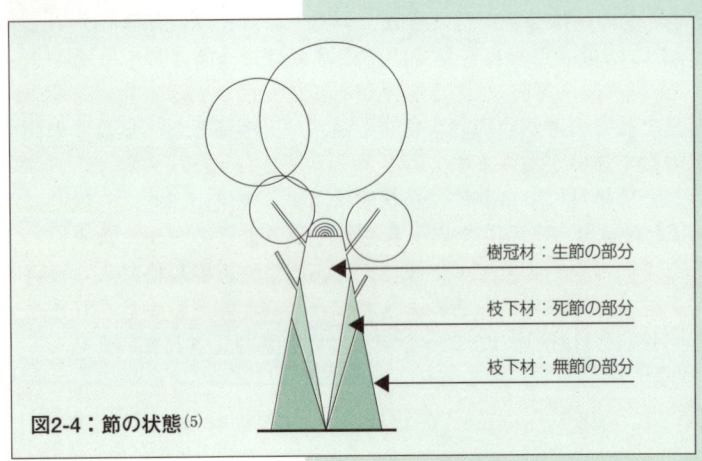

樹冠材：生節の部分
枝下材：死節の部分
枝下材：無節の部分

図2-4：節の状態(5)

節の有無で金額が大きく異なることを伝えてください。

表2-2では，特1等材と三面無節材との価格差は約15.5倍，そして，同じく特1等材と小節材との価格差は約4.2倍となっています。確かに節のない材はきれいですが，表面的な節の有無だけでこれだけの価格差が生じていることは合理的といえるでしょうか。

特1等材と集成材が，約2.4倍の価格差となっている点にも着目していただきたいと思います。確かに集成材は狂いが少ないなどの優れた点はありますし，節もなくきれいです。ただ，無垢材よりも張り物のほうの価格が高いことに，少し釈然としないものを感じるのは筆者だけでしょうか。

なお，集成材には接着剤の問題などもあり，基本的にはお勧めできないと考えています。この問題に関しては98ページ「STEP7-1 有害性情報を評価する」を参照してください。

表2-2：東京近郊での木材の小売価格の一例

| 材種・等級<br>(寸法：3000×120×120) | 近県産<br>1本単価 | 吉野<br>1本単価 | 尾州<br>1本単価 |
|---|---|---|---|
| ヒノキ・特1等 | 5,000円/本 | 7,780円/本 | 9,980円/本 |
| 上小節（一面） | 23,410円/本 | 25,920円/本 | 28,120円/本 |
| 上小節（二面） | 37,150円/本 | 40,180円/本 | 42,380円/本 |
| 上小節（三面） | 54,260円/本 | 57,460円/本 | 59,660円/本 |
| 無節（一面） | 38,280円/本 | 42,340円/本 | 53,080円/本 |
| 無節（二面） | 69,820円/本 | 83,380円/本 | 93,110円/本 |
| 無節（三面） | 86,660円/本 | 100,660円/本 | 111,220円/本 |
| ヒノキ厚貼り・集成材<br>(寸法：3000×117×117) | 13,200円/本 | | |

写真2-9は特1等材ですが，一面は無節です。もし，この材を一面しか見えないところに使えば，特1等材の価格で無節の材が使えることになります。通常，木材はある程度の本数をまとめて仕入れますので，特1等材の中に小節に近い材や一面無節の材などが含まれている場合が少なくありません。むやみに高い材ばかりを求めないという姿勢も必要なことではないでしょうか。

写真2-9：特1等材の無節面（左）と節のある面（右）

節の有無だけでなく，年輪の間隔にも注目するように伝えてください。

　残念ながら，公庫仕様書やその他の共通仕様書だけでは，建築主や設計者が必要としている木の品質は確保できないと考えています。そこで，ここでは建築主にも知っておいてほしいと考えている指標を二つ述べておきたいと思います。

　その一つは，年輪の間隔（平均値）です。新JAS規格では年輪の間隔について，6mm以下，8mm以下，10mm以下の3段階に等級区分をしていますが，公庫仕様書には年輪間隔の規定がありません。日本建築学会の過去の『木構造設計規準（現在は『木質構造計算規準』となっています）』には，スギの年輪間隔に関する規定がありましたが，その規定を超えた材でも「実験の結果，材料強度を満足しているという結果が得られた」として，比重の規定を残して現在では削除されています。そうした指標をここで取り上げるということは，JASを認めて学会の規準を認めないということではなく，評価のしやすさという点で年輪間隔という指標が有効であると考えているからです。

　具体的には，梁に限らず構造材として使用する材については，平均年輪間隔が6mm以下とすることをお勧めしたいと考えています。これは，新JAS規格の最上級である1級に相当します。一見高いグレードのように感じると思いますが，実際はそうではないことが下の囲み記事を読んでいただければわかると思います。

　なお，新JAS規格の2級および3級に該当する材は，「腐朽」や「割れ」などの項目に関して，市場規格の1等材にも該当しないランクの材であることを付け加えておきたいと思います。例えば「腐朽」については，JASの2級および3級は，それぞれ「軽微なこと」，「顕著でないこと」と規定（ただし土台では「あってはならない」と規定されています）されており，腐朽があってもよいことになっています。しかし，現在流通している1等材には「腐朽」などは見られず，たとえ「軽微」であっても，腐朽している材を構造材に使うことは考えられません。

写真2-10：年輪の間隔（スギ）

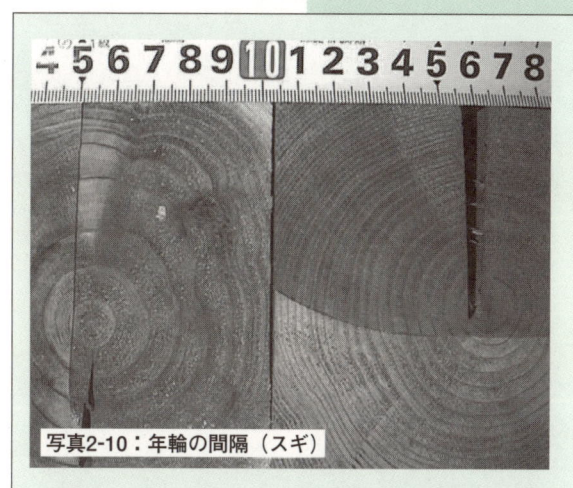

写真2-10は、両方とも特1等のランクのスギですが、左の材の平均年輪幅は約6mmです。これだけ広い年輪の間隔でも、平均年輪間隔6mm以下という基準をクリアできることから、この数値はそれほど厳しいものではなく、8mmや10mmといった平均年輪幅は大き過ぎるという印象を筆者がもっていることを理解していただけるのではないかと思います。

　ただ、誤解のないように付け加えておきますが、ここで述べていることは、年輪間隔の広い材をすべて排除しようということではありません。その材がもつ強度を見きわめ、それに見合った使い方をする必要があるという、いわば当然のことを述べているつもりです。平均年輪間隔が6mmを超えた材であっても、大きな荷重や応力を負担しない部位には十分使用可能であると思いますし、年輪間隔はあくまでも指標の一つであり、それを絶対視しないことを読者の方々には望みます。

　なお、広葉樹は針葉樹とは逆に、狭すぎる年輪間隔は強度が弱いといわれており、『木質構造計算規準』では「ナラ」や「ケヤキ」は年輪間隔が最低でも1mm以上は必要と規定されていることを付け加えておきます。

> 含水率は重要な指標ですが，1％単位の数値にこだわることは避けるように伝えてください。

もう一点，筆者が欠かせないと考えている指標は「含水率」です。まず，以下に含水率についての初歩的な知識を述べておきます。

木を一定の温湿度状態に長時間置くと，その温湿度と木の含水率が釣合い状態になります。これを平衡含水率といい，大気中に長時間放置したときの平衡含水率を気乾含水率といいますが，日本の気候ではほぼ15％前後といわれています。未乾燥で納入された材は，季節や保管状態にもよりますが，カビを発生することもあり，そうした場合には木がもっている強度が損なわれてしまうことを知っておいていただきたいと思います。

木の強度は図2-5に示すように，繊維飽和点（約30％）付近から含水率が小さくなるにしたがって増大します。『木質構造計算規準』では，施工後ただちに荷重を受ける部材は含水率を20％以下と規定していますが，この図を見ていただければ，こうした規定の意味を理解していただけると思います。

KD材（33ページ・*2）の使用は増加傾向にあるとはいうものの，まだまだ未乾燥材の使用事例が少なくありません。特にスギの場合は，比較的含水率の低い白太の部分でも100％を超えている材（写真2-11）が珍しくありません。ただ，含水率の高い赤身の部分でも20％まで下げて出荷されている材（写真2-12）もあり，こうした材を入手することが不可能というわけではないことも知っておいていただきたいと思います。

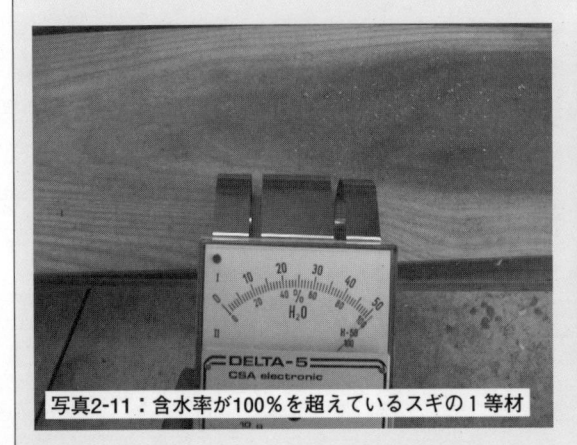

圧縮に関しては、含水率20％時には気乾含水率（約15％）の約80％の強度がありますが、含水率30％時には約58％程度の強度しかありません。

また、ここには載せていませんが、曲げ、引張り、せん断については、5〜10％時にピークを示しますが、気乾含水率まではほぼ圧縮と同様の傾向を示します。

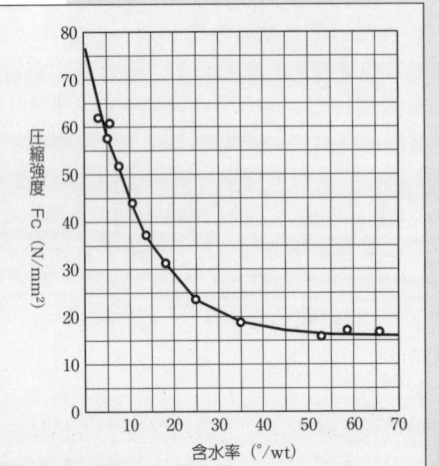

図2-5：含水率と圧縮強度の関係[6]

含水率は木の寸法形状に大きな影響を与えます。

図2-6に示すように、木は含水率が小さくなるにしたがって収縮しますが、収縮率は半径方向と接線方向とでは異なるため、カラマツなどのように繊維が樹心に対して回旋している材などでは、ねじれを生じることになります。

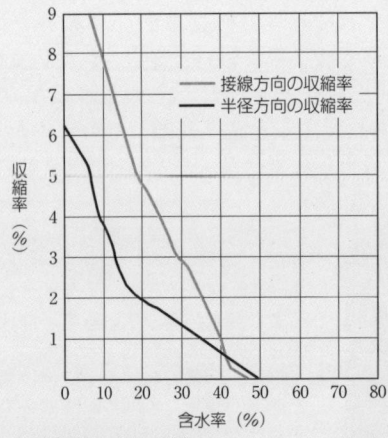

図2-6：放湿に向かうブナの収縮率と含水率[7]

写真2-11：含水率が100％を超えているスギの1等材

写真2-12：含水率が20％のスギの1等材

📐 断面寸法に誤解がないよう注意が必要です。

欠陥住宅などの報道の影響を受けてのことでしょうか。巻尺持参で建物の寸法を測る建築主がいらっしゃいます。これは決して悪いことではありませんが，なかには「設計図で3.5寸角（105mm角）の柱を指定しているにもかかわらず，100mm角しかない。これは公庫仕様違反である」といった指摘をされる方がおられますが，この指摘は正しくない可能性があります。

公庫仕様書の「4.2.1 指定寸法」の項には，「木材の断面を表示する指定寸法は，ひき立寸法とする（以下省略）」となっています。ここでいうひき立寸法とは，大工さんが鉋仕上げをする前の寸法をいいます。つまり，この規定に従えば特記仕様書で仕上り寸法を指定した場合などを除き，施工側で仕上り寸法を決定してよいということです。木は自然材ですから，乾燥時の収縮の程度は材種によっても異なり均一ではありません。製材した際に105mm角であっても1～2mmは縮む場合があり，そこからさらに鉋仕上げで小さくなりますので，100mm角まで小さくなることはまれではあると思いますが，あり得ないことではありません。ちなみに，集成材の柱の寸法は無垢材の柱が小さくなることを見越して，あらかじめ102mm角（写真2-14参照）や117mm角といったような寸法になっています。

公庫仕様書のこうした規定が適切であるかどうかは別にして，読者の方々にはひき立寸法と仕上り寸法の違いを，建築主からの無用な誤解を受けないためにも，図面の段階で説明しておくことをお勧めします。

なお，材木小売りに入荷した時点で，ひき立寸法そのものが105mm角以下の場合も少なくないようですが，これを公庫仕様の建物に使うと，厳密には仕様違反ということになります。つまり，公庫仕様違反を指摘するのであれば，この時点でやっておかなくてはならないことになりますが，前述したように乾燥収縮の程度が一定ではないことから，これをあまり厳密に適用することは現実的ではありません。さらに付け加えれば，コストの問題は別にして，例えば仕上がりで4寸（120mm）を確保するために，写真2-15のように通常より大きい寸法（ここでは125mmとなっています）で発注することができないわけではないことも知っておいてください。

写真2-16は写真2-15の仕上がった状態です。また，建築基準法施行令第43条に規定する柱の小径のチェックは，仕上がり状態で102mm角となるのであれば，その寸法で計算しなければならないことにも注意していただきたいと思います。

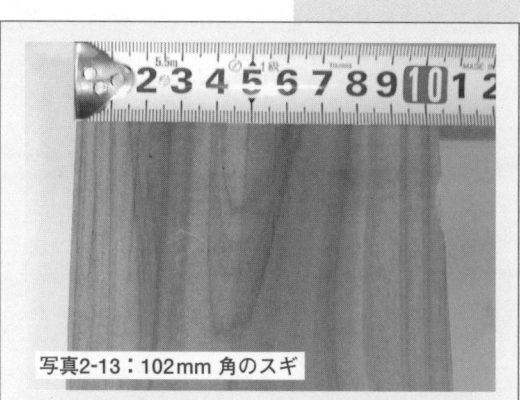

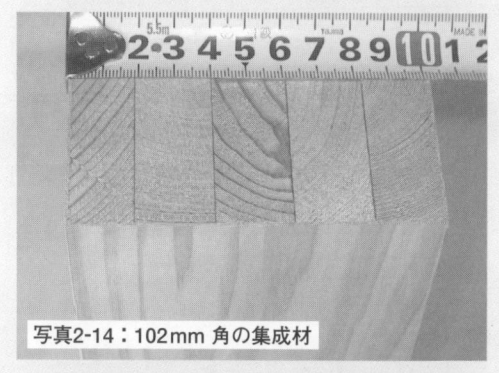

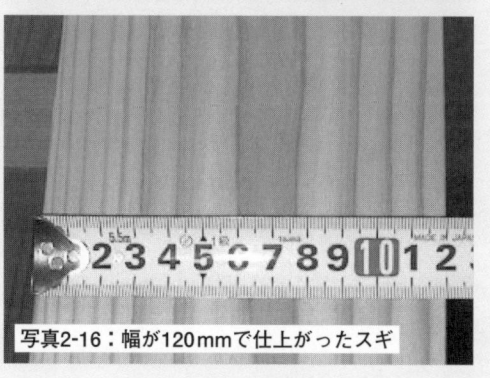

写真2-13：102mm角のスギ

写真2-14：102mm角の集成材

写真2-15：幅が125mmのスギ

写真2-16：幅が120mmで仕上がったスギ

## コラム① 隣地の建物が新築建物に与える影響も考慮して計画を進める必要があります

　2階建で軒高が7m以下であれば，最も規制の厳しい第一種低層住居専用地域であっても，日影規制を受けません。したがって，多くの2階建木造住宅では，隣地に与える日影の影響を法的に検討する必要がありません。

　そうしたことが影響しているのかもしれませんが，狭隘な敷地にもかかわらず，まるで決まっていることのように建物を北側，空地を南側に配置している事例が目につきます。日影の検討も含め，隣地との相互の関係を把握しながら設計するという基本姿勢を忘れてはなりません。

　図-1～図-6は，第一種住居地域で3階建の住宅に囲まれていると想定した敷地の配置図，周辺建物立面図，周辺建物日影図です。

　周辺建物立面図（図-5，図-6）では，既存の建物の窓やエアコンの室外機器，樹木などの位置を把握し，相互の干渉が生じないように配慮した設計をしていただきたいと思います。

　また，周辺建物日影図（図-2～図-4）で既存建物が生じさせる日影の状況を把握し，建築主の判断も加味しながら，配置計画やプランニングを進めていただきたいと思います。周辺が3階建に囲まれているこのケースでは，冬至には地盤レベルでの日照はほとんど期待できないものの，2階床レベルや春分・秋分の時期には，敷地の北側ではある程度の日照が見込めることがわかります。

　改めていうまでもないことですが，建築主自身で判断できる形に情報を整理して提示することは，設計者の重要な役割の一つです。ここに記載した内容は，本書の主題である施工品質の確保とは直接の関係はなく，設計方法に類する内容であり扱う範囲を超えていますが，この点を再確認していただきたいという意図から記載しています。個々の状況に応じた適切な情報の提示方法を各人で工夫していただければと思います。

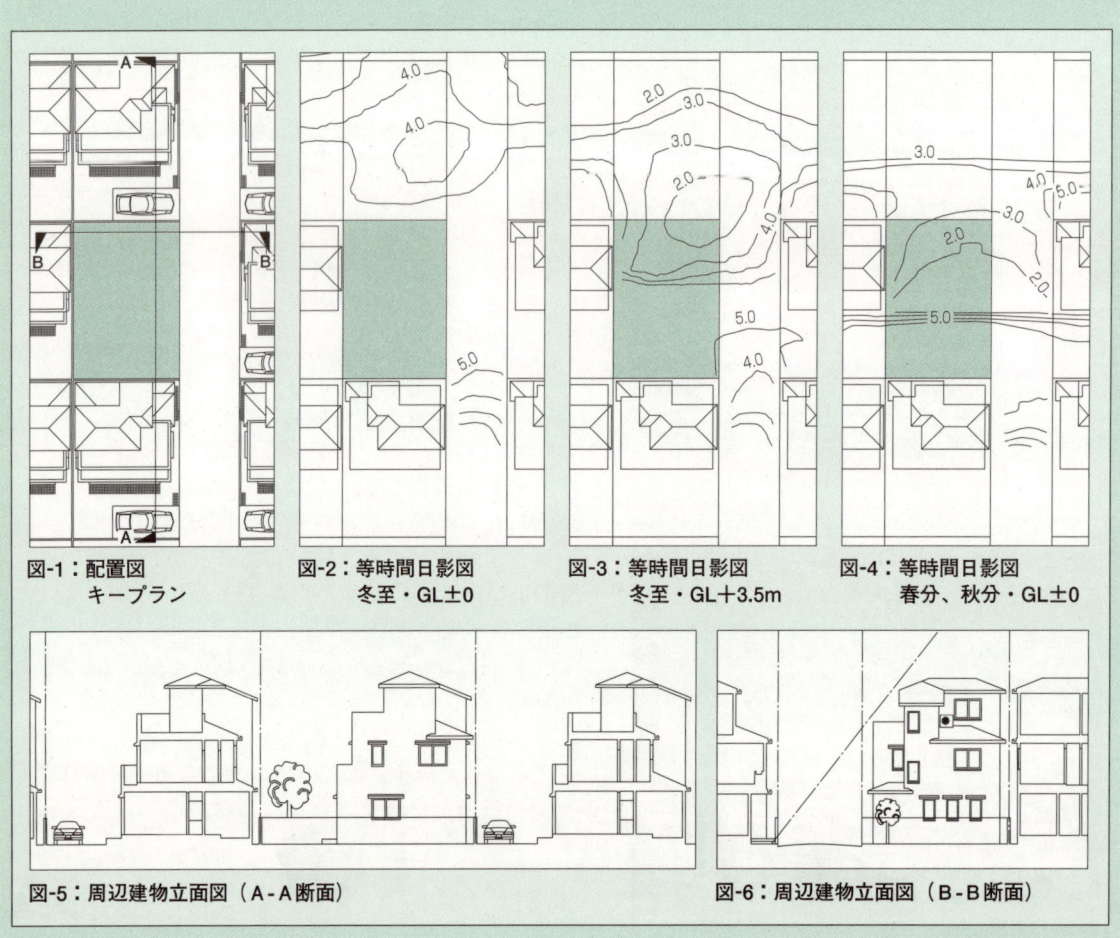

図-1：配置図 キープラン

図-2：等時間日影図 冬至・GL±0

図-3：等時間日影図 冬至・GL＋3.5m

図-4：等時間日影図 春分、秋分・GL±0

図-5：周辺建物立面図（A-A断面）

図-6：周辺建物立面図（B-B断面）

- STEP 1　土地の品質を知る
- STEP 2　建築主に木造建築を知っていただく

# STEP 3
## 施工者を探す

STEP 3-1：施工品質は職人さんの誠意によって左右される
STEP 3-2：信頼のおける施工会社に発注するために
　　　　　押さえておきたいこと

- STEP 4　架構を計画する
- STEP 5　コストプランニングをする
- STEP 6　架構を決定する
- STEP 7　その他の仕様を決定する
- STEP 8　設計図を描く
- STEP 9　工事契約への助言をする

## ● STEP 3-1　施工品質は職人さんの誠意によって左右される

施工会社の名前だけでは「施工品質」は保証されません。

　全国展開をしているハウジングメーカーであれ地元の施工会社であれ，職人さんに対してはさまざまな指導を行いますから，適切な指導力を発揮しているところと，そうでないところとでは施工品質に差が生じます。
　この指導力という点では，大手が優れているという見方が一般的な認識としてあるように思いますし，筆者もそれを否定はしません。ただ，筆者の少ない経験ではありますが，施工品質の確保への姿勢という点に関しては，不具合を目にした場合に，それを是正しようとする施工管理者は大手や中小であることにかかわりなく少数派であるといわなければなりません。そして本来の施工管理のあり方ともいえる，こうした不具合が起きないように事前に手を打てる人は，そのなかのさらに一握りの方々です。そこには大手や中小という区分はなく，施工管理者個人個人の資質によっていると感じられます。
　大手や中小を問わず，筆者の知る施工管理者の多くは，複数の現場を同時に担当し，新たな仕事となるかもしれない見積書の作成や，場合によっては営業なども並行して行うなど非常に多忙です。しかし，多忙であるからといって，施工品質の確保を職人さん任せにしてよいわけがありません。極論ですが，職人さんがしっかりしていれば，施工管理者は職人さんへの賃金の支払いや材料の手配などをするだけでよく，特に木造建築の場合は，過去にはそうした職人さんが多く，黙っていてもきちんとした仕事ができた時代があったのかもしれません。若輩の施工管理者が口をはさむ余地などはほとんどなく，逆に教えられる立場だったのだと思います。ただ，職人さんを指導しなければいけない時代になっているにもかかわらず，口を出さない，あるいは口を出せないという流れだけが今でも残ってしまっているように感じられる現場が少なくありません。
　本書では，大手は信頼できるけれども，中小には不安があるといった姿勢はとりません。手間のかかることではありますが，それぞれのおかれた状況で可能なかぎり，少しでも多くの現場を確認するなかで，ご自身が評価できる職人さんを見つける努力なしには，施工品質を確保できない時代になっているということを理解していただければと思います。
　写真3-1は，アンカーボルトの位置が不正確であったために，土台の芯から外れて取り付けられた事例です。また，写真3-2は，割栗石を小端立てに並べるという規定にはほど遠い仕事といえます。

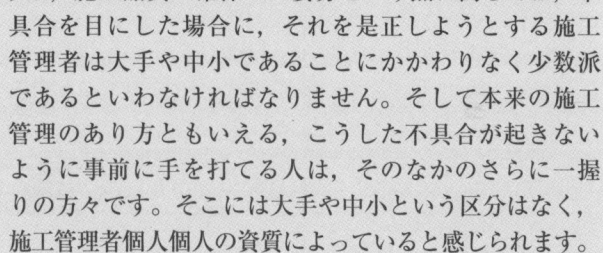

写真3-1

写真3-2

**写真3-1、写真3-2：**
　これらの仕事は，工事が進めば隠れてしまうことから，これで十分と考えているとしか思えません。こうした仕事を現場で目にしても職人さんに注意を与えず，手直しもさせない施工管理者が少なくないことは残念です。

> 誤解を恐れずにいえば，知識がないために結果として「手抜き」と呼ばれてしまう仕事をする職人さんがいます。

前述したように，過去には優れた技能をもった職人さんが多数おり，いわゆる徒弟制度のなかでその技が受け継がれていました。しかし，過去には使われることのなかった金物の使用が一般的になるなど，昔とは異なる点への配慮が必要になっているところも少なくありません。残念ですがそうした勉強をしていない親方では，指導できない時代に入っているというのが現実です。

設計者の方々には，大工さんに教えるという立場ではなく，より良い仕事をするためにお互いが良きパートナーとなることが必要不可欠と考えていただけないかと思います。お互いの知恵を出し合うことで施工品質の確保が実現できると思える職人さんに出会えるまで，現場を回っていただければと思います。

> 鳶さんと大工さんの仕事ぶりは必ず確認してください。

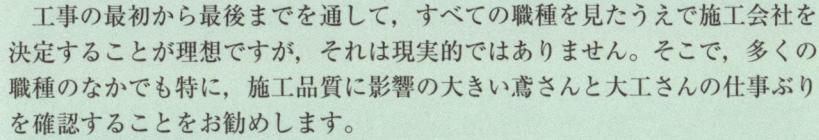

工事の最初から最後までを通して，すべての職種を見たうえで施工会社を決定することが理想ですが，それは現実的ではありません。そこで，多くの職種のなかでも特に，施工品質に影響の大きい鳶さんと大工さんの仕事ぶりを確認することをお勧めします。

鳶さんの仕事については力石眞一著『住宅現場・公開講座 品質を守る木造住宅のつくり方』の「4章 鳶さんの仕事に関し契約から上棟までの間に確認しておきたいこと」に掲載した内容を参考にしていただきたいと思いますが，特に写真3-4のような仕事をしている鳶さんは信頼できるといえます。

大工さんの仕事についても同書5，6章に掲載した内容を参考にしていただきたいと思います。例えば，軸組には写真3-3のような不具合な施工がよく見られますが，こうした問題をそのままにしておこうとしているのか，それとも直そうとしているのか，そのあたりの姿勢を見ていただければと思います。

写真3-3:
背割りに筋かい金物がぶつかっている事例です。このままでは筋かい金物には所定の耐力が期待できません。

写真3-4:
公庫仕様書には「割栗石は小端立てに敷き並べる」ことが規定されています。しかしながら、真夏の作業ともなれば、これは言葉でいうほど簡単なことではありません。この鳶さんは黙々と石をかみ合わせながら敷き並べていました。

**施工品質は職人さんの誠意によって左右されます。**

たとえ話で恐縮ですが，もし，腕は非常に良いけれども誠意に欠ける大工さんと，腕は悪いが誠意の固まりのような大工さんのどちらかに仕事を任せなければならないという状況に立ったとき，読者はどちらを選択するでしょうか。

筆者は後者を選びます。

それは，誤解を恐れずにいえば，どんなに腕の良い職人さんが仕事にあたったとしても，多くの部材を扱う住宅工事にミスは避けられず，そうした際に不誠実な処置をされてしまうことを恐れるからです。木造住宅では工事監理が実施されることはまれなケースですが，実施された場合でも限られた回数しか現場立会いができない費用である場合が多く，不適切な仕事のすべてを見つけることは不可能といわなければなりません。

一方，誠意のある大工さんであれば，不具合に気づけば自ら直すでしょうし，指摘すればどんなに大変でも直してくれると考えるからです。

発生したミスには，工事の進行にともない隠れてしまうものが少なくありません。誠意のなさからそうしたミスを隠ぺいすることになり，それが「欠陥住宅」と呼ばれる結果につながる場合があることを職人さんたちには気づいてほしいと思いますし，現場を見る際にはそうしたミスを職人さんが直そうとしているかどうかをよく見てほしいと思います。

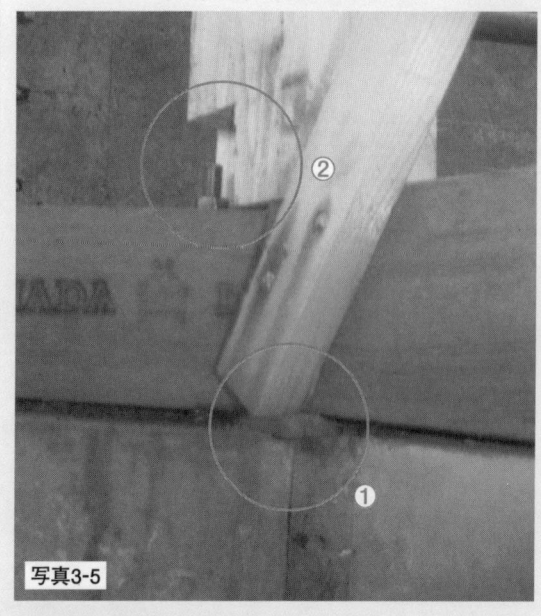

写真3-5

写真3-6

**写真3-5、写真3-6：**
　最近ではこうした仕事をめったに見ることはありませんが、基礎と土台の間に生じたすき間に木片（①○印）を差し込んでレベルを合わせています。基礎の天端レベル調整をきちんとやらなかったためといえますが、こうした問題は土台を敷き込む際にわかったはずです。そのまま建方を予定どおり実行してしまい、外部側はモルタルを塗った（写真3-6）ために外からは不具合がわからなくなっています。

　この仕事をした職人さんには、隠ぺいの意図はなかったと思いたいのですが、これではそうとられてもしかたのない仕事であり、残念に思います。

　なお、この仕事では②○印でも柱がアンカーボルトで欠かれるなど、不適切な仕事が散見されます。職人さんだけでなく、施工会社の誠意もまったく感じられません。

## STEP 3-2　信頼のおける施工会社に発注するために押さえておきたいこと

**施工会社にとって良い職人さんが，建築主にとっても良い職人さんとは限りません。**

　施工会社が「この現場にはうちで最も腕の良い大工をつけます」という約束をしてくれることがよくあります。しかし，施工会社にとっての腕の良い大工さんという評価の指標のなかには，技術がすばらしいといったようなことだけではなく，例えば材料を当初の予定通りの数量で納める，ということなども含まれます。
　一方，建築主にとっての腕の良い大工さんは，写真3-3や写真3-7のような仕事をしない大工さんです。写真3-7のような仕事は施工品質よりも原価を守ることを優先させた仕事といえ，こうした仕事をする人が「腕の良い大工さん」という評価を得るのでは，きちんとした仕事をする大工さんに悪影響がでることが心配です。

写真3-7：
　60ページでも述べているように、公庫仕様書では短材の使用を規定しています。このような仕事は長い材を発注すれば避けることができますが、すでに工事費用が決定している時期での変更は施工会社側の負担になることから、こうした仕事をしてしまう場合があるようです。しかしながら、大工さんのそうした姿勢は施工会社のほうに顔を向けて仕事をしているといえ、建築主のほうを向いていないといわざるを得ません。賃金を支払ってくれるのは施工会社であり、建築主ではないという意識を感じます。
　なお、この架構は1階部分に柱がありません。これは大工さんの問題ではなく、設計の問題といわなくてはなりませんが、好ましくないことを付け加えておきます。

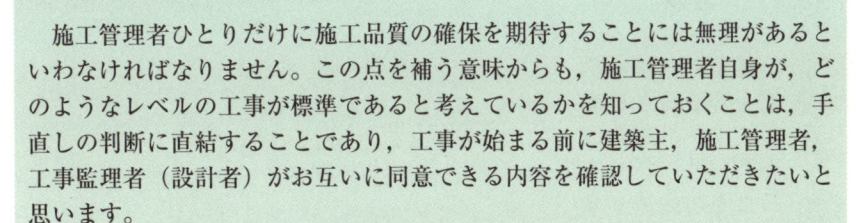

**施工管理者が考えている施工品質の程度や，施工管理の体制を確認しておくことは重要です。**

　施工管理者ひとりだけに施工品質の確保を期待することには無理があるといわなければなりません。この点を補う意味からも，施工管理者自身が，どのようなレベルの工事が標準であると考えているかを知っておくことは，手直しの判断に直結することであり，工事が始まる前に建築主，施工管理者，工事監理者（設計者）がお互いに同意できる内容を確認していただきたいと思います。
　また，この内容は施工管理者個人のレベルではなく，会社としての判断であることを確認しておかないと，必要な補修が実行されない場合があると考えます。

**標準的な見積書，契約約款，工程表を見せてもらってください。**

　160～165ページに記載したような内容が網羅されているかどうかで，その施工会社の仕事への取組み姿勢が見えてきます。問題点を指摘しても改善の姿勢を見せない施工会社は，選択肢から外すことをお勧めします。
　なお，建築主のスケジュールが許せる範囲内という条件がつきますが，仕事ぶりが評価できる大工さんや鳶さんに出会えたら，彼らのスケジュールに合わせた工程を早い段階で組んでもらうことを施工会社に申し入れることお勧めします。

**整理整頓されていない現場には，良好な施工品質を望めません。**

大工さんを始めとした職人さんたちへの現場内での整理整頓の徹底は，工事管理の初歩ですが，残念なことに住宅工事ではそれが実行されていないことが少なくありません。現場を見ることでこうした点に対する施工会社の姿勢がわかってきます。

写真3-8

写真3-9

写真3-10

写真3-11

**施工会社の経営状態を知ることは重要ですが，調査は専門会社に任せることをお勧めします。**

設計者が施工会社の信用度の評価を建築主から依頼されることがあります。建築主にとっては契約した施工会社が倒産してしまうことは最悪の事態ですから，ぜひとも知りたい情報だと思います。ただ，多くの設計者はそうしたいわゆる信用調査には慣れておらず，信頼性のある報告としてまとめることは難しいといえますので，それは調査会社の仕事であることを当初から明確にしておくことをお勧めします。ただ，専門の信用調査機関に遜色ない情報収集力と分析力があるという自信があれば，できる範囲で建築主の依頼に応えることに何の問題もありません。

施工会社や不動産会社の信頼性をはかる目安として，免許番号の更新回数を確認することも一つの方法だとは思いますが，更新回数は多くても休業状態の期間をはさんでいるようなケースもあり，必ずしも古い会社は経営状態が良く，新しい会社がそうではないとは断定できないようです。少し手間はかかりますが，都道府県の不動産行政の担当窓口で，経歴，資産状況，行政処分の履歴，消費者との紛争記録などが閲覧できます。また，職人さんたちへの支払い状況を確認することも，施工会社の実情を知る方法の一つといえます。

同様な意味で，施工会社の取引銀行にヒアリングするという方法もありますが，特別な事情がないかぎり銀行には情報を提供する義務はないので，適切な情報が得られない可能性があります。

ただ，仮に情報を収集できたとしても，そのままでは断片的な情報です。それらを整理して総合評価を下すことは，調査の専門家ではない設計者の手にはあまります。繰り返しになりますが，それは調査会社の仕事です。

- STEP 1　土地の品質を知る
- STEP 2　建築主に木造建築を知っていただく
- STEP 3　施工者を探す

# STEP 4
# 架構を計画する

STEP 4-1：基礎と地業の初歩知識
STEP 4-2：基礎を計画する
STEP 4-3：上部架構の初歩知識
STEP 4-4：上部架構を計画する

- STEP 5　コストプランニングをする
- STEP 6　架構を決定する
- STEP 7　その他の仕様を決定する
- STEP 8　設計図を描く
- STEP 9　工事契約への助言をする

## STEP 4-1　基礎と地業の初歩知識

**地盤に適合した基礎と地業を採用するために，改めて基本的な確認から始めてください。**

　基礎構造は，基礎と地業の2つの部位に分けることができます。基礎は上部架構の荷重を地業に伝えるための部位であり，支持形式に従って分類すると直接基礎と間接基礎の2つがあります。地業は基礎を支えるための部位であり，杭や割栗石を指します。設計に際しては，こうした部位を別々に考えるのではなく，この2つを一体のものとして検討していく必要があります。
　支持地盤のレベルは平たんとは限りませんし，その耐力もさまざまです。建築基準法第20条には木造で2階以下，かつ500m$^2$以下であれば構造計算の必要はないと規定されており，ここに原因があるというつもりはありませんが，検討が不十分だったため，不同沈下など，さまざまな不具合を発生させた事例が少なくありません。STEP 1で収集したデータを慎重に評価し，適切な基礎・地業を採用していただきたいと思います。

**当然ですが，割栗だけが地業ではありません。**

　通常の木造住宅で用いられている割栗地業は，根切り底が50cm前後と浅く，この程度の深さではまだ十分に締め固められていない軟らかい地盤であることが少なくありません。また，地耐力の異なる地盤を支持地盤とすることは，不同沈下などの問題を発生する要因となり，さらに付け加えていえば，ローム層などでは地業によって支持地盤が乱され耐力を損なうこともあります。
　基礎形式と一体として考え，必要な地耐力をもった地盤に，確実に力を伝えることのできる適切な地業を採用していただきたいと思います。

表4-1：木造住宅に採用されているおもな地業

| 地業の種類 | 概　要 |
| --- | --- |
| 割栗地業<br>砕石地業 | ・ここに記載した地業のなかでは最もローコストであり，かつ最も多く採用されている地業といえます。<br>・施工者によって，施工品質に大きな差が出やすいといえます。 |
| ラップルコンクリート地業 | ・浅いところに硬い地盤があるときに有効です。<br>・切り土と盛り土に建物がまたがるときに，同じ地耐力の地盤を支持地盤とすることができます。 |
| コマ型ブロック地業 | ・割栗地業とするには不足ですが，地盤改良するほど悪くはない地盤に有効です。<br>・日本建築センターの一般評定や建築基準法第37条の大臣認定などを取っていれば，施工品質には一定の評価ができます。<br>・布基礎幅が通常よりも広く必要となります。 |
| 杭地業 | ・47ページ・表4-2「杭基礎」の項を参照。 |
| 置換工法 | ・地表面の軟弱な層が1～2m程度の場合に有効です。<br>・軟弱な層が薄く，その下に硬い地盤が現れるときは，ラップルコンクリート地業や杭地業のほうが経済的かつ安全な場合が多いといえます。<br>・液状化のおそれのある地盤では，効果は少ないといえます。 |
| 表層地盤改良工法 | ・地表面の軟弱な層が1～3m程度の場合に有効です。<br>・セメント系固化材によっては，粉じんとして周辺に飛散することがあり注意が必要です。<br>・施工者によって，施工品質に大きな差が出やすい。 |
| 柱状地盤改良工法<br>（深層地盤改良工法） | ・軟弱地層の厚さが3m以上となる場合は，表層地盤改良より有効です。<br>・日本建築センターの一般評定や建築基準法第37条の大臣認定などを取っていれば，施工品質には一定の評価ができます。 |
| 注記 | 1. 一般的に使われることが多い名称をここには記載しましたが，地域や施工会社によっては異なる名称を用いている場合があります。<br>2. 柱状地盤改良工法には一般，個別それぞれの認定をとった工法が数多くあり，ここに記載したのはその一部です。 |

**基礎の種類は，最初から選択肢を狭めずに選定してください。**

　前述したように建築基準法では，一定規模以下の木造建築は構造計算の必要がないと規定されていますが，地盤の状況によっては基礎の支持力度と沈下量の検討を実行したうえで基礎形式を決定することをお勧めします。
　なお，建設省告示第1347号では，地盤の長期許容応力度が$20kN/m^2$未満の場合は杭を用いた構造，$20kN/m^2$以上$30kN/m^2$未満の場合は杭またはべた基礎，$30kN/m^2$以上の場合は杭，べた基礎または布基礎としなければならないと規定しています。

表4-2：木造住宅に採用されているおもな基礎

| 基礎の種類 | | 概　要 |
|---|---|---|
| 直接基礎 | 布基礎 | ・最も多く採用されている基礎といえます。<br>・多くの施工会社が慣れているという意味で，一定以上の施工品質を得られる場合が多いといえますが，不十分な施工も散見されます。 |
| | べた基礎 | ・軟弱な地盤（長期地耐力$30kN/m^2$未満），液状化のおそれがある地盤に有効です。<br>・建物の自重が大きくなること，根切り底が浅くなることなどに注意が必要です。<br>・全体が傾斜することに関しては抵抗力が小さいといえます。 |
| | 地下室 | ・軟弱層の厚さと地下室の必要高さがほぼ一致し，かつ常水面が低い場合に有効です。<br>・水害を受ける可能性がある土地にはお勧めできません。 |
| | 独立基礎 | ・布基礎が連続せずに，結果として独立基礎となってしまっている事例が少なくありませんが，不同沈下に抵抗するためには，基礎梁を設けて周囲の基礎と緊結することが望ましいといえます。 |
| 間接基礎 | 杭基礎 | ・杭には支持形式により支持杭と摩擦杭がありますが，いずれの杭方式でも，支持層が深い場合や液状化のおそれがある場合などに有効です。<br>・直接基礎に杭地業を組み合わせるケースは軟弱地盤などでよく見られますが，このような場合は，基礎の剛性を高めるために基礎を連続させて独立基礎は採用しないこと，直接基礎が接している地盤の耐力を期待しないこと，などの配慮が必要です。<br>・杭基礎は住宅工事では「ろうそく石」とも呼ばれますが，時として構造計算によらずに施工者任せになっている施工を見ることがあります。日本建築センターの一般評定や建築基準法第37条の大臣認定などを取っていれば，施工品質には一定の評価ができます。 |
| 注記 | | 1．敷地が狭隘な場合は布基礎を偏心させる必要が生じることがありますが，この場合は立ち上り部にねじりモーメントが働くために補強筋が必要なことがありますので注意が必要です。<br>2．杭工法には一般，個別それぞれの認定をとった工法が数多くありますが，本書に記載したものはその一部です。<br>3．杭基礎とした場合，周辺地盤の沈下によって設備配管が破損することがありますので注意が必要です。 |

**一つの建物に異種の基礎を併用してはなりません。**

　建築基準法施行令第38条には「異なる構造方法による基礎を併用してはならない。ただし，告示による構造計算によって安全が確認された場合はその限りではない」と規定されています。図4-1は同令第38条の規定を踏まえ，採用すべきでない基礎例を整理したものです。
　しかし造成地では，図4-1の②や⑤などが起こる可能性はかなり高く，やむを得ずこうした基礎を採用する場合は，告示による構造計算を行うことはもちろんですが，基礎梁に十分な耐力をもたせるなど，慎重な検討をお願いします。

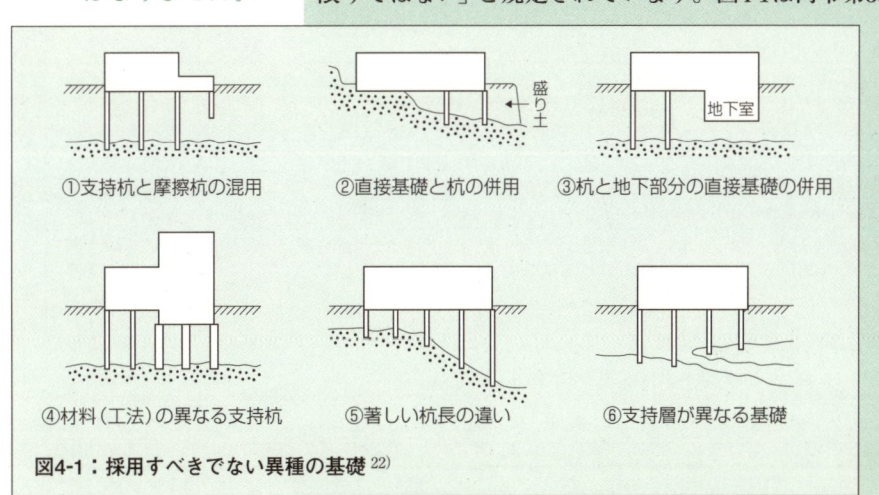

①支持杭と摩擦杭の混用　②直接基礎と杭の併用　③杭と地下部分の直接基礎の併用
④材料（工法）の異なる支持杭　⑤著しい杭長の違い　⑥支持層が異なる基礎

**図4-1：採用すべきでない異種の基礎**[22]

## STEP 4-2 基礎を計画する

**地形と地質**から，建設地の土地の品質を判断してください。

木造住宅は軽重量といえる建築物ですが，それでも常時荷重を地盤に与えていることから，軟弱な地盤では圧密沈下の発生による建物への被害が問題となることがあります。また，建物に大きな被害を与えるという視点では，活断層，液状化，水害，凍上なども見逃せない問題です。

近年は，今まで建築していなかった土地を宅地として使う傾向が特に強くなっており，これらの点も含んだ慎重な検討をお願いしたいと思います。

表4-3：地形の概要と問題点[8]

| 時代 | 地形 | 地形の概要 | 代表的土質 | 問題点 |
|---|---|---|---|---|
| 現在 | 埋立て地（沼，谷） | ・一般には締固めや転圧が不十分な場合が多く，支持地盤としては不適当な場合が多いといえます。 | ごみ，コンクリート塊，瓦礫など | 沈下の可能性が大きい |
| | 埋立て地（海岸） | ・サンドポンプで吸い上げられた海底土砂が用いられることが多く，砂からシルトまで変化に富んだ土が堆積される。砂はきわめて液状化しやすく，シルトは圧密沈下を起こしやすいので，支持地盤としては不適当な場合が多いといえます。 | 砂，シルト | 液状化，沈下の可能性が大きい |
| | 盛り土地 | ・一般には沼，谷の埋立て地と同様に，締固めや転圧が不十分な場合が多く，また，軟弱な沖積粘土層に盛り土をすると圧密沈下が発生しやすいので，支持地盤としては不適当な場合が多いといえます。 | ごみ，コンクリート塊，瓦礫など | 沈下の可能性が大きい |
| | 平たん化地造成地 | ・切り土と盛り土を組み合わせて使用される場合が多く，建物がまたがって建築される場合は，盛り土上の建物が沈下する可能性があります。<br>・切り土は一般に良好な地盤といえますが，表面の風化により軟化する場合があります。 | 盛り土は一般的には発生土 | 沈下の可能性が大きい |
| 完新世（沖積世）現在〜1万年 | 潟湖跡・おぼれ谷 | ・海岸砂洲で仕切られてできた潟湖は，次第に埋まり潟湖跡となります。また，小河川の谷の出口が自然堤防などでふさがれると，おぼれ谷となり，いずれもきわめて軟弱な地層ができます。 | 腐植土，泥炭 | 沈下の可能性が大きい |
| | 砂洲・砂丘 | ・三角洲に堆積する砂が海岸に波で押し上げられたものを海岸砂洲，砂洲が風で吹き上げられたものを海岸砂丘といいます。比較的良質な地盤といえますが，液状化には注意を要します。 | 砂 | 液状化の可能性がある |
| | 後背湿地 | ・自然堤防と自然堤防の間には河川からの砂の供給が少なく，軟弱な地盤が形成されますが，これを後背湿地といいます。通常は水田として利用されることが多いといえます。 | 粘性土 | 沈下の可能性がある |
| | 自然堤防 | ・洪水の際に，流路の両側に堆積した周辺よりやや高く長い砂洲を指しますが，沖積低地のなかでは地盤が硬く水はけも良いため，古くからの集落が発達していることが多い，良好な地盤といえます。 | 砂，小礫 | 不良地盤との距離が小さく注意が必要 |
| | 三角洲 | ・地表面の勾配は1/2000以下で，洪水，高潮のたびに全体が水をかぶります。地盤は軟弱で地下水面はGL-0.5〜2.0mの範囲にあることが多いといえます。 | 細砂 | 液状化，沈下の可能性がある |
| | 扇状地・埋積谷 | ・沖積平野の入口にあたり，地表面の勾配は1/1000以上であり，良好な地盤といえます。ただ，谷の出口にあるため洪水，土石流などの危険があります。 | 砂礫，玉石 | 造成を行った場合は，造成地の項参照 |
| | 崖錐・崩積土 | ・段丘崖の足下や山の急斜面の下には，崖から崩れ落ちた岩塊や土砂が堆積しており，地下水がしみ出ていることもあります。建築用地としては不適当な場合が多いといえます。 | 崩積土 | 地滑り，崖崩れなどの可能性が大きい |
| 更新世（沖積世）1万年〜200万年 | 丘陵・段丘 | ・地表面は比較的平たんであり，よく締まった砂礫・硬粘土からなります。軟岩状になっていることもあり，良好な地盤といえます。 | 洪積層・ローム | 造成を行った場合は，造成地の項参照（51ページ） |
| | 山地 | ・傾斜が急ですが，表土の下に岩盤またはその風化土があります。地滑り，山崩れなどの問題がなければ良好な地盤といえます。 | 洪積層 | 造成を行った場合は，造成地の項参照（51ページ） |

**地形・地質に関する情報から基礎・地業形式を選定してください。**

　地盤改良や杭を施工することは，一般的にいえば安全側ですが，通常の住宅工事は限られた予算のなかで行われますので，それがオーバースペックである場合は，建物全体としてのバランスを欠いているといわなければなりません。また，柱状地盤改良が必要な地盤にべた基礎で対応しようとしても，不具合の発生を十分には防ぐことはできません。このようなケースは前記とは逆の，必要な費用をかけていないという意味で，やはり建物全体としてのバランスを欠いているといえます。

　表4-3に代表的な地形に関する概要と問題点を，図4-2に地形・地質から基礎・地業形式を選定するフローチャートを載せています。適切な基礎・地業の計画は建物の品質確保の第一歩となります。慎重な検討をお願いしたいと思います。

　なお，以下の基礎・地業形式は一般的なものに限っており，特殊な地形・地質によっては，これ以外の選択肢もあり得ることに注意してください。

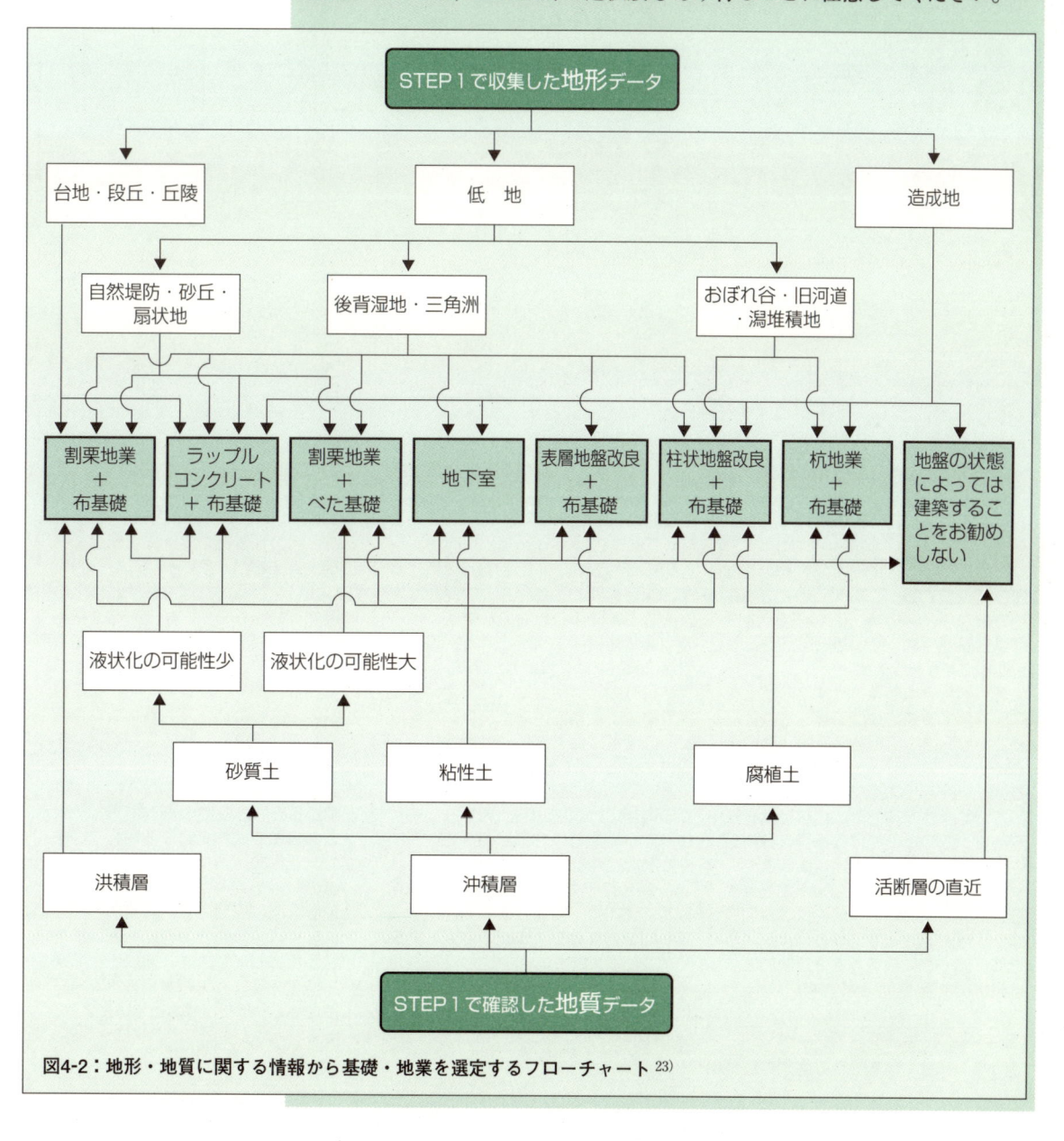

図4-2：地形・地質に関する情報から基礎・地業を選定するフローチャート[23]

**$N$値だけでの判断は危険です。**

SS試験データと地形・地質による評価を突き合わせて基礎・地業を検討した事例を記載しました。$N$値だけでは正しく評価できない場合があることを理解していただければと思います。

## CASE 1

| 深度(m) | 換算$N$値 |
|---|---|
| 0.25 | 1.5 |
| 0.50 | 1.5 |
| 0.75 | 3.0 |
| 1.00 | 3.2 |
| 1.25 | 3.2 |
| 1.50 | 3.0 |
| 1.75 | 2.3 |
| 2.00 | 2.3 |
| 2.25 | 2.3 |
| 2.50 | 1.5 |
| 2.75 | 1.5 |
| 3.00 | 1.5 |
| 3.25 | 1.5 |
| 3.50 | 0.7 |
| 3.75 | 0.7 |
| 4.00 | 0.7 |
| 4.25 | 1.5 |
| 4.50 | 1.5 |
| 4.75 | 2.3 |
| 5.00 | 3.0 |
| 5.25 | 3.0 |
| 5.50 | 4.3 |
| 5.75 | 6.3 |
| 6.00 | 10.5 |
| 6.25 | 12.5 |
| 6.50 | 18.1 |

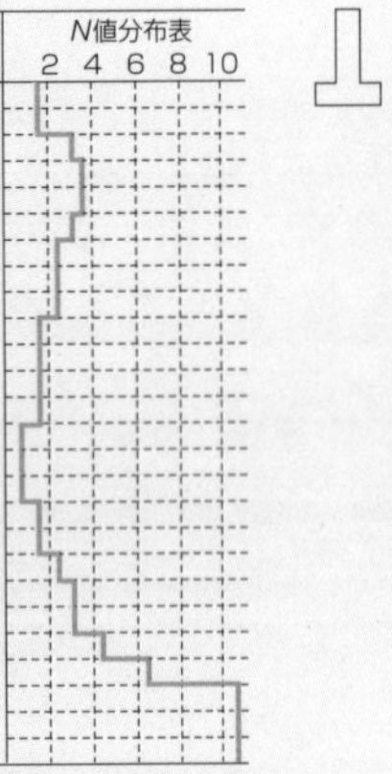

*地形：台地（下位面）　*水位：-4m
*踏査：周辺変調なし　*条件：畑地・盛り土なし

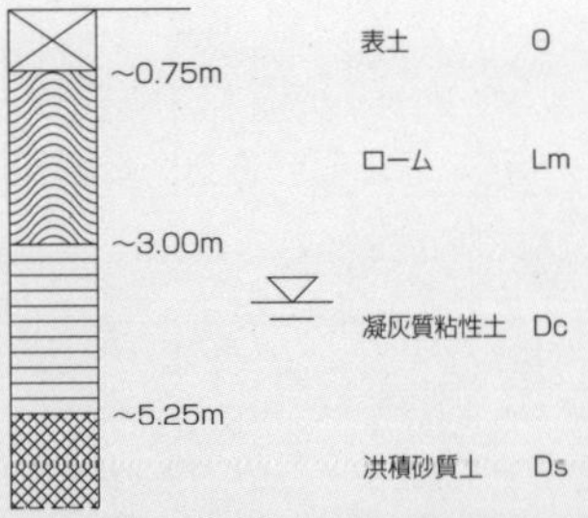

- ~0.75m　表土　0
- ~3.00m　ローム　Lm
- ~5.25m　凝灰質粘性土　Dc
- 　　　　洪積砂質土　Ds

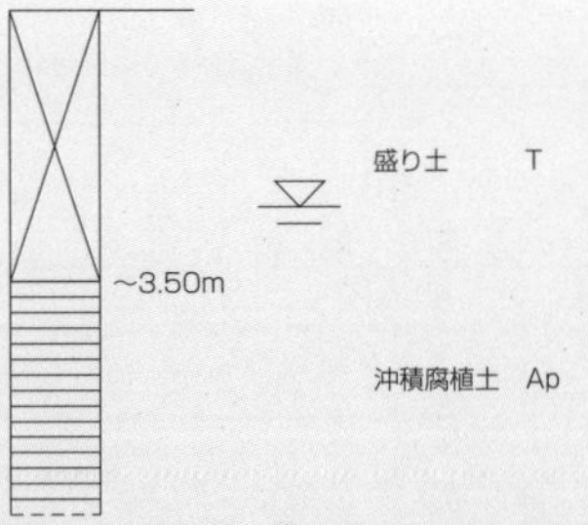

CASE1は、洪積層（武蔵野ロームであると思われます）が0.75〜3mにあり、その下の粘性土の換算$N$値は、最小で0.7となっています。

この0.7という数値は、木造住宅程度の軽重量であっても不十分といわなくてはなりませんが、この地層の上には洪積層が重なっているという点に着目する必要があります。

そうした視点で見れば、この粘土層は数万年の時間をかけて転圧された地層であり、すでに十分な圧密状態にあるといって差し支えないことを理解していただけると思います。

こうしたケースでは、杭などは不要であり、この事例では布基礎を採用しています。ただ、地耐力のない表土の厚さが75cm程度あることがSS試験からわかりますので、一般的には根切り底を50cm前後とする場合が多いようです。画一的に根切り深さを決めてしまわないよう注意が必要です。

## CASE 2

| 深度(m) | 換算$N$値 |
|---|---|
| 0.25 | 1.5 |
| 0.50 | 1.5 |
| 0.75 | 2.3 |
| 1.00 | 1.5 |
| 1.25 | 1.5 |
| 1.50 | 2.3 |
| 1.75 | 1.5 |
| 2.00 | 2.3 |
| 2.25 | 2.3 |
| 2.50 | 2.3 |
| 2.75 | 1.5 |
| 3.00 | 1.5 |
| 3.25 | 1.5 |
| 3.50 | 1.5 |
| 3.75 | 3.1 |
| 4.00 | 3.0 |
| 4.25 | 3.6 |
| 4.50 | 4.2 |
| 4.75 | 3.7 |
| 5.00 | 3.0 |
| 5.25 | 2.3 |
| 5.50 | 1.5 |
| 5.75 | 2.3 |
| 6.00 | 1.5 |
| 6.25 | 1.5 |
| 6.50 | 1.5 |

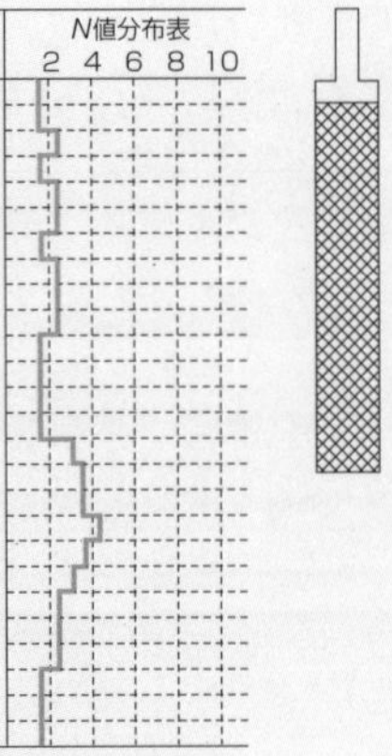

*地形：後背湿地　*水位：-0.5m
*踏査：周辺構造物なし、水田地域
*条件：最近50cm盛り土

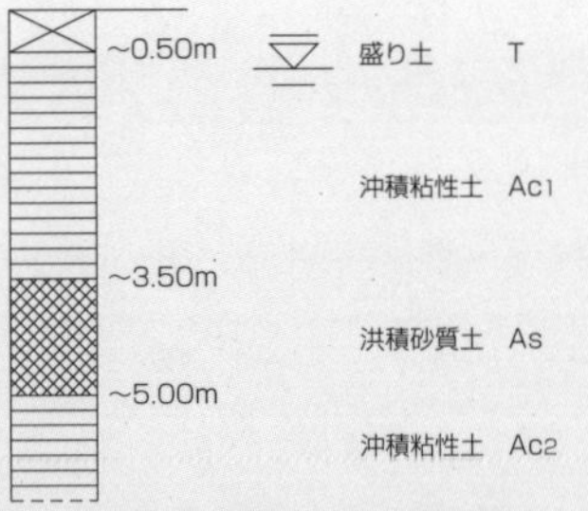

- ~0.50m　盛り土　T
- 　　　　沖積粘性土　Ac1
- ~3.50m　洪積砂質土　As
- ~5.00m　沖積粘性土　Ac2

CASE2は、いわゆる後背湿地と呼ばれる地層であり、沖積層の換算$N$値は、測定範囲では最大で4.2、最小で1.5となっています。

CASE1の0.7という数値と比較すると、測定範囲ではCASE2は良好な地盤であるとみることもできますが、この地層は沖積層で構成されているという点に着目する必要があります。

沖積層の深い部分は、数千年の時を経ています。ただ、表土に近い地盤ほどその年数は短くなり、地層全体として見た場合、CASE1に比べて十分な圧密を受けたとはいえません。さらに、この地盤には50cm程度の盛り土も行われている点も、沈下に対しては不利側に働くと考えなければなりません。

この事例では、柱状地盤改良を採用していますが、自重が増えるという問題もありますので、鋼管杭なども方策の一つと思われます。

## CASE 3

| 深度(m) | 換算$N$値 |
|---|---|
| 0.25 | 1.5 |
| 0.50 | 3.6 |
| 0.75 | 5.2 |
| 1.00 | 6.2 |
| 1.25 | 6.9 |
| 1.50 | 5.9 |
| 1.75 | 5.9 |
| 2.00 | 4.7 |
| 2.25 | 4.2 |
| 2.50 | 3.2 |
| 2.75 | 3.7 |
| 3.00 | 3.8 |
| 3.25 | 4.2 |
| 3.50 | 3.8 |
| 3.75 | 4.0 |
| 4.00 | 3.8 |
| 4.25 | 4.2 |
| 4.50 | 4.0 |
| 4.75 | 4.4 |
| 5.00 | 4.8 |
| 5.25 | 3.8 |
| 5.50 | 3.4 |
| 5.75 | 3.8 |
| 6.00 | 3.6 |
| 6.25 | 3.8 |
| 6.50 | 3.6 |

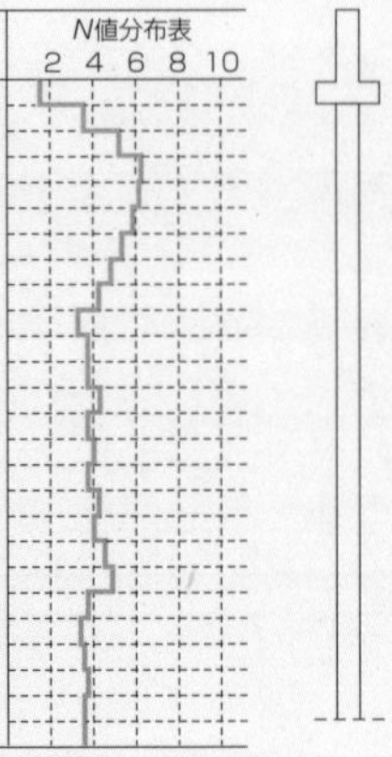

*地形：おぼれ谷（沖積層）　*水位：-2m
*踏査：道路が波打ち
*条件：建替え・盛り土なし

- ~3.50m　盛り土　T
- 　　　　沖積腐植土　Ap

CASE3は、いわゆるおぼれ谷に盛り土を行った造成地であり、換算$N$値は表層部分を除けば、3.2〜6.2という木造住宅の地盤としては許容範囲といえる数値がでています。

しかしながら、おぼれ谷は腐植土の堆積する地盤であり、からみあった植物繊維などにより過大な数値がでることがあります。また、盛り土層にはコンクリート塊などが混入していることが少なくないため、それが大きな$N$値をだしている原因となっている場合もあります。$N$値だけでなく、沈下量の実測や残留沈下量の予測などのデータを確認するなどの注意が必要です。

この事例では杭基礎を採用していますが、上記のデータが得られず、現地調査の結果もかんばしくないような場合には、工事費用の増大が予想されるだけでなく、建築側での対応可能範囲を超えることもあります。建設中止を建築主に伝えることも視野に入れて検討にあたっていただければと思います。

**図4-3：基礎・地業工法の選定の実施例** [24]

**造成地での計画では特に配慮が必要です。**

丘陵などでは，旧地形に沿った形で支持層が存在しますので，造成後の地盤からみれば支持層のレベルが異なる場合が少なくありません。また，通常の場合では切り盛りのバランスが図られますので，計画建物が切り土と盛り土にまたがることも珍しくありません。

図4-4は布基礎に異なる地業を施していますが，こうした地盤への対応策の一つとして参考にしてください。

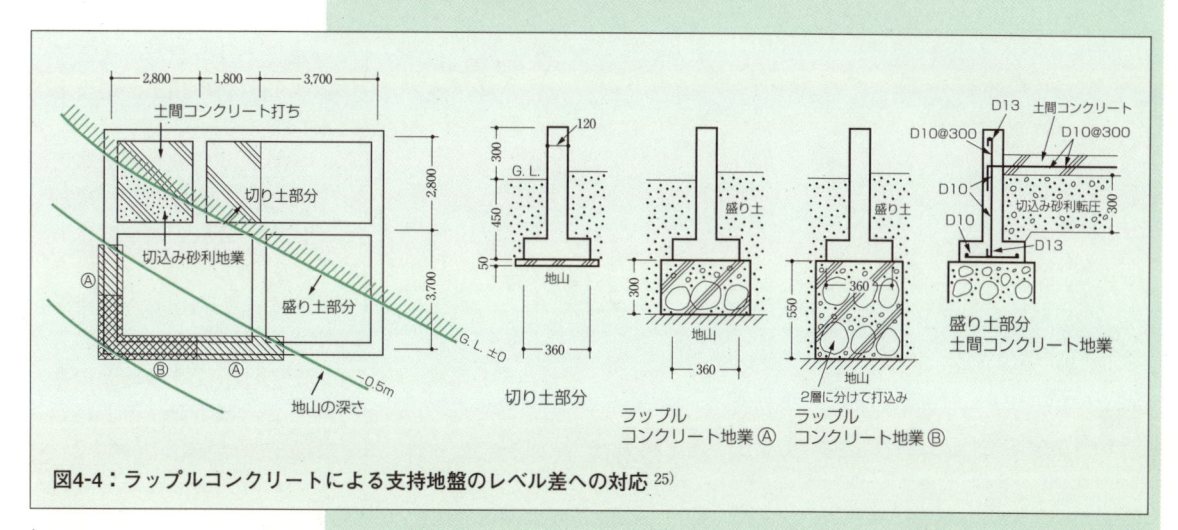

図4-4：ラップルコンクリートによる支持地盤のレベル差への対応 [25]

**気象に関する情報も含めて検討してください。**

凍上被害が発生するおそれのある敷地での計画にあたっては，地形・地質の検討に加えて，凍上対策の検討も必要です。特に木造住宅は軽量でもありますので，凍上対策の専門書なども参考にして慎重に検討してください。また，寒冷地でも積雪量の多い地方では，雪が断熱材となり建物の凍上被害は発生しない場合がありますが，除雪をする玄関ポーチや門柱には凍上が発生しますので，こうした点にも注意が必要です。

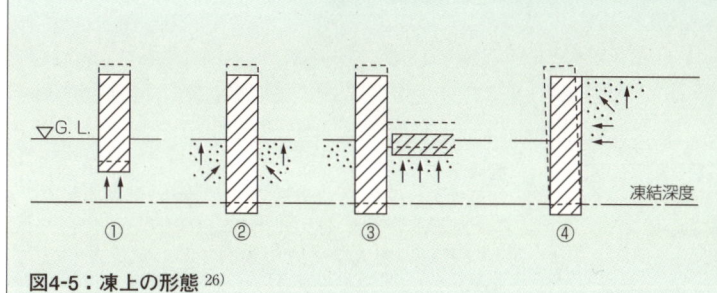

凍上の形態は以下のように分類できます。
① 基礎底面が凍結深度より上にあるため，直下から押し上げられるケース
② 基礎底面は凍結深度より下となっているが，基礎側面に凍土が凍りついたために引き上げられるケース
③ 土間下の土が凍上し，土間の凍上とともに基礎が持ち上がるケース
④ 基礎の裏込め土が凍り，上側方に押し倒されるケース

図4-5：凍上の形態 [26]

基礎形式として地下室を選択した場合は，地下水位の上昇による浮き上がりの問題や，洪水時の水の浸入対策などにも慎重な検討が必要です。

特に，20ページでも述べたように近年は，内水氾濫が増加傾向であり，地下室が面積不算入の扱いになるからといって，そうした可能性のある地域では安易に計画してはなりません。集中豪雨により道路に冠水した水が地下室に流れ込んで死亡する事故も起きています。財産だけでなく人命に直結する問題であることをよく認識し，有効な止水処置が難しい場合は，建築主の要望があったとしても地下室を断念するよう説得していただきたいと思います。

🏠 **地盤面からの基礎の高さを確保することは重要です。**

シロアリの被害は，北海道の一部を除く日本全国にまたがっており，特に水を運ぶ能力のあるイエシロアリの繁殖が多い西日本では，被害が大きいことから慎重な配慮が必要です。東京以北ではおもにヤマトシロアリが繁殖していますが，一般的にいってイエシロアリに比べて被害の大きさは小さいといえます。ただ，だからといって配慮の欠けた家づくりがなされてしまうと，大きな被害を受けることに変わりはありませんので，そうした意味からも，建築主の理解が得られにくい地方では，設計者としてはより一層の注意が必要ともいえます。

シロアリの被害防止策としては，薬剤散布が一般的ですが，健康の面を考えるとお勧めできません（146ページ「7-5 薬剤の使用をできるだけ避ける」参照）。「地盤面からの木部との距離」と「被害発生率」には相関関係がある（図4-7）といわれており，予算の許す範囲内で基礎高さを高くとることをお勧めします。

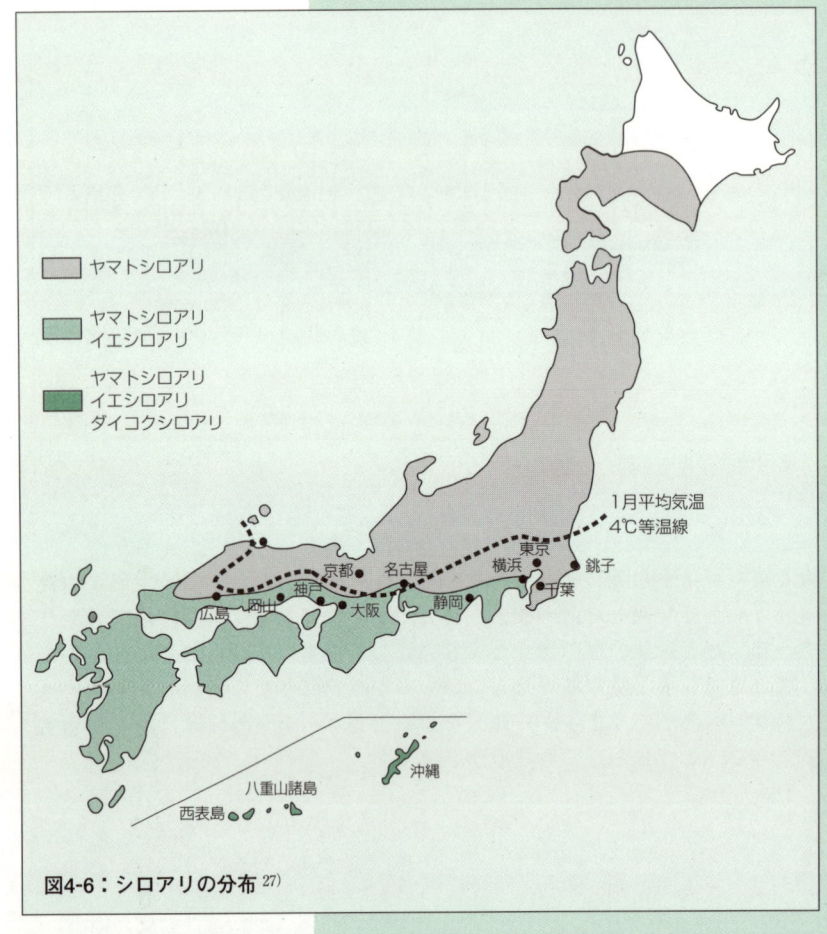

**図4-6：シロアリの分布**[27)]

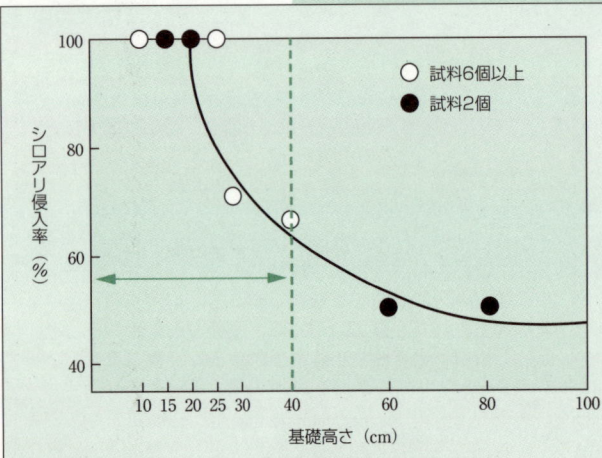

**図4-7：**
調査数が少なく，個々の事例の建設地や基礎形式なども不明ですが，800mmの基礎高さがあっても，シロアリの侵入を受けた事例があったことや，400mm以下の基礎高さ（⟵⟶印の範囲）ではシロアリの侵入率が60％を超える，という点には着目しておく必要があります。

基礎高さを400mmとすれば公庫仕様はクリアしますが，これは最低限の高さと考えていただきたいと思います。もちろん，高さの法規制や予算の制約などもありますので，むやみに基礎を高くはできないでしょうが，予算の許せる範囲でできるだけ基礎を高くすることをお勧めします。

**図4-7：シロアリの侵入率と基礎高さの関係**[28)]

## ● STEP 4-3　上部架構の初歩知識

**架構計画は，構造のごく基本を守ることから始めてください。**

　以下に，構造上の不具合を起こさないための架構の初歩知識を記載しています。ただし，ここに書かれた内容はあくまで初歩知識であり，設計実務に十分な知識というわけではありません。より良い架構を建築主に提供するために守るべき最低限の内容であると考えて，プランニングにあたっていただければと思います。

**原則として，上階の柱の下には柱を設けてください。**

　この原則が守られていない事例が少なくありません。そうしたなかには，使い勝手などからやむを得ず図4-8（a）のようになっているものもあれば，柱を上下に通すことに何の問題もないように思われるにもかかわらず，設けていないもの（写真4-1）もあります。
　下階に柱がなくとも，2階の柱を受けるために十分な梁成にしているなどの対応をきちんととったものまで問題であるというつもりはありませんが，まずは，この原則を守ったプランニングから始めることを心がけていただければと思います。

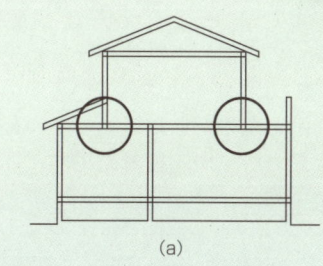

図4-8：上下階の柱の位置関係[9]

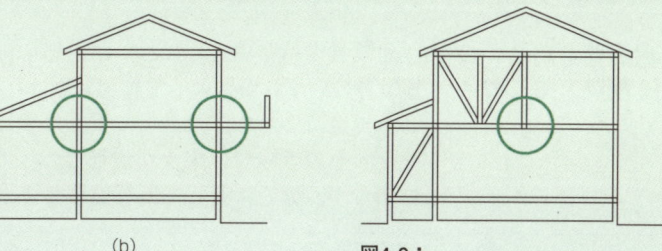

図4-9：下階の柱で受けていない耐力壁[9]

　図4-8（a）のように、2階の柱の直下に1階の柱がない場合（○印）は、梁が大きな曲げモーメントを常時受けることになり、梁成が不十分な場合はたわみが発生することがあります。これを避けるためには、2階の位置を変えて柱の上下位置を合わせる（図4-8（b）○印）ことも解決方法の一つです。
　また、図4-9の○印のように、1階に柱がない梁のさらに上部に耐力壁がある場合は、図4-8（a）よりもさらに好ましくない状態といえます。筋かい位置の変更が可能かどうかを検討していただきたいと思います。

写真4-1：
　2階の柱の下には間柱（○印）しか設けられていません。2階には筋かい（→印）も見えますので、地震時には胴差しに大きな力が働くことになります。この部分は外壁であり、1階に柱を設けても特に不都合はなかったと思われます。

写真4-2：
　胴差しの○印のところには、柱、筋かい、火打ち梁の3つの力が集中して加わります。スパンが短い点が救いですが、開口部の形状を工夫するなどして、-----部に柱を設けてほしかったと思います。

開口部

**凹凸のある建物形状はできるだけ避けてください。**

図4-10のような形状の建物では，2階部と1階部の振動特性が異なるため，地震動を受けた際に◯印のところで破壊を生じやすいといえます。また，図4-11のような形状の建物は地震だけでなく，→印の方向からの風でも破壊を生じやすいといえます。

敷地の形状や建築主の要望によっては，このような計画にせざるを得ないことも少なくありませんが，そうした場合は，耐力壁の増加や仕口回りの補強などの対策を慎重に検討し，十分な処置をしていただきたいと思います。

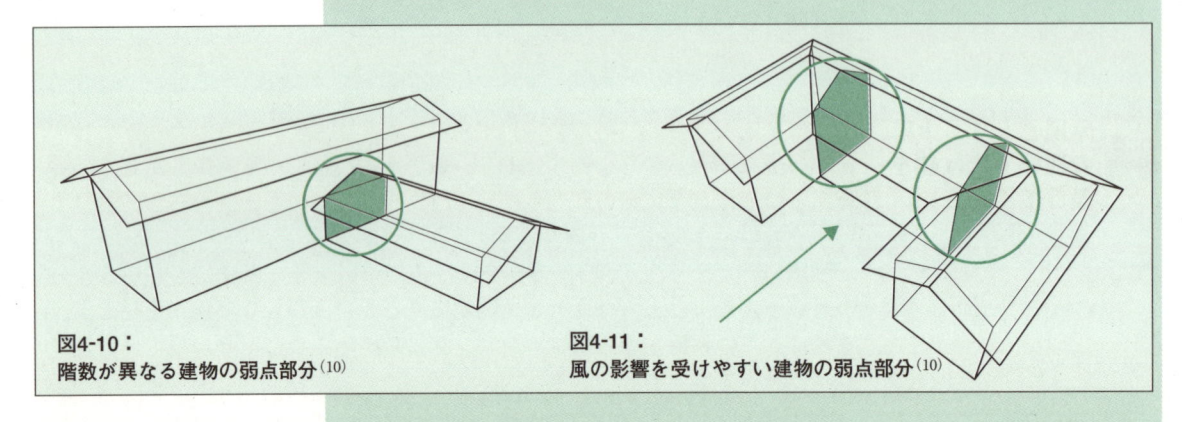

図4-10：
階数が異なる建物の弱点部分[10]

図4-11：
風の影響を受けやすい建物の弱点部分[10]

**耐力壁を釣合い良く配置してください。**

建設省告示第1352号には，耐力壁の配置については偏心率計算か壁量充足率計算のいずれかによって確認しなければならないことが規定されています。この規定によって，設計者の勘と経験に頼った耐力壁の配置は過去のものとなり，その意味では大きな前進といってよいと思いますが，壁量充足率だけに頼らず，偏心に対しても留意することが必要です。

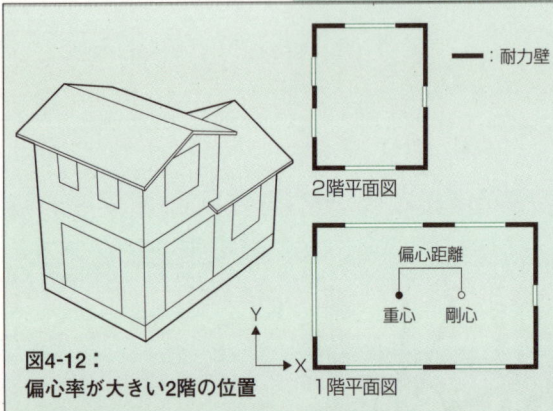

図4-12：
偏心率が大きい2階の位置

図4-13：
偏心率が小さい2階の位置

同じ耐力壁量をもつ平面を，2階の位置だけを変えて比較したものが図4-12と図4-13です。図4-12は開口部の大きい（壁量の少ない）部分の上に2階を配置してあり，図4-13は開口部の小さい（壁量の多い）部分の上に2階を配置しています。告示に従えば，壁量充足率が1.0を超える場合は壁率比を判定する必要がないため，このケースでは壁倍率が1.5以上になると図4-12と図4-13の評価には差が生じません。壁量充足率計算では，2階建の建物であっても平屋となっている部分は平屋の係数を用いて必要壁量を算出することになっていますが，壁量充足率が1.0を超えた場合には壁率比に応じた必要壁量の補正などの扱いが無視されてしまう結果となります。

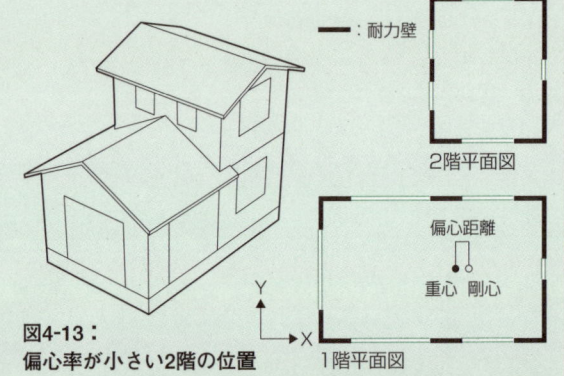

一方，偏心率計算ではつねに2階の位置を考慮して計算しますので，剛心と重心の位置が異なる図4-12と図4-13では評価が分かれることになります。ちなみに屋根部分と2階床の荷重比を2：3と仮定した場合のY方向の偏心率は，図4-12で0.48，図4-13で0.10となり，結果として告示で示された偏心率0.3を超えてしまう場合があり得ることを理解してください。

簡易な偏心率計算であれば，それほど手間はかかりませんし，荷重を厳密に拾って計算した場合と比較しても，筆者の経験ではそれほど大差ありません。国土交通省で公表している「我が家の耐震チェック」ソフトなどを利用して偏心率のチェックをすることもできます。

## 吹抜けの設計には細心の注意を払ってください。

図4-14(a)のように，吹抜けや階段を建物の中央に設けた場合は，必要壁量の配置を建物全体として考えるのではなく，ⒶとⒷの2つに分けてそれぞれを別の建物として考える必要があります。

また，図4-14(b)のように吹抜けや階段を建物の端に寄せた場合では，吹抜け部を除いた$L$が$a$より小さい場合は，②通りのD部に耐力壁が設けられていても水平力は十分に伝達されません。これについては，杉山英男氏と磯野良一氏による実験があり，$L≦D/3$程度になると2階に加わった地震力は②通りの耐力壁にはまったく伝わらないことが報告されています。吹抜けの大きさに応じて，②通りの耐力壁の効果を割引き，釣合いを損なわない範囲で他の通りの耐力壁に水平力を負担させる設計を心がけていただきたいと思います。

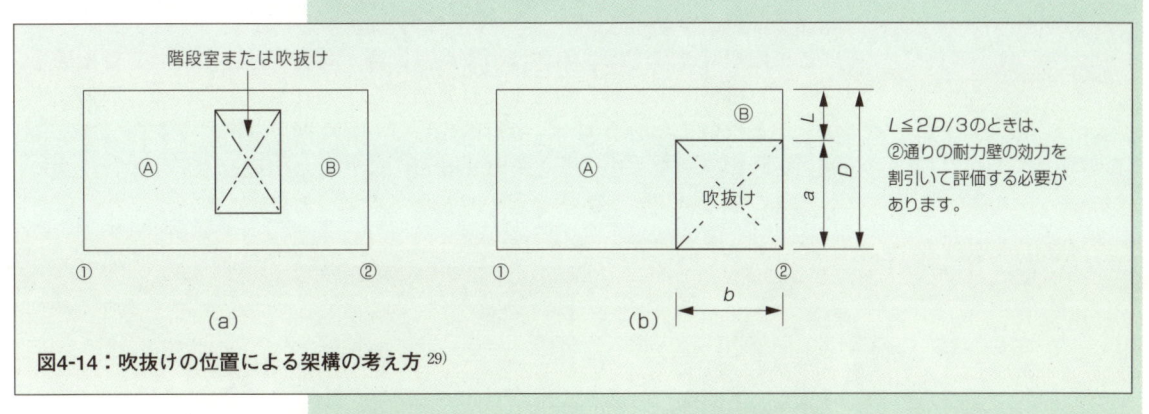

$L≦2D/3$のときは，②通りの耐力壁の効力を割引いて評価する必要があります。

**図4-14：吹抜けの位置による架構の考え方** [29)]

## 水平構面の剛性を確保してください。

水平構面が剛でない架構は，地震力を受けたときに図4-15のように変形して，仕口部が損傷して倒壊につながることがあり得ます。在来工法では水平構面を火打ち梁で補強することが一般的ですが，効果はあまり期待できないといわなければなりません。2×4工法で用いられている合板を用いる仕様のほうが効果は大きいといえますが，合板の厚さや釘のサイズ，ピッチなどを規定通りに施工しないと期待する耐力は得られませんので，その点には注意が必要です。

いずれにしても，木造ではRC造のような剛性は期待できませんが，水平構面が剛であれば，②，③通り耐力壁がなくても，①，④通りに十分な耐力壁があれば耐震性を確保できるという点を理解していただければと思います。

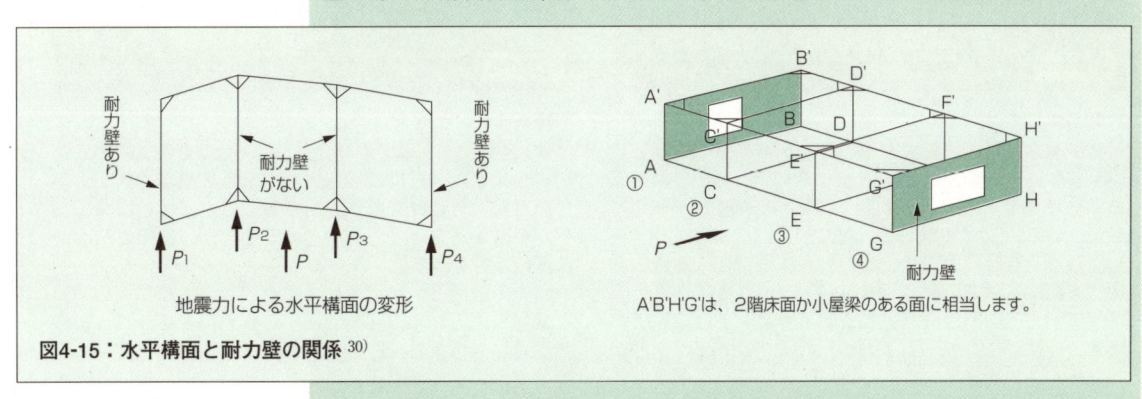

A'B'H'G'は，2階床面か小屋梁のある面に相当します。

**図4-15：水平構面と耐力壁の関係** [30)]

## STEP 4-4　上部架構を計画する

> 大工さんに任せてよいことと、設計者が決めなければならないことを明確にする必要があります。

　在来工法では，設計図としての躯体図がなくても，大工さんは自らの判断で木取りをし，仕口や継手を決定し，架構をつくりあげることができます。こうしたことから，かえって躯体図があるとそれに制約されて経済的な架構を組むことができないと考えている工務店さんもいるようです。また，躯体図を描かなくても大工さんがなんとかしてくれると安易に考え，躯体図を描いたことがないという設計者もいるようです。

　こうした，大工さんへの依存体質が工務店と設計者の相互にあることを反省するところから始めなければ施工品質を守ることはできない，と筆者は強く感じています。

　ここに載せた写真は，躯体図のない設計図から大工さんが判断して架構を決定した事例です。ある程度までは処置をしてくれているものの，問題が解決したとはいえない事例や，設計図のもっていた問題が解決されないままに施工された事例などが少なくありません。こうした問題を大工さんに任せてしまうことには限界があると考えていただきたいと思います。

写真4-3

写真4-4

**写真4-3：**
　建築基準法では，隅柱を通し柱とするように規定していますが，この事例では1階部分に開口部を設けているために柱がなく，大工さんは開口部の上の梁成（→印）を大きくすることで解決しています。こうした架構でも「接合部を通し柱と同等以上の耐力を有するように補強した場合においてはこの限りではない」というただし書きの規定に沿っているとみなされて確認申請は下りてしまいます。しかしながら，この事例では2階の架構には筋かいが見られ，大きな応力が加わる可能性があることを考えると，構造的に無理をしている架構といえます。

**写真4-4：**
　通し柱には，2階の梁や胴差しとの仕口が刻まれることになりますが，このような大きな断面欠損は好ましくありません。柱の断面寸法を大きなものとするか，梁のレベルを変えるなどの工夫が必要でしたが，処置されないまま刻まれています。

　刻みの段階で，材寸を変えるという，工事費用に関わる変更を大工さんの判断で採用できることはまれといわなければなりません。こうした問題は，架構を計画する段階で解決すべき問題であると理解していただければと思います。

> 仕口による断面欠損に注意してください。

　写真4-5は，写真4-1の事例と同様に，2階の柱の下に1階の柱がない事例ですが，この場合は屋内です。設計にない柱（┄┄印）を大工さんが勝手に設けることはできませんので，この大工さんは大きな梁成の材を使ってくれています。ただこの場合，この梁には大きな断面欠損が生じることを理解していただかなくてはなりません。写真4-6は写真4-5の事例ではなくプレカットの事例ですが，手刻みでもほぼ同じような仕口になります。欠損量の多さを理解してください。

写真4-5

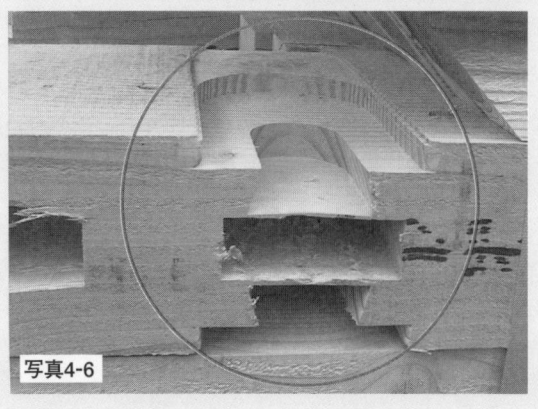

写真4-6

**写真4-5：**
　この事例では、2階に筋かい（→印）が付いており、ここで問題としている梁には、地震時にはさらに大きな力が加わる架構となっていることも指摘しておかなくてはなりません。
　こうした問題は純粋に設計上の問題であり、大工さんに処理を任せてしまう問題ではないことを理解していただきたいと思います。

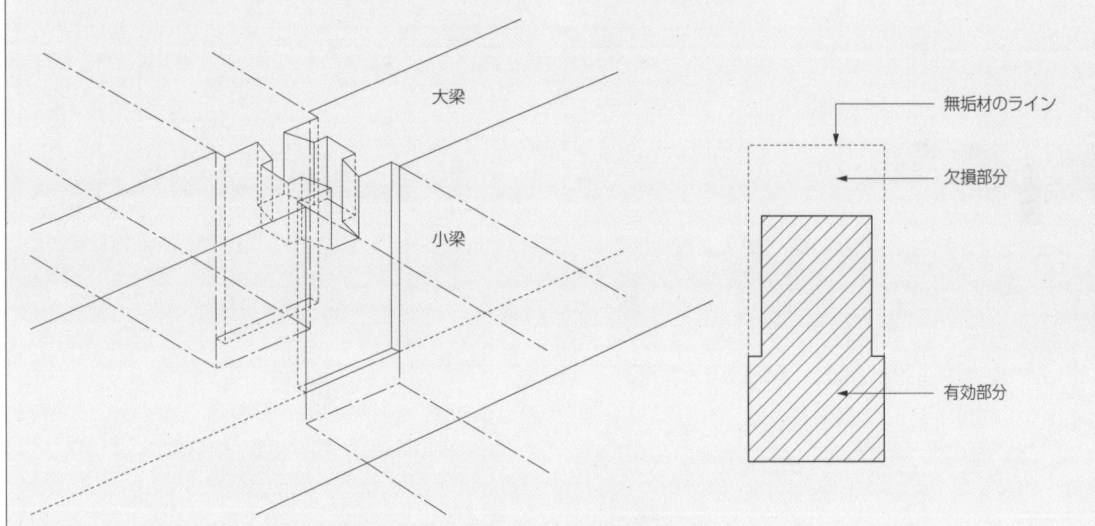

**図4-16：仕口により生じる大梁の欠損のアイソメ図（左）と断面図（右）**

**図4-16：**
　以下の条件で、大梁の中央部で断面欠損を生じた場合とそうでない場合の曲げ耐力を比較してみましたが、前者は後者に比べて57％の曲げ耐力しかありません。この部分は、曲げ応力が集中する個所であり注意が必要です。柱や小梁の組込み部分が圧縮応力を負担できるとみなされる場合は、この低減率は緩和できますが、安易に緩和すべきではないと筆者は考えます。

**【計算条件】**
・大梁断面：120×270（mm）
・小梁断面：105×210（mm）
・大梁の仕口部の断面欠損状況は図4-16とし、仕口が緩い場合を想定。

> 上部架構の各部位に必要な製材長さと、市場の規格寸法をよく見きわめて架構を組んでください。

市場に出回っている製材の長さは、おおむね以下のようになっています。

表4-4：おもに取引されている製材寸法　　　　　　　　(mm)

| 部 位 | 長　さ | | | 備　考 |
|---|---|---|---|---|
| | 6,000 | 4,000 | 3,000 | |
| 土台 | × | ○ | ○ | |
| 大引き、母屋 | △ | ○ | ○ | 6,000は取寄せ可能 |
| 柱 | ○ | ○ | ○ | |
| 梁、桁 | ○ | ○ | ○ | 他に5,000 |
| 間柱、筋かい | × | ○ | ○ | 他に3,650など |

　上記以外の寸法の材を指定することも可能ですが、特別な事情がない限り、コストの点からいって市場に出回っている製材を使用することをお勧めします。在来構法ではこの寸法が基本になって、仕口や継手の形状から最大で取り得る階高や継手の位置が決まってきます。RC造や鉄骨造にはない、こうした在来工法だけがもつ制約条件があることをよく理解して架構を計画していただく必要があります。

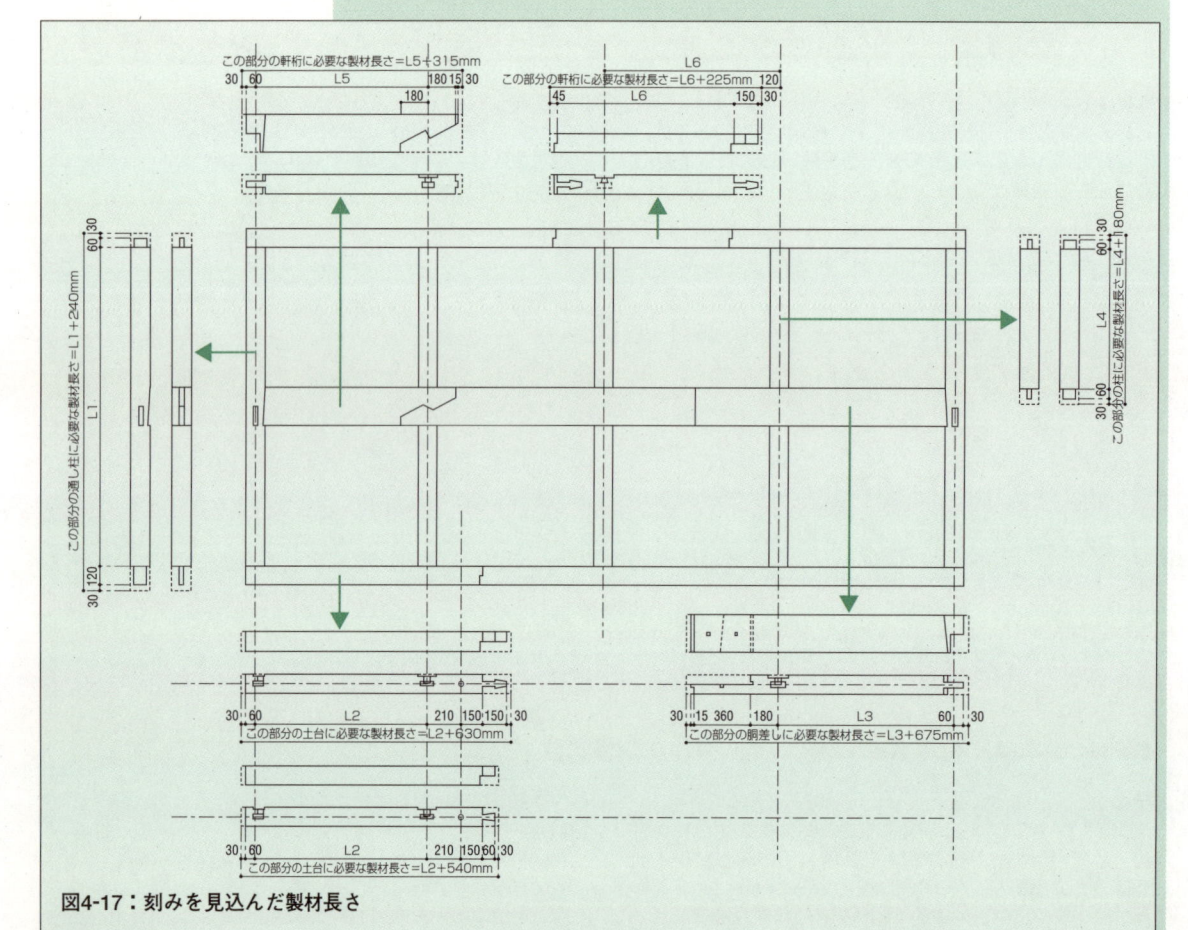

図4-17：刻みを見込んだ製材長さ

● 注記：
1. 本図は仕口や継手の表記のために作図したものであり、図面上の部材長さは短く作図しています。
2. 本図の仕口・継手の寸法は、杉山英男著『木造の詳細』の数値を引用しています。
3. 材端までの寸法を30mmと設定していますが、材の状態によってはこれより多くの寸法を必要とすることがあります。

> 📖 **欠損しやすい形状にならないよう，部材寸法には注意してください。**

「台持ち継ぎ」の上木側の梁に渡り顎のための仕口が見えますが，断面寸法が小さいために残った部分（写真4-7○印部分）はわずかなものとなっています。当然といえるかもしれませんが，この部分は建方の際に破損してしまいました。こうした問題は，大工さんに任せてしまうのではなく，設計者が架構図をきちんと描くことから始めないと防ぐのは難しいと考えていただきたいと思います。

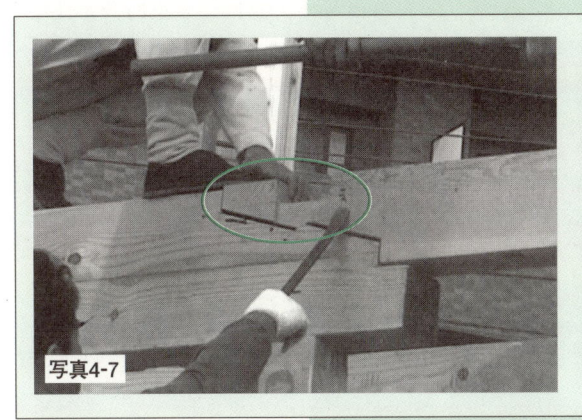

写真4-7

写真4-8

> 📖 **継手の位置には十分な配慮が必要です。**

木構造を構造モデルとして考える場合は，仕口部や継手部をめり込みなどを考慮してバネとして考えることも可能ですが，通常，ピンモデルで扱えます。継手の強度に関する実験はさまざまな機関で行われているようですが，それらによると，最も強い継手は金輪継ぎといわれています。しかし，この継手でも曲げ耐力は一本物の20～30％程度という結果になっています。補強金物などでこの部分の一体化を図っても，部材の抜け出し防止に効く程度で，構造モデルとしての剛接合にはほど遠いといわなくてはなりません。

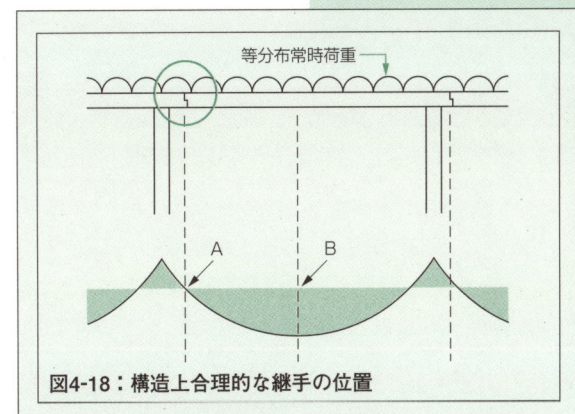

図4-18：構造上合理的な継手の位置

写真4-9

地震時の水平力が作用したとき、横架材の上階部だけに「筋かい付き柱」がある場合を除き、梁や胴差しなどの横架材には、水平力による曲げ応力はほとんど作用しないと考えられます。この場合、横架材の継手は常時作用している鉛直荷重に対して検討すればよいことになります。つまり、継手位置は、図4-18のA点のように、曲げ応力の小さいところで継ぐことが合理的であり、大きな応力が発生するB点で継ぐことは避けなければならないといえます。
　木造軸組構造は、部材の長さに制約があり、継手のない架構をつくることはできませんから、少しでも安全側となる位置に継手を設けるような配慮が欠かせないことを理解していただきたいと思います。
　なお、前述したように継手位置を曲げ応力の小さい部分に設けても、横架材には軸力やせん断力が作用しますので、接合部の抜け出しやめり込みに注意しなければなりません。建設省告示第1460号にはその点の規定がありませんが、写真4-9のように金物で補強（→印）することが望ましいといえます。

短材の使用は施工側だけの責任ではなく，設計者にも責任の一端があります。

写真4-10（→印）の胴差しは，約300mm程度の寸法しかありません。短材は強度的な弱点となることから，公庫仕様書では「土台では1m，その他については2m内外」と規定しています。

こうした問題は，最長でも4m物までの材しか使わないときに，外壁の一辺の長さが4.5間の場合によく発生します。表4-5に示すように，4mを超えると立米単価が上がりますので，予算が厳しい場合は5m物を使わない架構とすることがコストを抑える具体策の一つといえますが，それにこだわって架構の不具合を発生させてはなりません。

5m物を使うこともこうした問題を回避する方法の一つですが，それが図面に明記されていなければ防げない可能性が高いということを理解していただければと思います。

なお，写真4-10の○印部分では継手と火打ち梁が取り合っています。この架構は，この点にも問題があることを指摘しておきます。

写真4-10

表4-5：製材長さと単価の一例

| | 寸　法（mm） | 円／本 | 円／m² |
|---|---|---|---|
| ベイマツ<br>平角<br>一等 | 3,000×120×210 | 5,440円 | 72,000円 |
| | 3,000×120×240 | 6,620円 | 72,000円 |
| | 4,000×120×210 | 7,260円 | 72,000円 |
| | 4,000×120×240 | 8,290円 | 72,000円 |
| | 5,000×120×210 | 11,000円 | 87,000円 |
| | 5,000×120×240 | 12,500円 | 87,000円 |
| | 6,000×120×240 | 16,200円 | 94,000円 |

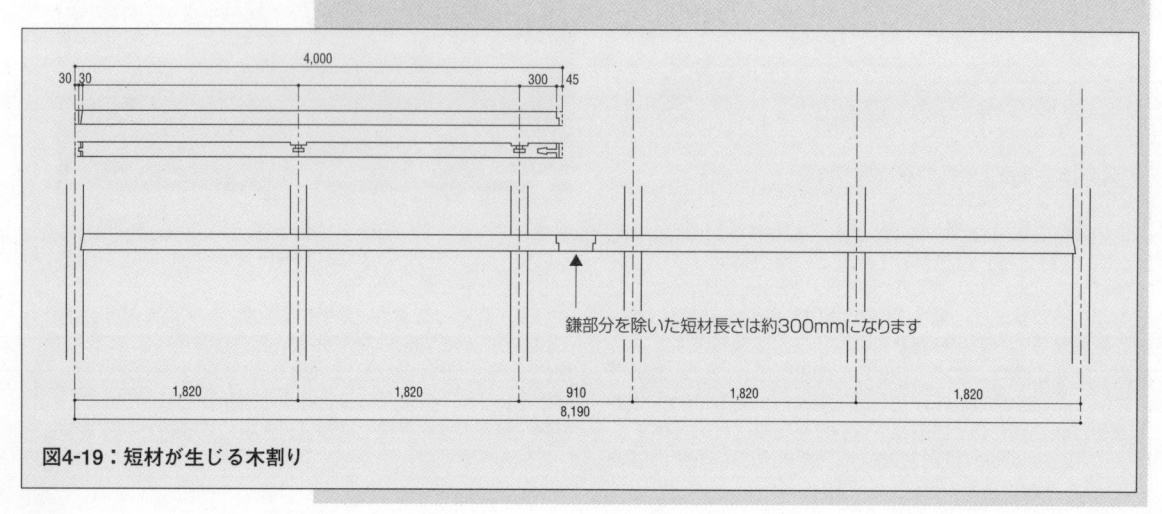

鎌部分を除いた短材長さは約300mmになります

図4-19：短材が生じる木割り

**筋かいのあるスパンに継手を設けないでください。**

　木構造において，筋かい部は非常に重要な耐震要素です。耐震壁は柱，横架材，筋かいからなる三角形で構成します。したがって，三角形の一辺に継手（ピン）があるとトラスが保持できなくなり，不安定となります。当然，筋かいのないスパンの横架材にも軸力は作用しますが，釣合い良く配置された耐震壁をもつ架構は，筋かい部の横架材に加わる力と比べて小さなものといえます。こうした点からも，54ページで述べた偏心率の重要性を理解してもらえればと思います。

**写真4-11：**
　この事例では、筋かいのあるスパンに継手（○印）を設けていますが、短材を使用しているということや、2階の柱の下に1階の柱を設けていないなど、いくつかの問題が散見されます。
　設計者の配慮が足りなかったといえる典型例ですが、こうした事例が少なくありませんので、十分注意して不具合のない架構を計画していただきたいと思います。

**上部架構の不具合がないことを十分確かめたうえで，STEP 5に移行してください。**

　プランニングがかたまる前のいくつかのケーススタディをしている段階で，それらのすべての案について，STEP 4-3と4-4に記載した内容の一つひとつをチェックすることはあまり現実的ではありません。
　特に，偏心率の計算を，採用の可能性があまりない案についてまで検証することは無用といえます。ただ，採用の可能性が高い案については，一度入力してしまえば耐震壁の位置を変更するとどのように偏心率が変わるのかをつかむことができ，その後の作業に有効です。
　また，STEP 4-3と4-4の内容が一度頭に入ってしまえば，ケーススタディ案にそれらを反映させながら作成していくこともできるようになりますし，ぜひそうなってほしいと思います。
　いずれにしても，ケーススタディから案を絞り込んで次の段階に移行する前には，STEP 4-3と4-4の内容をチェックして，架構の不具合のないことを確かめたうえでSTEP 5へ移行していただきたいと思います。

## コラム❷ 「我が家の耐震診断チェック」は営業のツールとして非常に有効です

「我が家の耐震診断チェック」ソフトは，国土交通省や（財）日本建築防災協会などによって作成され，（財）日本建築防災協会のホームページ（http://www.kenchiku-bosai.or.jp/wagaya/wagaya.htm）上にフリーソフト（著作権は国土交通省）として公開されています。

このソフト作成に関わった東京大学の坂本功教授は「建築には素人の一般の人が自分の家を診断するという前提でつくられており，あまり厳密なものではない」と言っておられます。確かに，床を剛床と仮定していることや，幅455mmの壁を有効壁量にカウントしていること，独立柱・吹抜け・ベランダなどを評価に加えていないこと，風圧のチェックとは連動していないこと，屋根荷重を2種類に限定していること，などからみてそのまま実務に使用するには問題があります。ただ，これらは使う側がこうした条件があることを理解したうえで使えばよいことです。

このソフトの最大のポイントは，壁の量を加減することで建物の耐震性能の変化を即座に把握できることであり，この点こそが設計事務所やハウジングメーカーの営業ツールとして非常に有効であると筆者が感じているところです。

このソフトは「地盤・基礎」，「建物の形と壁の配置」，「筋かいと壁の割合」，「老朽度」，「地震動レベルによる調整係数」などが評価項目として設定されており，各ポイントを乗することで総合評価を下すようになっています。

坂本教授によれば，新耐震基準で要求している耐震性能のレベルをぎりぎり満たしていれば，総合評価が1.0になるようにつくられているということですが，1.0は「やや危険」と「一応安全」の境目となっており，1.5以上のポイントがなければ「安全」とは評価されないこととともに，なかなか厳しい評価をしているように筆者には感じられます。

ただ，見方を変えれば，「安全」と評価されれば「相当強い地震でも倒壊の恐れはない」といえ，これは建築主の安心感にもつながることですので，こうしたスタンスでこのソフトを使っていただければと思います。

素人の方のなかには，入力が難しいと感じる人もいるようですが，建築の専門教育を受けた人であれば，短時間で入力することが可能です。設計者自身の計画過程でのチェックも含め，積極的に活用していただきたいと思います。

ちなみに，54ページの図4-12を壁倍率2.0とした場合の総合判定ポイントは0.67で「倒壊または大破壊の危険があります」，図4-13は同1.27で「一応安全です」との判定になりました。2階の位置が建物の耐震性能に大きな影響を与えていることが，このことからもわかります。このソフトは前述のような仮定条件がありますが，その内容を理解しておけば十分実務に活用できます。

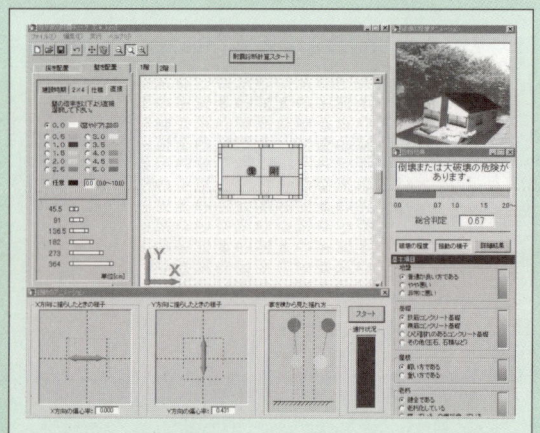

重心と剛心の位置，ＸＹそれぞれの方向の偏心率，揺れの状況，損傷の程度のアニメーション，診断結果などが示されます。

上図は54ページの図4-12を実行したものですが，「倒壊または大破壊の危険があります」との診断結果に連動して建物が倒壊したアニメーションが表示されています。

また，改善のポイントなどが書かれた診断結果の詳細は出力できるようになっています。

STEP 1　土地の品質を知る

STEP 2　建築主に木造建築を知っていただく

STEP 3　施工者を探す

STEP 4　架構を計画する

# STEP 5

# コストプランニングをする

STEP 5-1：なぜコストプランニングが必要なのか
STEP 5-2：概算見積資料をつくる
STEP 5-3：コストプランニングはSTEP 5で終わりではありません

STEP 6　架構を決定する

STEP 7　その他の仕様を決定する

STEP 8　設計図を描く

STEP 9　工事契約への助言をする

## STEP 5-1　なぜコストプランニングが必要なのか

**建築主からの信頼を失っては，設計はできません。**

　実施設計が完了して，積算の段階（本書でいえばSTEP 8が完了した段階にあたります）に至ってはじめて，工事費用が建築主の予算を超えてしまっていることがわかるということがあります。そして，残念ながらこの逆の予算内に納まるということはめったにないようです。
　前者の場合は，金額の大小によってその程度は異なりますが，いずれにしても計画の後戻りをせざるを得なくなるということになります。しかしながら，融資などのスケジュールからいって，後戻りする時間が残されていないこともあります。また，後戻りと簡単にいっても，一つの建物としてまとめるまでには，それなりの時間を要したはずであり，それだけに建築主の思い入れも強く，そうした意味からいって，変更できない状況になっている場合も少なくありません。
　住まいは，建築主の夢を盛り込んでつくられるものですから，建築主が用意できる額に対して工事費用がオーバーするのは，避けられない宿命であるといってもよいかもしれません。しかしながら，それを理由にして後戻りが許されるわけではなく，図面が完成した段階でのこうした問題は，建築主に設計者への不信感を芽生えさせるだけで得るところはありません。

**基本設計段階で，概算見積によって建築主の予算との整合を図ることが重要ですが，積算を設計者が行うことはお勧めできません。**

　こうした問題を避けるためには，基本設計段階で作成される計画案（本書でいえばSTEP 4の段階にあたります）を工事費用とつねに連動させて建築主に提示していくことが必要になりますし，なおかつ，その費用は信頼できるものでなければ意味がありません。ただ，その実行は現実的にはほとんど不可能といわなくてはなりません。ここでいう「信頼できるもの」とは，積算精度が高いということだけではなく，その費用で実際に請け負う施工会社がいるという意味も含んでいます。
　いわゆる「概算見積」の手法としては，「グレード設定によるコスト指数」をもとに地域の坪単価から類推するものや，それに量の要素を加味したものなど，坪当たり単価によるコスト予測まで含めると数多くの方法が提案され，そして実行されているようです。それらの手法は，現実の仕事を通して得られた経験則などからつくられたものが大半であり，それぞれに有効なものだと思います。こうした内容の「概算見積」を，設計者が計画案提示のつど行うことは，手間のかかることではありますが，まったく不可能というわけではありません。しかし，その提示された費用で実際に請け負う施工会社があるかどうかはわからない，という大きな問題があります。いくら設計者が妥当な金額であると言い張っても，その金額で請けてくれる施工会社がなければ，絵に描いた餅になってしまいます。
　設計者が施工までを請け負うケースであればこうした問題はありませんが，設計者と施工者が別の場合には，この問題を解決しなくてはなりません。冒頭で，工事費用とつねに連動させて計画案を建築主に提示していくことは現実的にはほとんど実行不可能，と述べたのはこうした理由によります。

## STEP 5-2　概算見積資料をつくる

**コストプランニングの内容は，建築主一人ひとりで異なります。**

　筆者はコストプランニングの意味を，建築主の予算の枠内で何ができるかを，建築主自身の目で見て判断できる確かな資料を，設計者が提示することにある，と考えています。

　工事費用に制約があるなかでの設計作業は，数多くの設計要素をいわば取捨選択する作業といってもよいわけですが，建築主の多くがそれらの要素について明確な優先順位をもっていることはまれであり，もっていたとしても非常にあいまいであったり，片寄ったものである場合さえあります。建築主自身が見えていないものを明らかにしていきながら，それを工事費用に連動させていく作業は簡単ではありません。筆者の反省を踏まえていえば，そうした説明を省いてしまうことで，結果として建築主の意向と異なった方向の計画を提示する結果となってしまうこともあります。
　設計者は，素人である建築主から専門的な判断をゆだねられている立場ですが，無条件で任せられているわけではないことを十分理解しておかねばなりません。また、前述したように，建築主自身が明確な考えをもっていない場合や片寄った考えをもっている場合もあり、希望をただ聞けばよいというわけではなく，修正提案をしていかなければならないという面もあります。こうした場合は，建築主と衝突することがあるかもしれませんが，専門家として譲ってはいけない線は，つねに意識しておいていただきたいと思います。
　建築主がもっている夢と現実の狭間のなかで，「建築の専門知識のない建築主が折り合いをつけなければいけない問題に対して，設計者は何ができるのか」という視点で考えていただければ，問題の解決策はおのずから見えてくると思います。

**すべての仕様を，必須仕様と付加仕様に区別しておく必要があります。**

　「概算見積資料」の作成にあたっては，まず仕様を必須仕様と付加仕様とに区別しておく必要があります。
　ここで必須仕様と付加仕様とに分けた意味は，必須仕様での工事費用を正確に把握することで，建築主が用意できる予算枠内でさらに付加できる仕様があるか否かを，建築主自身が理解できるようにすることにあります。
　設計者の判断が必要な場面も必ず出てきますが，まず選択肢を整理して建築主に提示することから始めていただきたいと思います。

　ここでいう付加仕様とは，必須仕様以外のすべての仕様を指し，必須仕様とは，「素材のもつ質感や内容が当該の建築主が許容できる最低レベルの仕様」や，「それ以外の仕様では当該の建築主にとっての住まいとしては成立しなくなる仕様」を指します。前者は金額を指標にすると，とらえやすい仕様であり，後者は金額の大小だけでは評価できない，ほかに選択肢のない仕様といえます。後者の仕様の一例をあげれば，接着剤や壁紙はもとより，配管材料などにも健康に負担をかけない素材を使いたいと考えている建築主にとっては，素材の質感や価格の高低よりも，安全性という指標を優先させて選択することになりますが，そうした仕様を指しています。
　これらは，ある建築主にとっては必須の仕様であっても，他の建築主にとってはそうではない場合もあり，一律なものではなく建築主個人個人で異なるものです。
　必須仕様で予算オーバーとなった場合は，面積の削減、仕様の見直し，予算の増額を図るなどの対応に取りかからなければならないことを建築主自身で判断していただかねばなりませんし、いい方を変えれば，それができるのは建築主しかいません。また、予算枠内に納まった場合は，付加仕様の金額を知ることによって，建築主自身で，どのような付加仕様を選択できるかの判断が可能になります。

**施工者から細目を示した見積書を出してもらえるような概算資料にすることが必要です。**

　前述した内容を実現するためには，契約書に添付される見積書と同程度の細目が記載された見積書を施工者に提出してもらえるだけの仕様を，設計者が提示する必要があります。66ページに参考例を載せておきましたが，相見積をとる場合は，比較ができるよう見積項目を統一するなどの配慮も必要です。

**概算見積資料として，以下のものをそろえてください（その1）。**

66，67ページに概算見積資料の一例を掲載しました。前述した目的に沿った見積書の提示を得ることが目的ですから，どんな場合でもここに載せた資料のすべてが必要というわけではありません。逆に，施工会社の資質によっては，これらだけでは不十分な場合もあり得ます。

施工会社の状況に合わせて必要性を判断していただきたいと思いますが，以下に掲載した資料は，筆者の経験上から最低限と考えているものです。

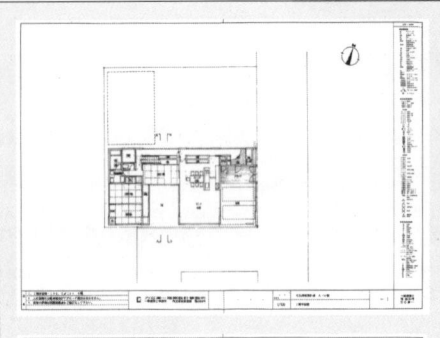

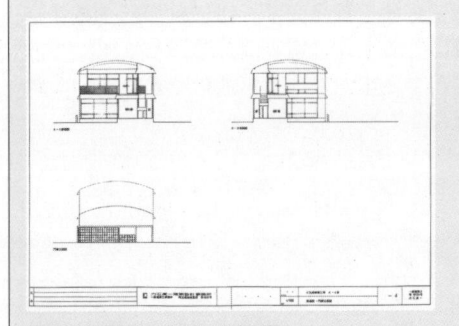

図5-1：平面・立面・断面図

図5-2：概算見積要綱（一部）

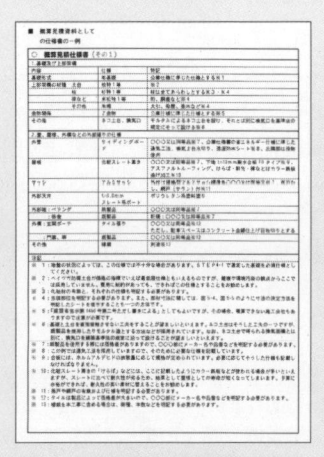

図5-3：概算見積仕様書（一部）

**図5-1：**
　実施設計段階ではありませんので，設計図としては平面・立面・断面図があれば十分ですが，精度の高さが必要です。この意味からいえば，データの受け渡しが可能であればCADデータで資料を発行することをお勧めします。
　なお，平面図としてはできれば屋根伏図までを発行することが望ましく，立面図は4面が必要です。また，断面図のなかには立面図で表現していない面を作図することが，が，精度の高い見積書を得るためには欠かせません。

**図5-2：**
　概算見積要綱は，積算にあたって施工会社に伝えておくべき注意事項を記載したものです。特に相見積をとる場合などは，見積書の記載内容を指定しておかないと比較検討ができなくなる場合もありますので注意が必要です。

**図5-3：**
　概算見積仕様書は十分ではない図面を補う意味がありますので，可能な限り詳細に記載する必要があります。詳細な記載であればあるほど，正確な見積書を入手することにつながりますので，実施設計図としても使うことを意図して，特記仕様書として作成することも一つの方法だと思います。

**概算見積資料として，以下のものをそろえてください（その2）。**

以下に記載した内容は，施工会社の資質によっては作成する必要のないものです。ただ，ここで作成した資料のうち，特記仕様書は前述したように，実施設計でも使用できるものとすれば無駄にはなりません。個々のおかれた状況を適切に判断し，必要な資料を省略することのないようにしていただきたいと思います。

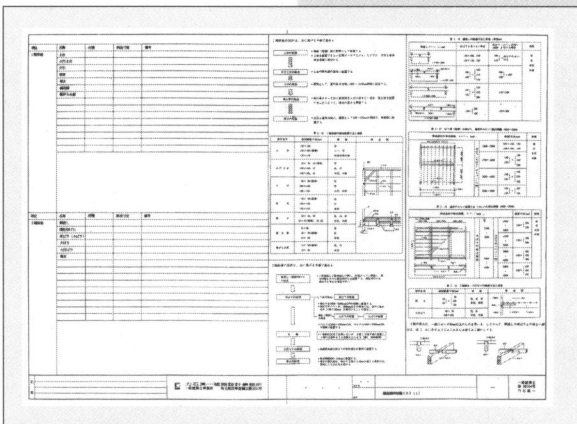

図5-4：部材リスト（木拾い表）

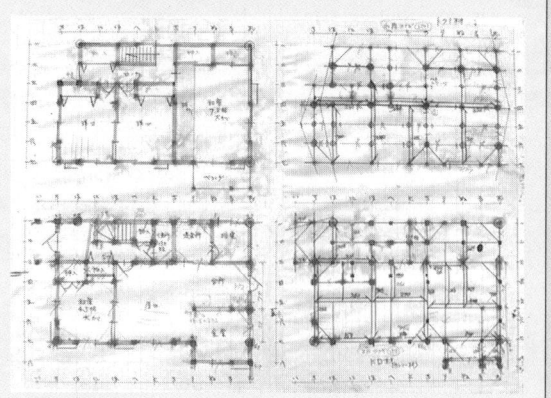

図5-5：板図

**図5-4、図5-5：**

木工事費は工事費用の30～40％を占め、そのうちの木材費は、木工事費の半分程度になります。このことは、木材費の積算精度が低くなると、積算全体としての信頼性にも影響することを示しています。個々の施工会社が経験上もっている係数を延べ面積に掛けることで木材費を算出する場合や、まったくの勘で数量を出すこともあるようです。ただ、こうした方法はいずれにしても安全側に積算する傾向があるために、結果として高めの金額が出てしまいがちになり、額が大きいだけに誤差も大きなものになります。

積算精度を上げるには、必要な部材の一つひとつを正確に把握し、木拾い表（図5-4）にまとめる必要がありますが、そのためには軸組図や床組図が必須です。可能であればこうした資料を作成することが望ましいのですが、基本設計段階でこれらの図面まで作成することは負担が大きく現実的ではありません。

刻みの段階で大工さんが描く板図（図5-5）に近いスケッチを描いて、それをもとに木拾いを行うことも一つの方法ですし、施工会社側でも木拾いを行ってもらい、数量のつき合せをすることで誤差を修正することも現実的な方法の一つであると思います。

図5-6：特記仕様書（一部）

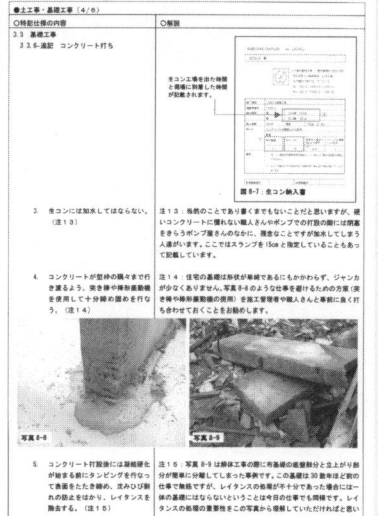

**図5-6：**

特記仕様書とは、当該工事のためだけに書かれたものです。これは設計者の判断だけで決定されるものではなく、建築主の希望がそこに反映されているものでなくてはなりません。また、施工者に対しても一方的に発行すればよいものではなく、個々の内容が工事を請け負う施工会社が実行可能なものとなっていなければ意味がありません。最終的な特記仕様書の発行に至るまでには、施工担当者や職人さんとの打合せが必須と考えていただきたいと思います。

67

## STEP 5-3　コストプランニングはSTEP 5で終わりではありません

**建築主の了解が得られれば，この段階で工事を依頼する施工会社を仮決定することをお勧めします。**

　コストプランニングの結果，建築主の納得できる範囲内の仕様が，予算の枠内で実現できることが確認されてから，STEP 6に進んでください。ただし，前述したようにコストプランニングはSTEP 5で終わりではありません。
　この段階で確認できた費用はあくまでも大づかみなものであり，設計内容が煮詰まるにしたがって費用の増減はSTEP 6，STEP 7で必ず発生すると考えていただかなくてはなりません。そして，「信頼できる費用」をもとに検討していくためには，ここでの検討と同様に費用を設計者が算出するのではなく，施工会社から提示される額に基づく必要があります。もちろん，金額について設計者がノータッチでよいわけはなく，金額の妥当性に疑問がある施工会社は選択肢から外す必要があり，設計者はそうした判断をつねに求められていると考えていただきたいと思います。
　ただ，こうした作業を複数の施工会社相手に実行することは不可能ではありませんが，最終的に請け負える施工会社は1社だけであることを考えると，施工者側の負担も大きく，建築主の了解が得られれば，この段階で施工者を絞り込んで仮決定をしておくことが望ましいといえます。

**予算内であることと，施工品質が確保できることの2つが両立する必要があります。**

　そもそも，このSTEP 5で概算見積書の提示を依頼する施工会社は，STEP 3での検討に合格するレベルにある会社であり，施工品質に関しては問題ないはずですが，費用によっては施工品質が確保できなくなる可能性もゼロではないと考えておく必要があります。予算を超えては建築工事そのものが成り立たなくなりますが，予算内に納めるために施工品質が失われることがあっては意味がありません。
　STEP 6，STEP 7での検討は，費用の増減だけでなく，施工品質の観点からも施工会社の意見を取り入れながら進めていくことをお勧めします。この点については，150ページ「STEP 8-1 施工品質を守ることのできる図面を描く」に記載していますので，参考にしていただければと思います。
　これらの作業の精度や得られる成果は，STEP 5で提示した概算見積資料のレベルに大きく左右されます。これ以降のSTEPの作業をより確かなものとする概算見積資料をつくっていただきたいと思います。

STEP 1　土地の品質を知る

STEP 2　建築主に木造建築を知っていただく

STEP 3　施工者を探す

STEP 4　架構を計画する

STEP 5　コストプランニングをする

# STEP 6
# 架構を決定する

STEP 6-1：基礎を決定する
STEP 6-2：上部架構を決定する
STEP 6-3：部材寸法を決定する

STEP 7　その他の仕様を決定する

STEP 8　設計図を描く

STEP 9　工事契約への助言をする

## STEP 6-1　基礎を決定する

> 必要に応じて，STEP 5へ戻ることを念頭に，基本を外れない計画を進めてください。

STEP 5で行った概算見積の結果，建築主の納得できる範囲内の仕様が，予算の枠内で実現できることが確認されてから，このSTEPに進んでください。ただし，前述したようにコストプランニングはSTEP 5で終わりではありません。費用の増減はこのSTEP以降でも必ず発生すると考え，つねに予算との整合をとりつつ以降の作業を進めることが重要です。

　本書では紙面の都合もあり、布基礎とべた基礎のみを取り上げていることをまずお断りしておきます。
　木造建築物の基礎の設計にあたっては、鉄筋コンクリートと木という異なる性能をもつ素材を、耐震性や耐腐朽性などの要求性能に十分応えられる形に組み合わせなければならない、という大前提があることに留意していただきたいと思います。特に、耐震性と耐腐朽性は相反する場合があり、十分な配慮が必要です。
　以下に列挙した内容は初歩的といえる内容であり、これらを守るだけでは要求性能に十分に応えているとはいえない場合もあると理解していただきたいと思います。

### STEP 6-1-1　布基礎の仕様を決定する

> 有効な換気を確保しつつ，基礎を連続させる必要があります。

　布基礎は，連続させることで耐震性が確保されます（図6-1）。一方，高気密・高断熱仕様ではない，本書が対象としている通常の仕様の場合は，開口面積が建築基準法でも規定されているように，床下の通気（図6-2）を十分確保することが耐腐朽性を保つための前提条件です。
　基礎の設計には，こうした相反する条件を満足させることが要求されている，ということをまず理解していただきたいと思います。建物内部に設けられる換気開口は，図6-2○印のように，人通口を兼ねている場合が多いといえますが，大きな断面欠損となる場合は構造的な配慮が必要です。基礎を連続させていない事例（写真6-1）が少なくありませんが，こうした仕事をさせてはなりません。

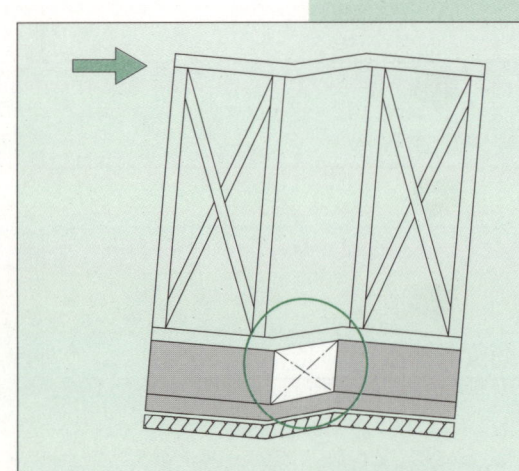

図6-1：外力が加わった際の布基礎の変形 [11] 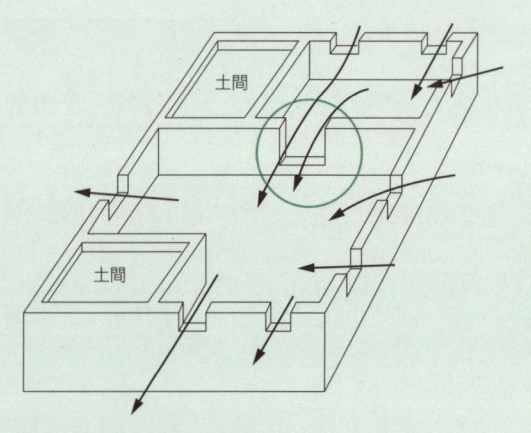　　図6-2：床下換気口と人通口（○印）[31]

**写真6-1**

**図6-1：**
　外力が加わると、耐震壁が変形に対して抵抗してくれますが、基礎の立ち上がり部分が連続していない個所（○印）があると、基礎が変形に抵抗できないために、この図のように架構全体が変形してしまう場合があります。

**図6-2：**
　この図は、平成14年版の公庫仕様書の解説に使われている図です。○印は他の換気口の寸法より大きく描かれていますので、通気口だけでなく人通口としての意味ももたせていると思われます。しかしながら、このように大きく断面欠損するには、基礎の連続性を確保できるよう、何らかの補強が欠かせないことを理解していただきたいと思います。

**写真6-1：**
　この事例は、布基礎の底盤部分の打設が終わった段階ですが、○印で底盤が途切れており、図6-1よりさらに悪い状況といわなくてはなりません。こうした事例が少なくありませんが、基礎伏図の必要性をこうしたところからも再確認していただければと思います。

---

> ネコ土台は防腐の点で有効ですが、床下換気をネコ土台でできたスペースだけに頼ることはお勧めできません。

　換気開口部には補強筋を施しますが（図6-3）、それでも開口部の隅部（○印）に発生するひび割れを完全に防ぐことは難しいといえます。それが構造的な障害がない程度のひび割れ幅（鉄筋の錆化に対しては0.25mm以上が影響するといわれています）であったとしても、建築主の印象が悪いことから、最近ではいわゆる「ネコ土台」でできるすき間（72ページ・写真6-3）を換気開口とみなして設計する事例も増えています。

　ただ、換気ファンによる強制力を使う場合は別にして、自然の通風によって乾燥を保たねばならない造りの場合では、水切り部の納まり（72ページ・写真6-5）などを考えると、こうした方法では床下の自然換気が十分であるとはいいがたいように思われます。

　ネコ土台でできるすき間の大きさが、法の規定面積以上確保されていれば確認申請は下りますが、ネコ土台はあくまで基礎と土台が密着することを避けるためのものと考え、換気有効面積は別に確保した計画をしてもらいたいと思います。

D10(9φ)@300　D10(9φ)　D13(13φ)

（注）換気口回りはD13の横筋およびD10の斜め筋により補強する。

**図6-3：換気口の開口補強** [32]

**図6-3：**
　この図は公庫仕様書に解説図として載せられているものですが、○印部分のかぶり厚さが確保されていない事例が少なくありません。補強筋であっても、当然かぶり厚さを確保する必要があります。

写真6-2

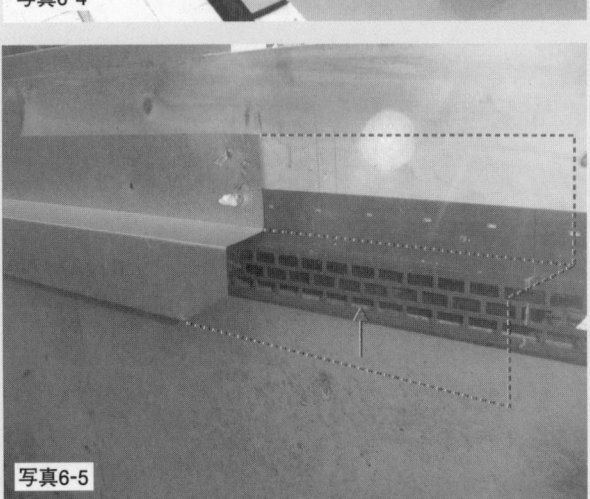

写真6-3

写真6-4

写真6-5

**写真6-2、写真6-3、写真6-4、写真6-5：**

写真6-2、写真6-3は基礎パッキン（○印）と呼ばれる、既製のネコ土台を使用して、71ページ・図6-3のような換気口を設けていない事例です。

この写真に見えるすき間（約2cm）のすべてが通気スペースになりますので、すき間の幅が狭くても長さがあるため、たいていの場合、法の規定の換気開口をクリアできます。この基礎パッキンを使用した外壁回りの納まりとしては、写真6-5が代表的なものといってよいと思います。データをとったわけではありませんのであくまで感覚的なものにすぎませんが、こうした納まりをみる限りでは、通気性能はあまり期待できないように思われます。

ただ、公庫仕様書には基礎パッキンに関する記述はありませんが、基礎と土台が直接触れないという点は、防腐の観点からいって好ましいわけで、基礎パッキンに限らず、何らかの方法でこうした形（ネコ土台）を採用することをお勧めします。

写真6-4はモルタル（○印）でネコ土台をつくっている事例ですが、石や堅木を使った事例もあるようです。基礎パッキンは樹脂製ですが、耐久性に関してはデータがなく、筆者としてはモルタルや石の仕様のほうが好ましいと感じています。年配の鳶さんのなかには、過去にモルタルでネコ土台をつくった経験をもっている人が少なくありません。まったく初めてという職人さんに無理やりやってもらうというようなことはお勧めしませんが、職人さんとよく話し合って、費用の枠内で解決できる最も良い方法を見つけていただければと思います。

> 床下換気口は構造的に許される範囲内で、できるだけ大きく確保することをお勧めします。

図6-4, 図6-5は防湿コンクリートの下のレベル（図6-5 ←→ 印の範囲）で必要な梁成を確保することで、大きな開口部（○印）を確保するとともに、腐朽の可能性の高い床束をつくらない床組も取り入れています。

地耐力を期待できる地盤や凍結深度が深い場合などを除いて、布基礎の底盤レベルをここまで深くすることや、換気口をこの図のように大きくとることは、現在の木造住宅では一般的ではありません。

ただ、布基礎が建築基準法で規定される以前の日本の木造建築は、この図よりも大きな開口をもっていたことを思い起こせば、こうした開口部が決して大きすぎるものではないことを理解していただけると思います。

大引きを1,820×910グリッドに組み、床板厚さを30mmとすることで、根太と腐朽の可能性が高い床束とを省略します。

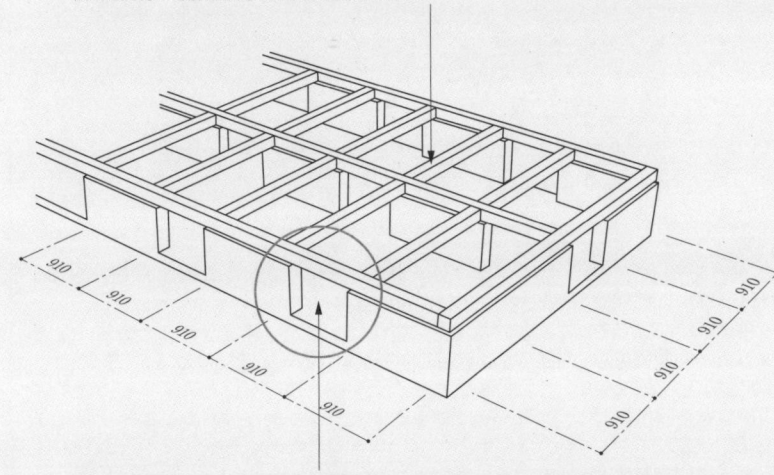

基礎の有効梁成は、地中部分で確保することで大きな換気開口を可能にします。

**図6-4：通気口を大きく確保した布基礎**

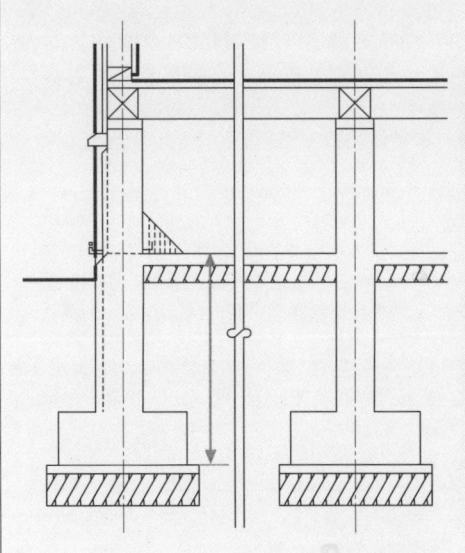

**図6-5：通気口を大きく確保した布基礎断面図**

**写真6-6**

### 図6-4、図6-5、写真6-6：

防湿コンクリート下の埋戻し土の転圧が不十分なことや床束の乾燥収縮のために、いわゆる床鳴りや床レベルの下がりなどの問題が起きる場合があります。

そうしたことから、金属製やプラスチック製の床束を使用する事例が増えているようですが、乾燥収縮の問題は解決できても、「埋戻し土の十分な転圧」は言葉でいうほど簡単ではないので、問題の解決にならない場合があります。

写真6-6は、1階の根太を通常は2階に使用する断面寸法の大きな材を使っており、図6-4の床組部分と基本的な考え方は同じです。過去の構法に盲目的に従うのではなく、過去の良い点を生かす解決策を、それぞれのおかれた状況のなかで見つけ出していただければと思います。

**基礎配筋のかぶり厚さを確保できる立ち上がり幅としてください。**

公庫仕様書では，基礎の立ち上がり幅を120mm以上と規定しており，そうした施工事例が大半といえます。ただ，施工誤差を考えると120mmでは必要なかぶり厚さを確保できない可能性が高いことから，基礎幅を最低でも150mmとすることをお勧めします。

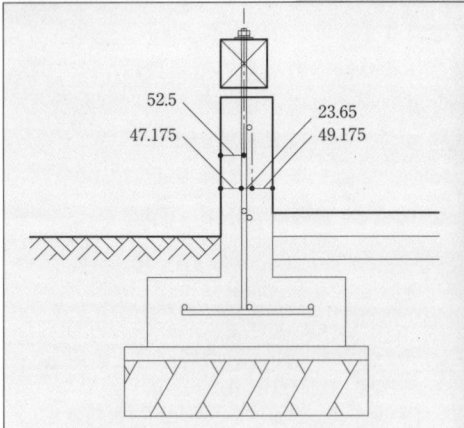

図6-6：鉄筋のかぶり厚さと基礎幅の関係（mm）

写真6-7

基礎幅を120mm，土台を105mm角，アンカーボルトにM12（φ10.65mm），鉄筋はユニットを使用して，土台芯と基礎芯をずらした場合（約7mmずらしています）の配筋状態を描いたものが図6-6です。狭いほうで40.175mmのかぶり厚さがとれていますが，布基礎の立ち上がり部分のかぶり厚さは，建築基準法施行令第79条で4cm以上と定められていますので，施工誤差がほとんど許されない状態にあることがわかると思います。

住宅工事に限らず，建築工事の施工誤差はmm単位ではなくcm単位であることを再確認していただき，公庫仕様書で許されている寸法だからそのまま採用するということではなく，現場の実情も踏まえて寸法を決めていただきたいと思います。

なお，施工の際には，かぶり厚さ確保のために，写真6-7のようにスペーサー（○印）を設けるなどの配慮をしている事例もありますが，残念なことにこうした仕事は住宅工事では少数派です。鉄筋が片寄り，かぶり厚さが確保できていないまま打設される事例が少なくありませんので，特記仕様書ではこうした内容も規定しておく必要があることを理解していただければと思います。

**打継ぎ部分には十分配慮してください。**

基礎は，通常は底盤部と立ち上がり部の2回に分けて打設されます。この場合，打継ぎ部分には適切な処置を施すことが前提で，底盤部と立ち上がり部が一体化しているとみなされています。

表6-1：打継ぎ面の処理方法と引張り強度の関係[33]
（打継ぎのないコンクリートの引張強度を100として）

| | 処理方法 | 引張り強度（％） |
|---|---|---|
| 1 | レイタンスを取り除かない場合 | 45 |
| 2 | 打継ぎ面を1mm削った場合 | 77 |
| 3 | 打継ぎ面を1mm削り、表面をセメントペーストで処理した場合 | 93 |
| 4 | 打継ぎ面を1mm削り、表面をセメントペーストで処理し、打設の3時間後に振動を加えた場合 | 100 |

筆者の周辺では、打継ぎ部分の処置が行われていないケースが少なくありません。いくつかの処置のなかで最も重要でありながら、多くの現場で省略されているのはレイタンスの除去です。表6-1から、水平打継ぎ面の処置内容によって引張強度が大きく異なり、レイタンスを取り除かない場合は、一体のコンクリートと比べて45％の引張り強度しかないことに着目してもらいたいと思います。

レイタンスの処理が必要ない一体打ちを設計に取り入れるという方法もあり、公庫仕様書の基礎形状を盲目的に取り入れるのではなく、「施工品質の確保のために何が必要か」という視点で設計にあたっていただきたいと思います。

> **設備配管のメンテナンスに配慮してください。**

多くの施工事例で、写真6-8のように、防湿コンクリート下に設備配管を埋設しています。しかし、配管を取り替える必要が生じた場合は、床下の狭い空間でコンクリートを壊し、さらに土中の埋設配管を取り出さなければならず、かなり大掛かりな作業となります。

図6-7や写真6-9のように、床下部分に配管を露出させればメンテナンスが容易になります。ただ、配管経路が長い場合は、必要な勾配を取れるだけの基礎の立ち上がり高さを確保するなどの注意が必要です。

また、これは工事監理上の問題ですが、通常は76ページ・写真6-10のように、底盤の上端にスリーブを設けることが多く、これには特別な工夫を必要としませんが、図6-7の配管位置とするには、スリーブを立ち上がり配筋の中間に固定するための工夫が必要となります。こうした位置にスリーブを設けることに慣れていない職人さんは、ダイヤモンドカッターでスリーブを設ける場合があるようです。径が100mm以上であれば補強筋を入れることが望ましく、径が100mm以下であっても、不用意にあけると基礎の配筋を切断してしまう場合がありますので、できればスリーブをあらかじめ設けることをお勧めします。

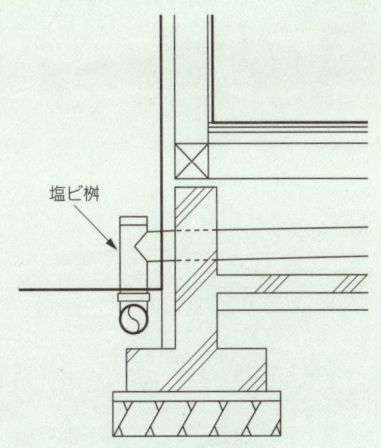

写真6-8

図6-7：床下の空間を通す配管

**図6-7：**
この図には、最近使われることの多い塩ビ桝が描かれていますが、屋外に露出させると、埋設に比べて破損の危険性が増し、劣化の速度も早まります。周囲の状況に応じてカバーを設けるなどの配慮も必要です。

なお、塩ビ桝はコンクリート桝に比べて通気上の問題が発生しやすいようです。臭いの影響をそれほど考慮しなくてよい場合は、穴あき蓋を使用することも検討に加えていただきたいと思います。

**写真6-9：**
①は冷媒管、②はさや管方式の給水管・給湯管、③は排水管です。この事例では、これらをすべて床下に露出させています。

写真6-9

**設備配管の基礎貫通部の補強やピッチに配慮してください。**

　RC造などの建造物では，通常は設備スリーブと補強筋は設備屋さんが設置しますが，木造住宅では，筆者の知る範囲では補強筋はほとんど施工されることはありません。住宅は配管サイズが100mm前後と小さいことや，公庫仕様書にスリーブに関する規定がないことなどが影響しているのではないかと考えられますが，いずれにしても，スリーブのピッチを守ることや，φ100mm以上のスリーブに補強筋を設けることが施工品質上の要点であることは，RC造も木造も同じです。設計者の方にはまず，こうした点を図面や特記仕様書へ記載することから始めていただきたいと思います。

**写真6-10：**
　スリーブの間隔は，以下の数値以上とすることをお勧めします。
　　A＝（φa＋φb）×1.5
　　B＝（φb＋φc）×1.5
（注記：φaはスリーブaの直径を示します。）
　また，あくまでも筆者の個人的印象ですが，設備の業者さんは，鉄筋はスリーブを設ける際の邪魔者という意識があり，かぶり厚さの確保に関しても配慮がないように感じます。この事例でも〇印でかぶり厚さが確保されていません。施工品質の確保のために，こうした点に関して図面や特記仕様書への記載が必要なことを理解していただければと思います。

**写真6-11：**
　上記の規定を守ることが前提ですが，結果としてスリーブ間隔が接近しすぎてしまった場合（直径の3倍以内）は，〇印を一つのスリーブとみなして補強筋を設ける必要があります。スリーブ間隔に配慮のない設備屋さんの仕事では，こうしたことが起こりがちであり，事前によく打合せをしておくことをお勧めします。

**図6-8：**
　補強筋はD13とし，図中のL部分で40dを確保してください。なお，既製品（写真6-12）の使用を指定しておくことも，補強筋への意識を喚起させることになり，施工品質の確保につながるといってよいと思います。

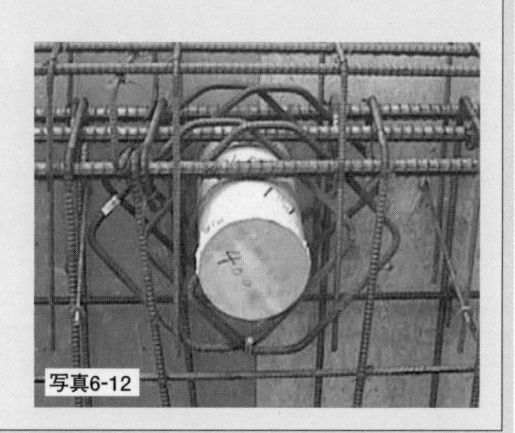

写真6-10

写真6-11

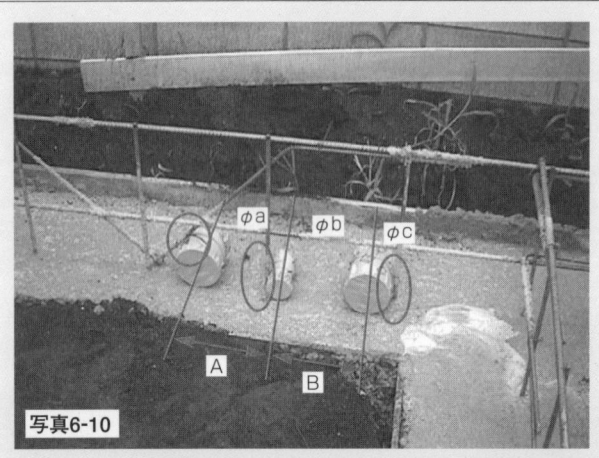

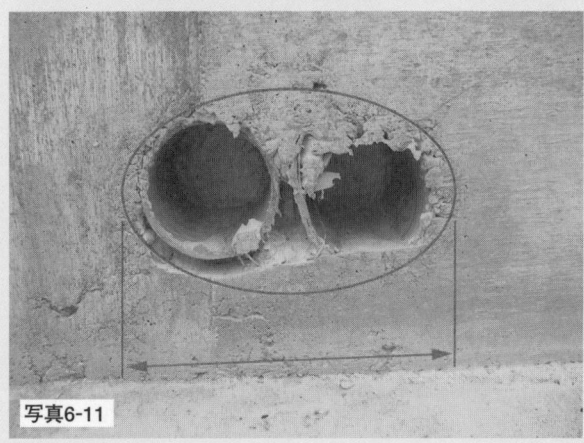

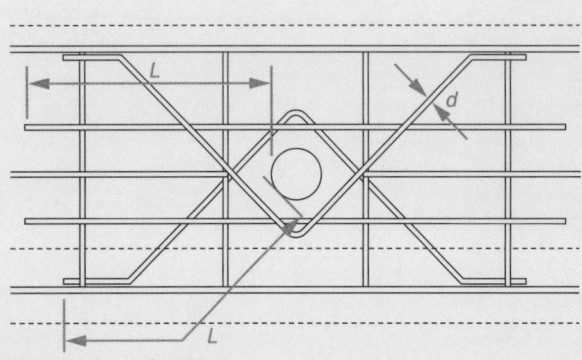

図6-8：スリーブの補強筋

写真6-12

**目潰し砂利や捨てコンを省略しないようにしてください。**

　捨てコンを省略してしまう施工事例（写真6-13）が少なくありませんが，底盤部分のかぶり厚さの確保ができないだけでなく，墨出しもできなくなります。墨がなくても水糸で配筋位置を知ることができますので，捨てコンは不要という考えもあると思いますが，コンクリートの打設の際には，水糸は邪魔になりますので外さなければなりません。打設中に配筋がずれた場合には，そのつど水糸を張って位置を確認する必要がありますが，それは現実的ではありません。

　写真6-13の事例では，目潰し砂利も省略されています。割栗や砕石のすき間を埋めることによって基礎を支え得る固い盤をつくることが地業工事の目的です。このような仕事はその意味を理解していないといわざるを得ません。また，石をただ投げ込んだとしか思えないような状態で捨てコンを打設してしまう事例（写真6-14）も少なくありません。

　これらの問題は，工事監理段階でチェックするべき問題ですが，それを可能にするためにも，まず設計図や特記仕様書で捨てコンや目潰し砂利の指定が必要なことを理解していただければと思います。

写真6-13

写真6-15

写真6-14

**写真6-15：**
　目潰し砂利を敷いて転圧をしているところですが，これはべた基礎の事例です。筆者の経験では，布基礎とべた基礎を比較すると，どちらかというと前者のほうが目潰し砂利を省略している事例が多いように感じています。
　公庫仕様書では，「地盤が特に良好な場合は地業を省略できる」と規定されていることから，それを都合よく解釈して写真6-13、写真6-14のような施工がなされてしまうのかもしれません。
　また，「良質地盤においては地業を施すことにより地盤を乱し，かえって耐力を減ずることがあるから注意すること」との記載もあります。「良質」かどうかの評価で地業の内容が変わってくることになりますが，仮に「良質地盤」であったとしても，床付け面をまったく荒らさずに根切りをするということは現実問題として難しいことから，割栗地業を必ず施す旨を特記仕様書に記載していただきたいと思います。

**アンカーボルトの取付け方法には十分配慮してください。**

　多くの施工事例では，立ち上がり部の打設時にアンカーボルトをいわゆる「田植え」（写真6-16）で取り付けています。しかしながら，この「田植え」は，ボルトが自重で沈み込んだり，内部の鉄筋に当たって所定の位置に設けることができない場合があること，打設後の短い時間に田植えをすませるために確認がおろそかになりがちになる場合があること，などから施工精度に期待がもてないといわざるを得ません。

　こうした問題の発生を回避して施工品質を確保するための方法の一つとして，打設前にアンカーボルトをセットしておく「先付け」をお勧めします。

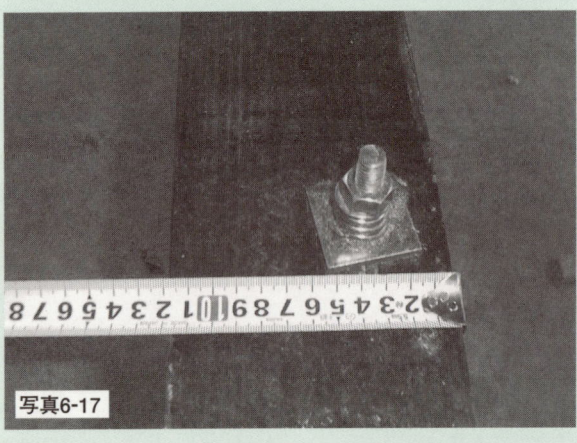

**写真6-17、写真6-18：**
　写真6-17はアンカーボルトが片寄って取り付けられたために土台の中心から外れてしまった事例，写真6-18は取付け位置を間違えたために継手位置にぶつかってしまった事例です。写真6-18の事例では，ボルトの頭のレベルを高くしすぎたために，アンカーボルトの埋込み長さも不足するという二重のミスを犯しています。

**写真6-19：**
　公庫仕様書にも先付け工法が紹介されていますが，合板型枠の使用を前提に描かれており，鋼製型枠を使う場合がほとんどである現在の施工事情から外れています。また，筆者の知る範囲では使い勝手の良い治具がなく，せっかくの先付けが施工精度の向上にあまり寄与しているとはいえない事例が少なくないように感じます。

　写真6-19は，既製品のアンカーボルト固定金具（→印）では十分に固定できなかったために，アンカーボルトの左右から鋼製型枠の固定金具で挟み，番線で固定した事例です。手間はかかりますが，打設時にも動くことはなく，精度の確保に関しては良好な結果を得ることができる方法の一つといえます。

　施工精度の確保という目的を達成するために，担当の職人さんたちが取り得る方法を事前によく話し合っていただきたいと思います。

写真6-16

写真6-17

写真6-18

写真6-19

**アンカーボルトの埋込み長さに配慮してください。**

アンカーボルトの埋込み長さに関しては，公庫仕様書やJASS 11に規定がありますが，それぞれ内容が若干異なります。詳しくは下記の囲み記事をお読みいただきたいと思いますが，それぞれに若干問題があると考えています。費用の点で建築主の同意が得られれば，すべてのアンカーボルトをM16として，埋込み長さを400mm以上とすることをお勧めします。

### M16と埋込み長さ400mm以上をお勧めする理由

アンカーボルトの埋込み長さは，公庫仕様書では一律に240mm（建設省告示第1460号に対応した「木造接合用金物の使い方」では，M12の場合で250mmとなっています）と決められていますが，JASS 11では太筋かい付きの場合は400mm，その他の場合では200mm（ただし，ボルトの径はφ13mm）と規定されており若干異なります。埋込み長さは，本来は構造計算によって決めるべきものですが，通常の木造住宅ではほとんど行われることはなく，それを求めても現実的ではありません。そうした点を考慮して，双方の仕様書のそれぞれが一律の規定を設けているといってよいと思います。ただ，共通仕様書という性格から，その規定がオーバースペックになることはあっても，危険側になることは避けることができる内容になっていなければなりません。

この視点で見ると，公庫仕様書の規定値では，太筋かいを設けた場合には，埋込み長さが不足する可能性が高くなることを指摘しておかなくてはなりません。一方，JASS 11は条件によってアンカーボルトを使い分ける規定ですが，それは現実の施工状況を考えた場合，間違いを生みやすいといわねばなりません。

前述したように，すべてのアンカーボルトをM16として，埋込み長さを400mm以上とすることをお勧めしたいと考えていますが，コストの視点を抜きにしては考えられません。費用増の可能性のある①ボルト，②土台，③基礎立ち上がり高さの3つについて，以下に簡単に検討してみました。

①埋め込み長さを400mmとすることが可能なアンカーボルトは，Z金物の中では長さが600mmの「アンカーボルトM16」ということになりますが，これと通常使われる長さ400mmの「アンカーボルトM12」との価格差は，定価ベースで約500円程度です。仮に100本使ったとすると5万円の増ということになります。

②「アンカーボルトM60」は，径が16mmであり，105mm角の土台では断面欠損が大きく，できれば120mm角を使用することが望ましいといえます。4m物の105mm角と120mm角の価格差は，1本当たり2,500円前後ですので，仮に30本使ったとすると7.5万円の増ということになります。

③図6-9は，公庫仕様書に配筋標準図として掲載されているものですが，根入れ深さと地盤からの立ち上がり高さのそれぞれを仕様書本文の規定の最低値である400mmと240mmとした場合，基礎底盤上端から立ち上がり部天端までの寸法は490mm（図6-9・↔︎印）になります。M16ボルトの埋込み長さは430mm前後になりますので，通常の2回に分けて打設する場合でもこれ以上基礎を高くする必要はなく，したがって費用増も考える必要はありません。

なお，以前の公庫仕様書では，地盤からの立ち上がり高さは240mm以上と規定されていましたが，参考までに，以前の規定高さと現在の規定高さとにおけるコンクリートの費用の差を考えてみると，基礎の延べ長さを100m，基礎幅を150mmとすると2.4m³になります。m³単価は地区によって異なりますが，平成14年現在でおおむね1万円前後であり，型枠の費用を別にすれば，あまり大きな費用の増は生じないことがわかります。

以上から推定して，30坪程度の家であれば，費用増はおよそ10～15万円程度といえると思います。これを「高い」と評価するか「安い」と評価するかは個々の事例で異なると思いますが，こうした情報を建築主にも伝えて，一緒に考えていただければと思います。

**図6-9:**

アンカーボルトをM12、土台と基礎天端のあき寸法を20mm、土台上端からのボルトの出を21mm（座金4.5mm＋ワッシャー3mm＋ナット10mm＋ナットからのボルトの出3.5mm）とすると、基礎天端からボルト頭までの必要寸法は、土台を105mm角とした場合146mm、120mm角とした場合は161mmとなります。

最も一般的に使用されているアンカーボルトM12の長さは400mmですから、105mm角の土台を使用した場合の埋込み長さは254mmで、規定の埋込み長さを確保できますが、120mm角の土台を使用した場合の埋込み長さは229mmとなり、アンカーボルトの曲がり部分でクリアしていることがわかると思います。

なお、M12の径は10.65mmであり、12mmではありません。構造計算の際には注意していただきたいと思います。

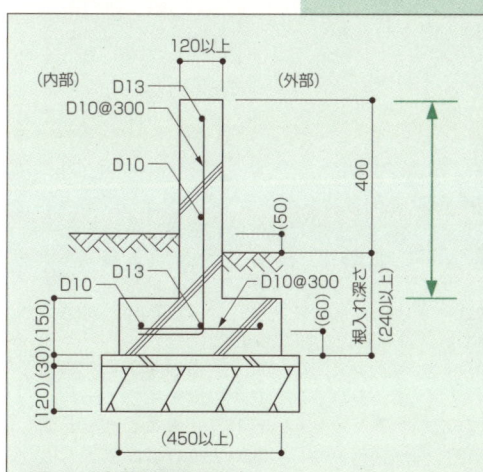

図6-9：布基礎配筋図[34]

## STEP 6-1-2　べた基礎の仕様を決定する

**アンカーボルトの埋込み長さに配慮してください。**

　布基礎の項で述べた内容の大半は，べた基礎にもあてはまりますが，特有の条件がいくつかあります。それらについて以下に述べます。
　べた基礎に関しても布基礎と同様に，アンカーボルトはM16を使用することをお勧めしますが，図6-10の寸法では，前ページで述べたように埋込み長さが430mm前後必要であり，通常は底盤部と立ち上がり部を分けて打設しますので，底盤部の打設時にアンカーボルトを先付けにする必要があります。
　写真6-20はその事例ですが，アンカーボルトの固定のために基礎主筋へ溶接（○印部分）しています。しかしながら，これは主筋やアンカーボルトに断面欠損や欠陥部位を生じさせるおそれがあること，正確な位置への固定が難しいこと，などからお勧めできません。写真6-21のように，曲げ加工したアンカーボルト（ただし，この事例はM12です）を使用すれば，図6-10の立ち上がり高さでも，立ち上がり部分の打設時に先付けすることが可能になります。

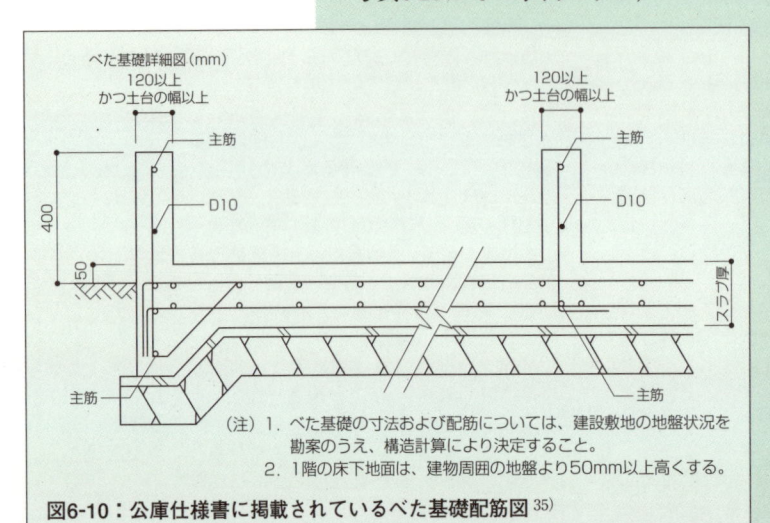

**図6-10：公庫仕様書に掲載されているべた基礎配筋図** [35)]

（注）1．べた基礎の寸法および配筋については，建設敷地の地盤状況を勘案のうえ，構造計算により決定すること。
　　　2．1階の床下地面は，建物周囲の地盤より50mm以上高くする。

**写真6-20、写真6-21：**
　写真6-20は，底盤部分にアンカーボルトがのみ込まれてしまうことから，立ち上がり配筋に点付け溶接で先付けした事例です。底盤打設時には立ち上がり部の型枠がありませんので，固定する相手がないことになり，正確な施工は期待できません。また，このような点溶接は欠陥部位を生じさせる原因となります。
　写真6-21はアンカーボルトM12を曲げ加工した事例です。当然ですが，曲がり部分もアンカーボルトの埋込み長さに含まれます。ただし，これを田植えでセットすることは難しく，立ち上がり打設時の先付けが前提と考えていただきたいと思います。

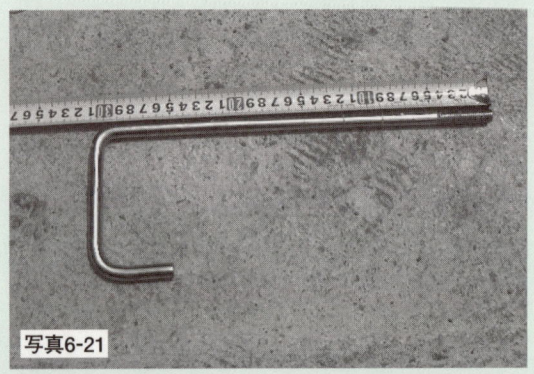

**根切り深さに配慮してください。**

根切り底の地耐力を知ることは、布基礎でもべた基礎でも同様に重要なことです。公庫仕様書の記載に従えば、べた基礎（80ページ・図6-10の底盤を20cmとした場合の、外周部を除く底盤部分の根切り底は30cm）のほうが布基礎（79ページ・図6-9で、公庫仕様書の最小根入れ深さ（24cm）とした場合の根切り底は39cm）よりも根切り底が浅くなることになります。一般的には、表土に近い地盤には強度が期待できないことや、地耐力ではクリアしても根切り底が浅いことから、凍結深度が不十分である可能性が布基礎より高くなることなどから、布基礎よりも根切り底の深さにはなお一層の配慮が必要です。軟弱な地盤には公庫仕様書のべた基礎をそのまま採用すればよい、と安易に考えずに慎重に検討していただきたいと思います。

図6-10程度の深さでは、当該地盤に十分な耐力が期待できない場合は、図6-11のようにコンクリートスラブ（→印①）と基礎梁（→印②）とを一体として、べた基礎の礎版の扱いとすることで根切り底を深くできます。ただし、基礎梁の間を切込み砂利などで十分転圧することが必須であり、こうした手間以外に、打設回数が増えることなども費用の増に関わってきますので、その点にも注意してください。

なお、この図ではコンクリートスラブレベルがGL＋300mmとなっており、通常のべた基礎の底盤のレベルとはなっていませんが、コンクリートスラブのレベルをGL＋50mmとし、〇部分の立ち上がり高さを取れば、外観上は図6-10と同じになります。

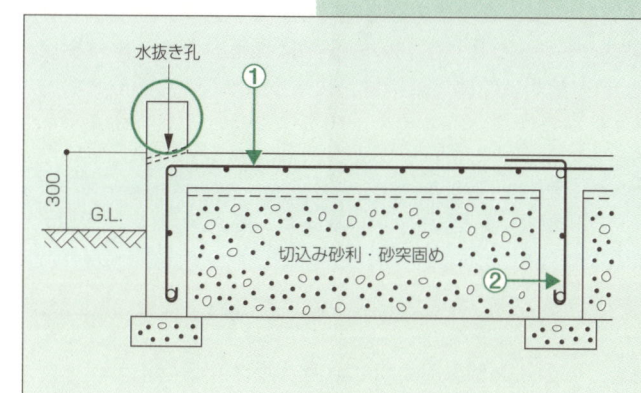

**図6-11：コンクリート床と基礎梁によるべた基礎** [36]

**設備配管を埋設させないルートを確保してください。**

75ページでも述べたように、設備配管のメンテナンスに配慮した基礎形状とすることは重要ですが、べた基礎の場合は埋設された配管はほとんど交換が不可能になるという意味で、布基礎よりもさらに慎重な検討が必要です。

**写真6-22：**
この事例の〇印の配管は、コンクリートに打ち込まれることを前提に施工されています。このような施工では、配管の交換はほとんど不可能であるということが、この写真を見れば理解していただけると思います。

ただ、多くのべた基礎の事例でこうした施工が行われている現実があり、長期の寿命をうたった住宅の施工事例にもこうした仕事が見られます。設計者の方々には、通常行われているからといって安易に採用せず、より良い建物をつくるという姿勢をもって設計にあたっていただきたいと思います。

## ● STEP 6-2　上部架構を決定する

> 必要に応じて前段階のSTEPに戻ることを念頭に，基本を外れない計画を進めてください。

　壁量充足率はもちろんですが，偏心率についてもSTEP 4でチェック済みだと思います。ただ，コスト調整作業のなかでプランの変更があった場合や，荷重に大きな影響のある部位の仕上材（屋根材など）が変わった場合には，壁量充足率と偏心率を再確認する必要があります。

　壁量充足率や偏心率は，表計算ソフトなどを使って書式を作っておけば，多少の変更が加わっても大きな手間をかけずに修正が可能ですから，これ以降のSTEPで部分的な変更が発生した際にも，短時間での対応が可能になります。その際には62ページのコラム 2 で紹介した「我が家の耐震診断チェックソフト」なども有効なツールとなる（現在の内容では風圧力チェックは別途計算する必要があり，出力結果は確認申請には使用できません）と思います。

　なお，以下に列挙した内容は初歩的といえる内容であり，これらを守るだけでは要求性能に十分に応えているとはいえない場合もあると理解していただきたいと思います。

## STEP 6-2-1　軸組を決定する

> たすきがけ筋かいを設ける場合は，壁の厚さに注意してください。

　和室の真壁や片引き戸の引込み部分のように，壁の厚さが薄い部分に「たすきがけ筋かい」を設けると，片側の筋かいを切断せざるを得なくなる場合（写真6-23，6-24）があります。こうした場合には，写真6-24の----部分の位置でボルトで固定すればよいと考えている方もいるようですが，「たすきがけ筋かい」としての効果はありません。この部分には片筋かいだけを設けて，全体のバランスを配慮しつつ，他の部分に筋かいを設けることで解決していただきたいと思います。

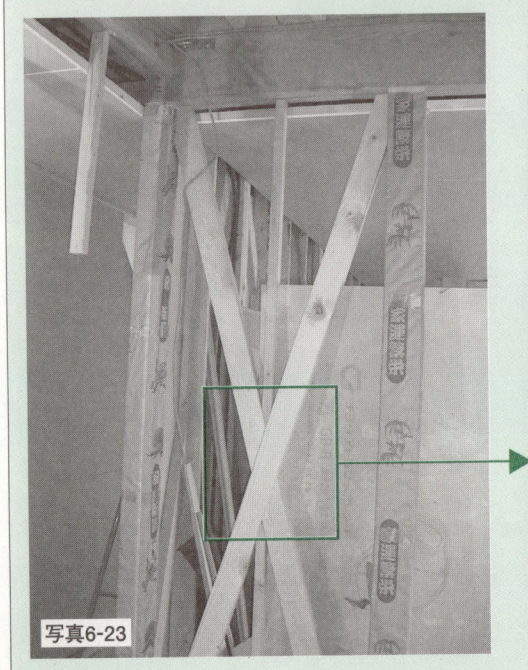

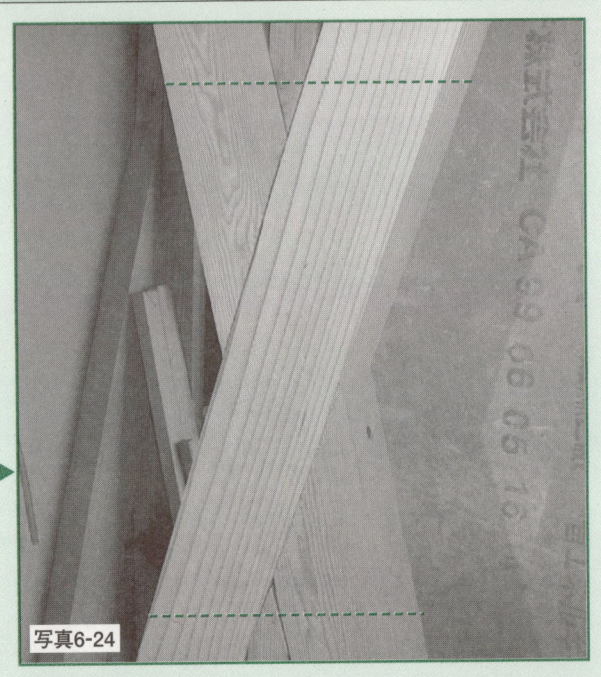

写真6-23

写真6-24

**ホールダウン金物の取付け方法に注意してください。**

　ホールダウン金物の取付け方には、図6-12に示したように、①アンカーボルトで基礎と柱を直接緊結する方法と、②座金付きボルトにより土台を介して固定する方法の2つがあります。

　力の流れを考えれば、当然①が望ましく、建設省告示第1460号に対応した「木造住宅用接合金物の使い方」でも10kN用の金物を除き、①のみが指定されています。しかしながら、この方法はアンカーボルトの施工精度を確保することが難しく、不具合な施工が少なくありません。残念ですが、現在のところでは、①で施工できるレベルに達している施工会社は少ないといわなくてはならず、本書では施工品質の観点から、あえて②をお勧めします。ただ、確認申請上の問題がありますので、所轄の行政との事前打合せは必須と考えていただきたいと思います。

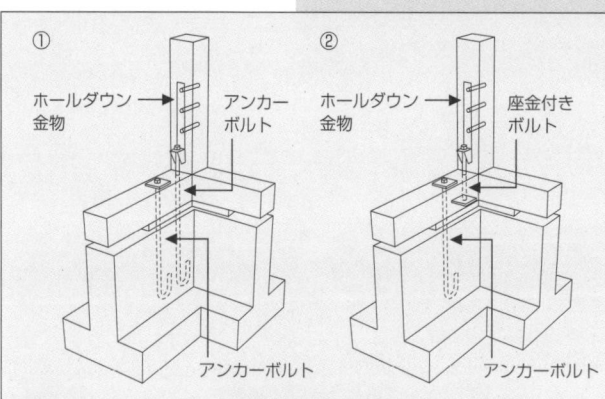

図6-12：ホールダウン金物の取付け方法

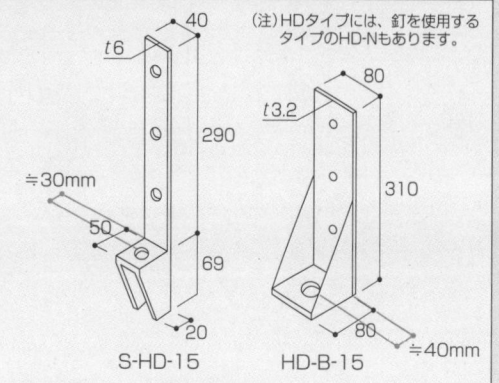

図6-13：ホールダウン金物のタイプ [37]

**図6-13：**
　Zマークのホールダウン金物には、S-HDタイプとHDタイプとがありますが、柱からの逃げ寸法（写真6-25②）はそれぞれの金物で若干異なりますので注意が必要です。なお、筋かいとの取合いを考えると、S-HDタイプのほうが納まりが良く、こちらを使用することをお勧めします。

**写真6-25：**
　座金付きボルトは、土台設置と同時に取り付けることになりますが、アンカーボルトと座金付きボルトとの距離①は、公庫仕様書で指定している150mmを超えないようにしてください。

**最初からホールダウン金物に頼る計画はしないでください**

　建設省告示第1460号が規定されたことで、ホールダウン金物の使用が当たり前のこととなった、といってもよいと思います。ただ、構造計画を十分検討することなく安易にホールダウン金物に頼っている、と感じられる事例が散見されることを指摘しておかなければなりません。初めからホールダウン金物の使用を前提とするのではなく、応力の集中を避けた構造計画が前提にあり、その上で筋かいプレートなどの金物の耐力では処理しきれない場合にホールダウン金物を設ける、という姿勢をもってほしいと思います。

　例えばここに、建築基準法施行令第46条第3項に規定されている倍率によって計算された、同じ耐力壁長さを持ち、平面と立面が同じ建物が2つあると仮定します。そして、耐力の大きい壁を数少なく設けているほうを「建物A」とし、耐力の小さい壁を数多く設けているほうを「建物B」として両者を比較してみると、「建物A」はホールダウン金物が必須となる可能性が高いといえますが、「建物B」は筋かいプレートなどの金物で処理しきれる範囲の応力で納まる可能性が高いといえます。

　双方の架構とも適切な金物を使えばよいということではありますが、筋かいプレートなどでの処理が可能な建物は、個々の柱に発生する応力が小さく抑えられているということであり、ここにさらにホールダウン金物を使えば、より安全性の高い建物が実現できるということを理解していただければと思います。

> 🛈 **ホールダウン金物を偏心させて取り付けないでください。**

真壁で「ちり」が大きい場合は、写真6-26のように、ホールダウン金物を柱芯に取り付けることができなくなります。

ホールダウン金物は柱芯に取り付けることが原則です。こうした納まりとならざるを得ない場合には、前述したように倍率の小さい筋かいを数多く設けて、大きな引抜き力が働かないよう、できるだけ力の分散を図り、ホールダウン金物を必要としない架構をつくる工夫をお願いしたいと思います。

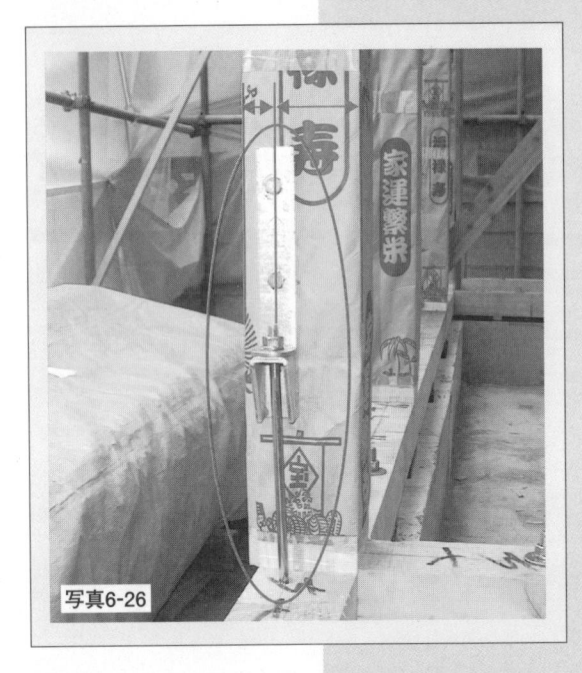

写真6-26

> 🛈 **内断熱の場合は、外壁部の筋かいを室内側に設けることを避けてください。**

いわゆる内断熱の場合、外壁部の筋かいが室内側に設けられていると、写真6-27のように、断熱材を切断しなければならなくなります。断熱上の欠点というだけでなく、防湿層も切断される（写真6-27○印）ことから、結露が発生する可能性が増えることにもなります。

外壁部の筋かいに「たすきがけ筋かい」を設けると、こうした納まりは避けられません。外壁部の筋かいはすべて片筋かいとしたうえで、なおかつそれを外壁側に設けることをお勧めします。

「たすきがけ筋かい」を設ければ、必要壁量の確保が容易ですのでそうした選択をしがちですが、内断熱の場合にはこうした点にも注意して軸組を決定していただきたいと思います。

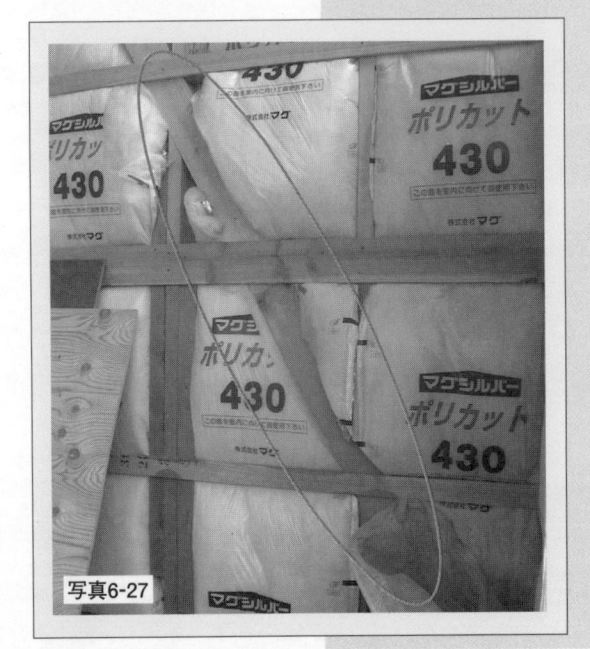

写真6-27

> 背割りの位置に不具合がないかを確認しながら軸組図を作図してください。

　通常，柱には背割りが施されます。この背割りの向きは，大工さんやプレカット業者さんが刻みの時点で決定することがほとんどといってよいと思います。しかし，ここに載せた写真や41ページ・写真3-3を見れば，背割りの向きが施工品質に大きな影響を及ぼすことを理解していただけると思います。
　こうした問題を起こさないようにするためには，背割りの向きの決定権を大工さんやプレカット業者さんにゆだねてしまうのではなく，設計者自身の手に取り戻さなくてはなりません。手間のかかる作業ですが，品質確保のためには避けて通れないと考えていただきたいと思います。

**写真6-28、写真6-29：**
　ホールダウン金物は、大きな引抜き力に抵抗しなければなりませんが、写真6-28ではボルトが背割りの位置に設けられています。引抜き力が加わった際に抵抗する部分が欠損しているということになります。ボルトと直行方向に背割りが向くように仕口を刻むべきでした。
　写真6-29では、○印の釘が背割り部分に打たれています。また、その上部の2本の釘も材端に近い位置に打ち込まれています。このように取り付けられた金物には、所定の耐力は期待できません。
　残念なことですが、構造的な配慮よりも仕上げ状態を優先させてしまうという問題が現場では起こりがちなことを、これらの写真から理解していただければと思います。

**写真6-30：**
　通常は、背割りを室内側に向けることはありませんが、それが避けられない場合には、写真6-30（○印）のように埋木をすることも一つの方法です。
　構造的な問題を発生させても仕上げを優先させてよい、という建築主はいないと思いますので、なぜこうしなければいけないのかという理由をきちんと説明すれば了解してもらえるはずです。

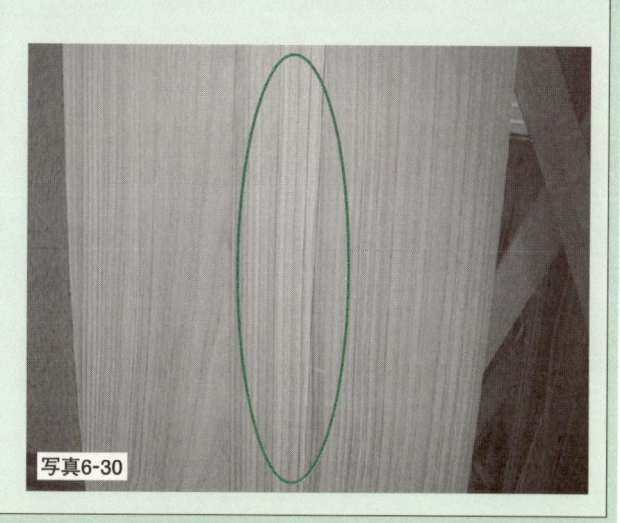

写真6-28

写真6-29

写真6-30

| 金物の取合いに不具合がないかを確認しながら軸組図を作図してください。 | 現在の軸組工法では金物の使用が必須ですが，残念なことに納まりへの配慮がない事例にこと欠きません。以下の不具合事例は，架構を設計する段階で配慮しておけば防げることですが，逆にいえば，この段階での配慮が図面に明記されていないと防ぐことは難しいといえます。 |

写真6-31

写真6-32

写真6-33

写真6-34

**写真6-31、写真6-32：**
　この2つの事例はいずれも83ページ・図6-12②で施工されていますが，写真6-31の筋かいは，○印部分がホールダウン金物で欠き取られています。金物も含めて，大工さんが一式で請け負う場合が多いことが影響していると考えたくはありませんが，図面にきちんとした指示がない場合には，施工品質への配慮のない大工さんはこのような仕事をしがちです。
　写真6-32のように，長いボルトを使用すれば，筋かいを欠くことなく納めることができます。

**写真6-33：**
　羽子板ボルトの座板が浮いて（○印）取り付けられています。この事例は2つの羽子板ボルトともFタイプを使用していますが，このように交差する個所は，FタイプとEタイプの2つのタイプを使えば立体的に交差させることができ，座板が浮くことを防げます。

**写真6-34：**
　残念なことですが，このように金物どうしがぶつかってしまうことが少なくありません。この場合は，プレートタイプの筋かい金物を使用することなども解決方法の一つといえます。

## 1階の部屋の直上部をバルコニーとするには注意が必要です。

1階の部屋の直上部にバルコニーを設けている施工事例が増えているように感じられますが，2階の耐力壁を受ける2階床梁の成などに配慮が必要です。

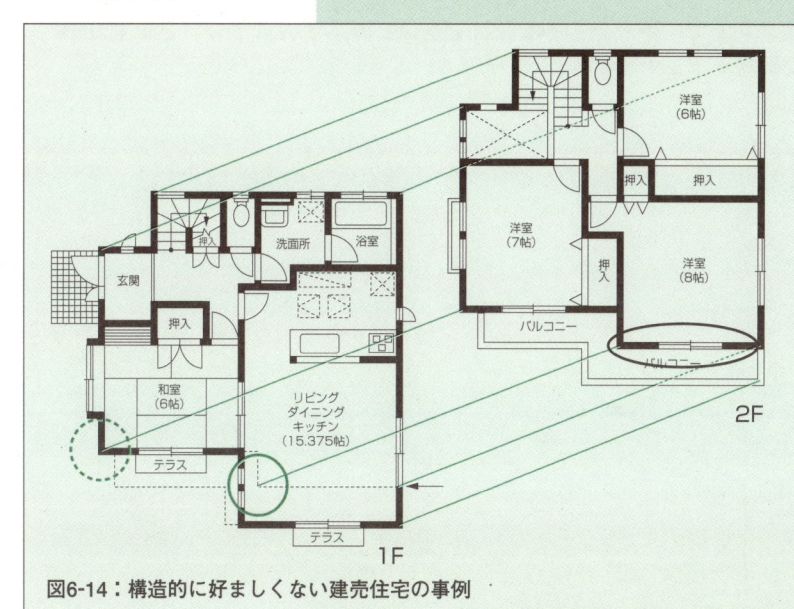

図6-14：
　これは建売住宅の事例ですが，2階の〇印部分の壁の直下には柱も壁もありません。また，この〇印部分の壁に筋かいがあれば，矢印で示した「通り」の2階の床梁は53ページ・図4-9のような状況になっている，ということになります。部屋の上部にバルコニーを設けた場合は，こうしたことになりがちであり，注意が必要です。
　なお，この事例では1階の〇印にも柱がありません。これは53ページ・図4-8（a）のような状況であり，◎印のように，1，2階の柱と壁が一致していることが望ましいといえます。

図6-14：構造的に好ましくない建売住宅の事例

写真6-35、写真6-36：
　1階の部屋の直上部に位置するバルコニーは、養生が不十分になりがちです。写真6-35の事例でもブルーシートがきちんとかけられていませんので、バルコニーから下の架構は雨に濡れるに任せた状態となっています。
　ただ、写真6-36のようにきちんと養生することができないわけではありません。どちらかといえば前者のようになりがちですので、こうしたプランを採用する場合は、養生方法を特記仕様書に明記するなどの配慮が必要です。
　なお、養生が不十分であった場合に、基礎がべた基礎であったときには、雨水でプール状態になってしまうことがあり、81ページ・図6-11に示す水抜き孔が必須です。

## STEP 6-2-2　床組・小屋組を決定する

**床を剛床とすることが重要です。**

　55ページでも述べたように，耐力壁が有効に働くためには，水平構面の面内剛性が重要ですが，そもそも軸組工法はこの点が弱点ともいえますので，慎重な配慮が欠かせません。

40m²以下
8m以下

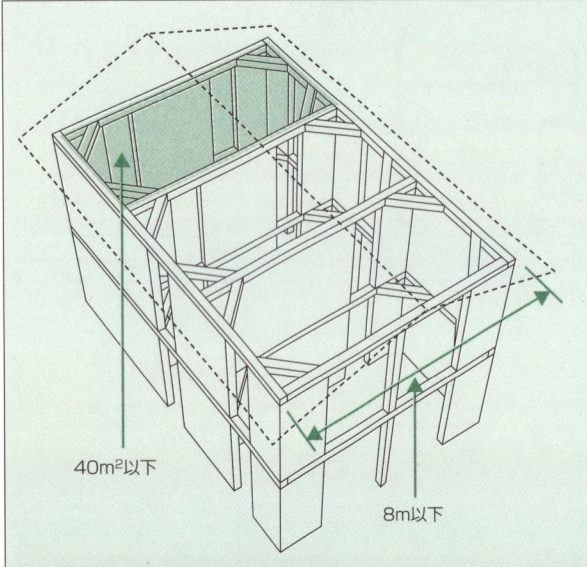

図6-15：水平構面と耐力壁位置関係

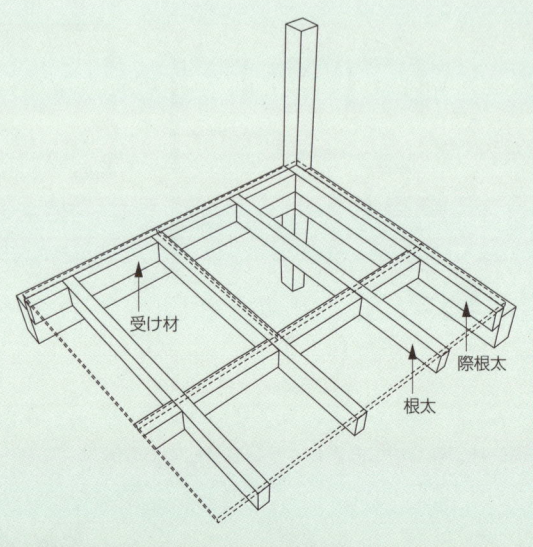

受け材
際根太
根太

図6-16：構造用合板による剛床[11]

　耐力壁線で囲まれた範囲ごとに水平構面を固めることがポイントですが，耐力壁線間の距離を8m以下，耐力壁線で囲まれる面積を40m²以下，耐力壁線の幅と長さの比を1/3以上とする，などの配慮を実行することをお勧めします。
　在来工法では，火打ち梁を使用することが一般的ですが，STEP 4でも述べたように，火打ち梁だけで構成された床を剛床とみなすことは，やや無理があるといわなければなりません。2×4工法などに見られるように，合板を用いる仕様（図6-16）のほうが構造的には効果が大きいといえます。
　合板による剛床とするには，
1．板を千鳥に配置する
2．合板の周辺を固める
3．釘の間隔や端部からの離れに関する規定を守る
などへの注意が必要です。

図6-37：
　この施工事例では、根太を落し込みにしていますが合板が千鳥に張られていません。また、○部分に受け材がなく、合板の周囲が固められていません。2×4の工事では比較的守られているようですが、在来工法ではこうした仕事が散見されます。
　図面や仕様書などできちんと明示しておくことが必要です。

写真6-37

> **小屋組を固めることは，耐震上効果的です。**

写真6-38には，水平構面がつくられていません。小屋レベルでも，水平構面の剛性を高めることは重要です。図面の指示がないと大工さんはこうした架構を採用しがちなことを知っていただきたいと思います。

また，屋根形状は，片流れや切妻形より寄棟形のほうが小屋組全体の固定度が高く，耐震上効果的です。

写真6-38

**写真6-38：**
88ページ・図6-15に示すように，小屋組のレベルでも水平構面をつくることは耐震上有効です。

写真6-38では，-----印レベルに小屋梁を設け，そのレベルで水平構面を構成すれば，図6-15の考え方に沿うことになります。

図6-15のような整形プランは，現実の設計ではほとんどあり得ません。大きさの異なる水平構面が組み合わさって，非整形となる場合がほとんどですが，水平構面をつくるという原則は守っていただきたいと思います。

> **大きなスパンの軒桁には，小屋梁を乗せないことが重要です。**

軸組工法では，下部の架構とは無関係に屋根を架けることができます。そのため，大きなスパンに架かる軒桁に小屋梁を架け渡している事例（図6-17 ○印）が少なくありませんが，軒桁の成が小さいと，小屋の荷重を受けて軒桁がたわむおそれがあり，サッシの建てつけに不具合が発生することがあります。

写真6-39

**写真6-39：**
この事例では小さな成の軒桁を使用していますが，小屋梁を受ける部分は2段（○印）にして梁成を確保しています。筆者の経験では，たいていの大工さんは何もいわなくてもこうした処置をしてくれます（プレカットの場合は要注意です）が，こうした配慮を大工さんに期待しすぎることは好ましくありません。

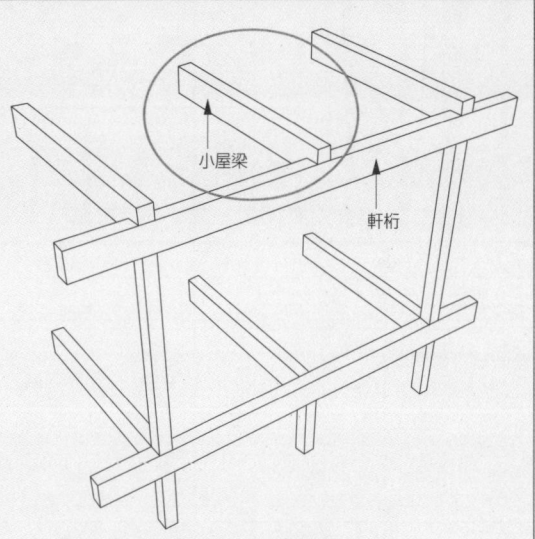

**図6-17：小屋梁と軒桁の位置関係**[9]

## STEP 6-2-3　実施設計図を描き出す前にやっておくこと

> 軸組と床組を別々に考えるのではなく，一つの架構として立体的に把握することが必要です。

　架構を計画する際には，全体を見わたす目と部分を見る目の二つが必要です。どちらが欠けても，構造的な不具合が生じてしまう可能性があることをよく認識していただきたいと思います。全体を見わたすことに関しては，初歩知識だけですがSTEP 4で述べましたので，ここでは部分を見ることについて少し述べておきたいと思います。

　ここには，軸組図と床伏図を載せていますが，この段階はこうした図面を作図する以前の段階ですので，簡単なスケッチ図があれば十分です。

　以下に，この事例の問題点を記載していますが，ここでは紙面の都合上，全体の架構を載せることができません。したがって，結果として見えている範囲の問題点を指摘しているにすぎないと考え，実務にあたっては，部分的な検討であっても，全体の架構を見わたしながら検討しなければならないことを忘れないでいただきたいと思います。

　図6-19には記載がありませんが，火打ち梁の取り合う胴差しの①部分には，継手があることが，図6-18からわかります（②部分）。これは，60ページ・写真4-1の事例のように継手に完全にぶつかっているわけではありませんが，大きな力が加わる部分だけに好ましくないことに変わりありません。継手部を補強するか，継手か火打ち梁のいずれかの位置の変更が望ましいといえます。

　図6-18の③部分に示した位置には柱がありません。53ページ・写真4-2のような状況といえ，この部分には柱を設けることが望ましいといえます。1階部分はめくら壁ですので，柱を設けることには支障はないと思われます。

　図6-18の④部分の継手は，筋かいが設けられたスパン内にあります。60ページでも述べたように，継手は筋かいを設けていないスパンに設けることが必要です。改善策の一つとして，⑤の桁の成を大きくして開口部側へ突き出し（……分），⑥の桁を受ける形とすることが考えられます。

　これらの問題は，軸組図と床伏図を照らし合わせないと経験者でも見落とすことがあり，平面図だけで不具合を見つけることは初心者では難しいといわなければなりません。施工品質の確保には，こうした検討が欠かせないことを理解していただければと思います。

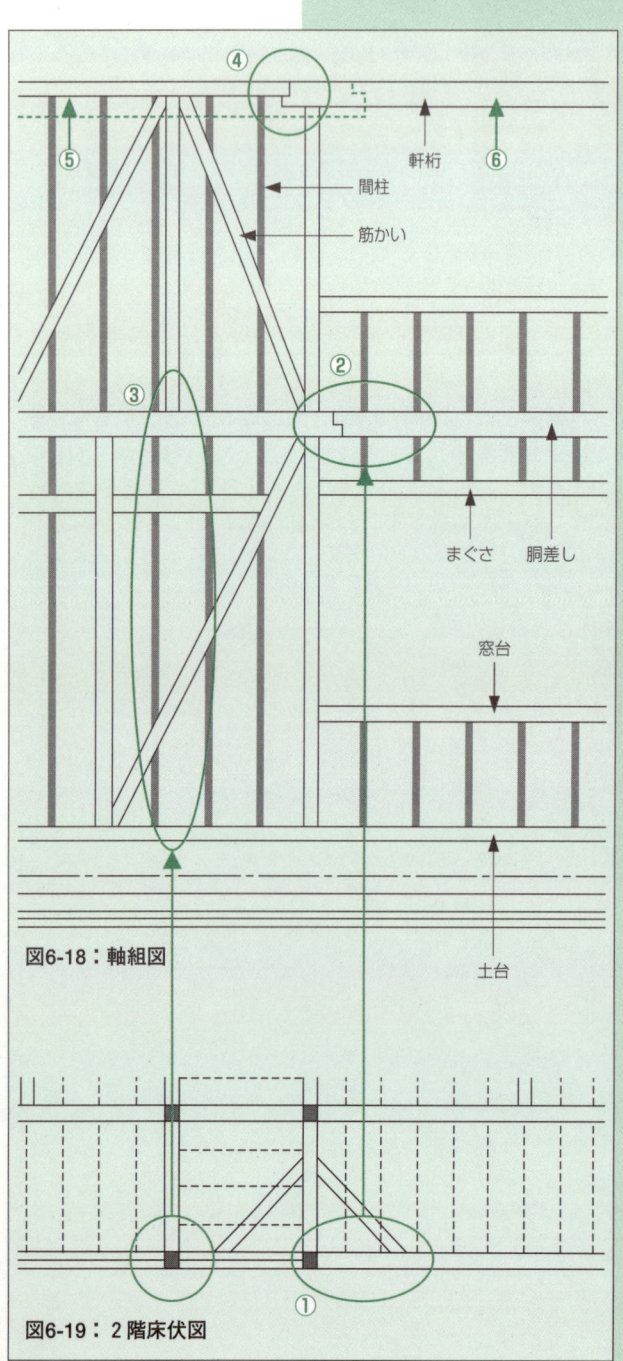

図6-18：軸組図

図6-19：2階床伏図

**土台回りによく発生する問題の多くは，基礎伏図と土台伏図を描くことで防げます。**

　写真6-40〜写真6-42は，鳶さんと大工さんとのコミュニケーション不足から発生したといってよい不具合事例です。これは両者の間に立つべき施工管理者がその役割を果たしていないことが最大の原因ですが，設計図としての基礎伏図や土台伏図があれば，鳶さんと大工さんの共通の認識ができることになり，こうした間違いをなくすことも可能です。そのためにも，作図前のこの段階で不具合のない架構としておくことが何よりも重要です。

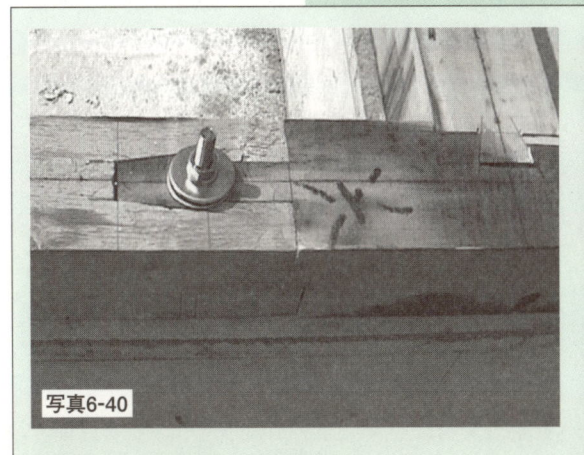

**写真6-40**

**写真6-41**

**写真6-40、写真6-41、写真6-42：**
　写真6-40は、継手とアンカーボルトがぶつかっています。継手は強度上の弱点ですので、この部分に大きな力が加わることは好ましくありません。
　写真6-41は、継手（○印）が設けられたスパンに筋かいが設けられています。土台もこうしたことは避けなければなりません。また、アンカーボルトは上木側（写真の左側）を押えなくてはなりませんが、見当たりません。
　写真6-42は、継手（○印）の位置に基礎がありません。基礎伏図と土台伏図の調整不足といえます。

**写真6-42**

**図6-20：**
　念のため付け加えれば、基礎伏図や土台伏図さえあれば不具合な施工が完全になくなるというわけではありません。それは、大工さんは木の状態を判断して継手位置を変えることがあるからです。この場合、図面通りの継手位置を大工さんに強要することは、品質の低下につながることがあります。
　継手位置を変える自由を大工さんに与えることが、施工品質確保にとって重要であることを認識していただき、大工さんからの変更要請があった場合の対処方法を明確にしておくことこそが、設計者として考えておかねばならないと理解していただきたいと思います。

**図6-20：土台伏図**

## ● STEP 6-3　部材寸法を決定する

> 建築基準法等を含む各種の規定がなくても，配慮が必要な点があることを知ってください。

建築基準法，品確法，公庫仕様書などの規定に従い部材寸法が決定されていると思いますが，それらに規定されていない内容であっても，施工品質の確保の観点から守っていただきたいものを以下に記載しました。

STEP 4で述べたことと多少重複する点もありますが，部材寸法を再確認していただきたいと思います。

### STEP 6-3-1　品確法のマニュアルに従っておけばよい，とはいいきれない

> 断面欠損を考慮して，部材の断面寸法を決定してください。

建設省監修による品確法のマニュアルには，荷重条件やスパンなどによって部材の断面寸法を決定する手順が示されています。設計図で指定していた場合を除き，今までは大工さんの経験に頼って部材寸法を決めていたことが，品確法の評価を受ける物件に限られるものの，計算に基づいた寸法によって決定されることになった，ということは大きな前進であると評価したいと思います。

しかしながら，どのような場合でもこのマニュアルに示されている断面寸法を適用できる，というわけではないことに注意していただかなくてはなりません。いうまでもありませんが，在来工法は部材に仕口を刻むことで架構を組み上げていきます。そうした仕口部分は断面欠損をしていると見ることが，安全側に立った設計のスタンスだと考えていますが，残念ながらこうした視点がこのマニュアルには欠けています。57ページで断面欠損による曲げ耐力が減少する問題について述べましたが，マニュアルにそのまま従うと危険側になってしまう場合があり得る，ということを理解していただければと思います。

**写真6-43：**

柱にわずかに残った部分（○印）を見ていただければ、通し柱に四方から梁が架かる架構とした場合は、非常に大きな断面欠損を生じることを理解していただけると思います。

古い民家などでは、四方から梁が架かる柱には「大黒柱」と呼ばれる太い材を使っていますが、現代の普通の予算の住宅では、そうした材を使うことは不可能といわなければなりません。だからといって、架構の上から必要とされる断面寸法を予算のために小さいものとすることはあってはなりません。

隅柱は通し柱とすることが建築基準法で規定されているように、地震時に引張り力が作用しますので、耐震上通し柱とすることは有効です。ただ、規定以外の個所については、その必要性は建方の際の施工性に関わることですので、大工さんや鳶さんと事前に話す機会をもち、通し柱とするべき場所をよく検証したうえで、決定することをお勧めします。

写真6-43

> **各部材の納まりを考慮すると，マニュアルで決めた寸法では不適当な場合があります。**

　火打ち金物を使う場合，写真6-44のように根太を切り込んでしまうことがあります（○印）。木製の火打ち梁であれば，根太を欠き込んで火打ち梁に固定（写真6-45○印）できますが，火打ち金物はそうした処理ができませんので，根太の断面欠損ということになってしまいます。また，写真6-45○印部分のように相欠きにしてしまう大工さんがいます。火打ち梁を欠き込まないことを図面に明記しておく必要があります。

**写真6-44：**
　火打ち金物が取り合う梁成が小さい（→印）と、根太の取付けレベルによっては火打ち金物と根太がぶつかってしまいます。
　スパンと荷重だけで梁成が決定されるのではなく、各部材の納まりも梁成の決定に関わってくる場合があることも知っておいていただきたいと思います。

**写真6-45：**
　根太を落とし込んで天端を梁とそろえたために、根太と火打ち梁の重なりが大きくなってしまい、○部分で相欠きとしてしまった事例です。
　火打ち梁は、水平構面の剛性を確保するために重要な部材ですから、欠損させることは好ましくありません。
　梁成を大きくして火打ち梁の位置を下げるか、根太を落し込みにしているのですから、火打ち梁を設けずに合板で固める（88ページ・図6-16参照）ことも方法の一つです。

写真6-44

写真6-45

## STEP 6-3-2　仕口や造作工事なども考慮して寸法を決定する

**柱の仕口は，長ほぞを前提に考えることをお勧めします。**

　建売住宅や普通の予算の住宅では，柱を短ほぞとしている事例が多いと思います。確かに同じ長さの材を使用した場合，長ほぞとすると階高が低く（105～120mm）なってしまい，わずかですが天井高さに影響がでることになります。ただ，普通の予算の住宅では，6m物を使う場合がほとんどであり，それ以上の材を使うことはないといってよいと思います。しかし，その場合でも，長ほぞにして2.4m前後の天井高さを確保することは不可能ではありません。
　阪神大震災では，短ほぞが抜けてしまった事例が見られたことや，長ほぞは図6-21で示したように，込み栓の効果が見込めることなどから，長ほぞを採用することをお勧めします。

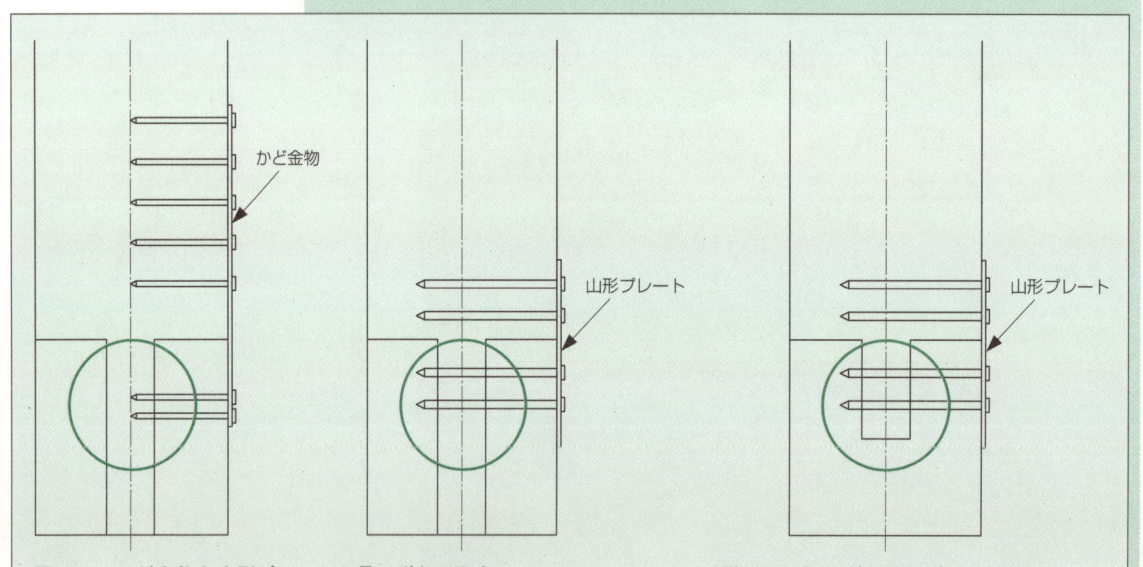

図6-21：かど金物と山形プレートの長ほぞとの取合い

図6-22：短ほぞと山形プレートの取合い

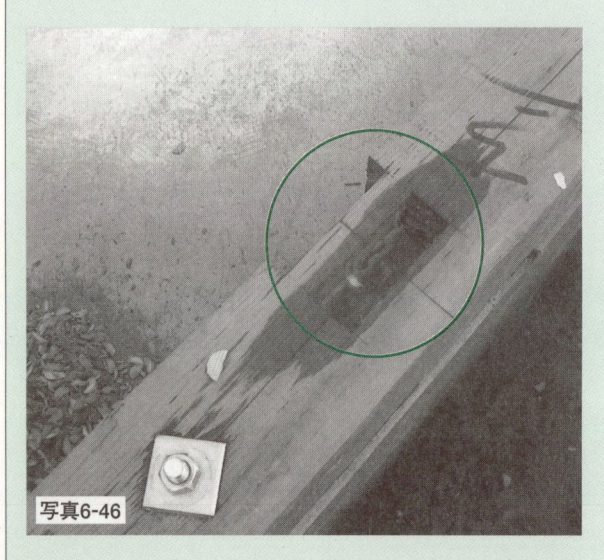

**図6-21、図6-22：**
　図6-21の左はかど金物（CP・T）、右は山形プレート（VP）を使用した図です。金物の許容耐力はいずれも6kNですが、前者はZN65、後者はZN90の釘が指定されており、ZN65ではほぞの中ほどまでしか届きませんが、ZN90はほぞを貫通でき（○印）、込み栓の効果もあることがわかると思います。
　ただし、VPを使用しても短ほぞの場合は、ほぞの先端部分と釘との距離がなくなります（図6-22の○印）ので、込み栓の効果は小さくなります。

**写真6-46：**
　短ほぞ差しの仕口が刻まれた土台に、前夜に降った雨が溜まっています（○印）。この土台はベイツガの防腐土台のようですが、こうした状態はどんな材種の土台でも好ましくありません。特に、防腐土台は薬剤が内部まで十分に浸潤していない場合もありますので、短ほぞを採用する場合は、養生をするなどの配慮を特記仕様書にうたっておくことをお勧めします。

**造作工事のために構造材を欠損してしまう場合があることを知ってください。**

造作工事のために，構造材に欠き込みを施すことが少なくありません。どうしても欠き込みが必要な部位は，あらかじめ大きな部材寸法としておくか，他の部材で応力を負担するなどの工夫をお願いしたいと思います。
なお，ここに載せた事例は一部であり，これ以外の部位でも欠き込みが発生する場合があると理解していただきたいと思います。

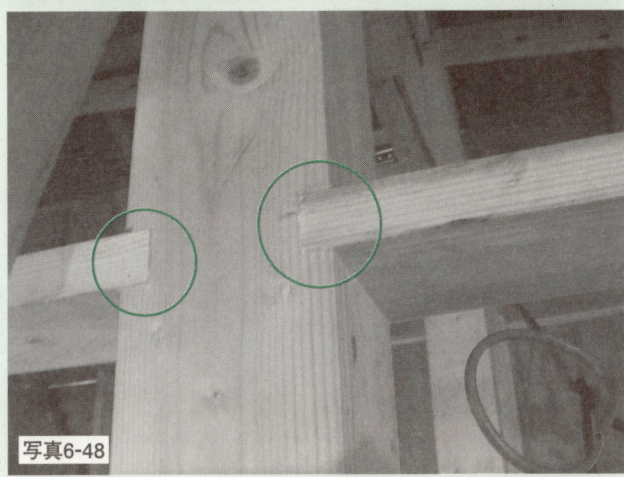

**写真6-47：**
○印部分の欠き込みは、鴨居と天井回り縁を取り付けるためのもので「襟輪欠き」といいます。和室では、ほとんど例外なくこうした仕事が行われます。言い方を変えれば、襟輪欠きをしないほうが特殊ですが、その断面欠損の大きさに注意が必要なことは、この写真を見ていただければ理解してもらえると思います。
回り縁のない和室を設計することも一つの方法ですが、「襟輪欠き」を設ける柱とは別に、構造的に有効な位置に、こうした欠き込みが生じない柱を設けることも対策の一つだと思います。

**写真6-48：**
柱を欠き込んで（○印）、扉枠を取り付けるための下地を取り付けています。添え木を設けることで柱を欠き込まずに取り付けることも可能であり、欠き込まれた柱には大きな応力がかからないようなケースであっても、こうした仕事は好ましくありません。

**写真6-49：**
棚板を取り付けるために、柱を欠き込んだ事例です。欠き込まずに納めることも可能ですが、図面による指示がないと、大工さんはこうした仕事をしてしまう場合があるということを知っておいてください。

以上のような部分を大工さんの判断に任せてしまうのではなく、設計図に納まりを明記することが、施工品質を守るために設計者として当然なすべきことである、と考えていただければと思います。

写真6-47
写真6-48
写真6-49

> 金物の納まりも考慮して寸法を決定してください。

部材寸法の違いのために，金物が正しく取り付けられていない事例が少なくありません。今日の在来工法は，その耐震性能を金物に期待しているところが大きく，不適切な取付け方では期待する耐震性能は得られません。金物の納まりも考慮して部材寸法を決定してください。

**写真6-50：**
　土台と柱の断面寸法が異なるために，山形プレートがきちんと取り付けられていませんが，残念なことに，この写真のように段差が生じてしまっている事例は少なくありません。公庫仕様書では「土台の断面寸法は，柱と同じ寸法以上かつ105mm×105mm以上」と規定されていますので，公庫仕様書の規定にも合致していないという点でも好ましくありません。

**写真6-51，写真6-52：**
　写真6-51では，小屋束と小屋梁との取合い部分に段差ができていますが，小屋束には小さな断面寸法の材を使う場合が多いことから，こうした納まりも比較的よく見られます。
　写真6-52のように同寸とするだけでなく，できれば平金物の使用を指定することをお勧めします。

**写真6-53：**
　金物の納まりへの配慮がないままに，2階の管柱に小さい断面寸法の材を使うと，胴差しと柱との取合い部分に段差ができてしまいます。経済設計を指向することは大事なことですが，こうした納まりにならないよう配慮していただきたいと思います。

写真6-50

写真6-51

写真6-52

写真6-53

STEP 1　土地の品質を知る

STEP 2　建築主に木造建築を知っていただく

STEP 3　施工者を探す

STEP 4　架構を計画する

STEP 5　コストプランニングをする

STEP 6　架構を決定する

# STEP 7
# その他の仕様を決定する

STEP 7-1：有害性情報を評価する
STEP 7-2：「高気密・高断熱」と「夏の壁内結露」を考える
STEP 7-3：大工さん関連の作業の仕様を決定する
STEP 7-4：その他の職人さん関連の作業の仕様を決定する
STEP 7-5：薬剤の使用をできるだけ避ける

STEP 8　設計図を描く

STEP 9　工事契約への助言をする

## ● STEP 7-1　有害性情報を評価する

**有害性情報の評価は，設計者としてのスタンスを明確にすることから始めてください。**

　筆者としては「有害性情報のある建材はできるだけ排除したい」という考えをもっています。ところが本書の主題である「多くの事例で採用されている」という視点でみた場合，何らかの有害性情報のある建材が少なくないことから，こうした考えを厳密に適用すると，使える建材がなくなってしまうという現実に直面してしまいます。また，建材に含まれる成分や危険性情報が十分には公開されていないという現実もあります。

　化学物質の有害性に関する教育を受けていない建築技術者が，こうした建材の危険性を正確に評価することは，現状ではほとんど不可能といわなければなりません。しかしながら、私たち設計者は建材を選択していかねばならない立場にあります。こうした状況のなかで重要なことは，専門家という意識を捨てて，一から勉強するという姿勢をもつことと，つねに新しい情報を入手する努力を続けていくということに尽きると考えます。そして，以前は安全と考えていた製品の危険性が高いという情報を得た場合には，躊躇することなく使用をやめてほしいと思います。難しいことだとは思いますが，そうした製品を使用した住宅の住まい手にもその情報を伝えてほしいと思います。

　現在は，多くのメーカーから次々に新しい製品が市場に出され，建築主や設計者にとっては幅広い選択肢が用意されている状況といえますが，本書ではそれらを「多くの事例で採用されている仕様」と「有害性情報のある建材はできるだけ排除する」という2つの視点から絞り込んでいます。

　「シックハウス」という言葉が一般的になってきている今こそ，有害と思われる物質を含んでいる建材のすべてを排除した住まいづくりを目指すべき時といえるかもしれません。しかしながら、確かに有害性があるとはいいきれない、いわば灰色といえるような建材まで排除した家づくりでは、いわゆる高価な「健康建材」しか選択肢がなくなってしまうという現実があります。

　ここに掲げた2つの視点を両立させる建材は限られているところから、本書では「有害性情報のある建材はできるだけ排除する」という基準の適用に，甘さのある絞り込みをしている部分があることをお断りしておきます。

　こうした考え方に同意いただけない方々もおられると思いますが、これを有害性情報に対する考え方の一つととらえていただき、読者の方々それぞれのおかれた状況のなかでのより良い選択に結びつける参考としていただければと思っています。なお、後で述べる厚生労働省の室内濃度指針値には、防虫剤から放散されるパラジクロロベンゼンなども含まれていますが、本書の記載は建材から放散される化学物質に限っており、これらは割愛していることをお断りしておきます。

### STEP 7-1-1　住宅の室内環境に関する法規制や指針値について

**国土交通省での取組みに関する最新情報の入手を，つねに心がけてください。**

　国土交通省は，平成15年7月1日から施行された改正建築基準法でホルムアルデヒドの放散の程度で新たな等級付け（旧規定のFc0は新規定のF☆☆☆にあたります）を行い，1時間当たりの換気回数や，床面積と使用した建材の面積から空気質を判定する算定式を定めました。こうした算定式による規制はホルムアルデヒドだけですが，大きな前進であると評価したいと思いますし，設計者の方々にとっては負担が増えることではありますが，前向きに取り組んでいただければと思います。

　ただ，その他の有機化合物への規制はなく，いまだ状況の変化はありません。しかし，規制がないからといって設計者の責任がなくなるわけではなく，逆に大きくなると自覚していただく必要があると考えます。

　国土交通省では、平成13年に品確法の一部改正を行い、性能表示基準にホルムアルデヒド、トルエン、キシレン、エチルベンゼン、スチレンの5つの物質について、建設後の濃度測定の項目を加えています。ただし、これは必須項目ではなく選択項目となっており、さらに、この濃度測定を実施する場合でも、ホルムアルデヒドは必須ですが、他は選択でよいことになっています。

　また、平成15年7月1日着工分から、クロルピリホスを発散するおそれのある建築材料の使用の禁止や、居室はもちろん天井裏などにもホルムアルデヒドを発散するおそれのある建築材料の使用の制限等を行うとともに、気密性の低い在来木造住宅等を除いて換気設備の設置を義務付ける、などの規制も行われることになりました。

> その他の省庁などでの取組みについても，最新情報の入手を心がけてください。

　平成9年に厚生省（当時）が0.08ppmをホルムアルデヒドの室内濃度指針値として公表し，平成10年には各省庁間の横断的な取組みとして，健康住宅研究会が「優先取組物質」として三物質（ホルムアルデヒド，トルエン，キシレン）・三薬剤（木材保存剤，可塑剤，防蟻剤）を指定しました。平成12年には建設省建築研究所（当時）が，民間との共同研究の成果として室内空気質に関する『ユーザーズガイド』と『設計施工ガイド』を公表し，さらにこれらの成果を踏まえた新たな『設計施工ガイド』が公表され，この成果を踏まえて平成15年7月1日の改正建築基準法の施行を前に『設計施工マニュアル』が公表されました。しかし，このマニュアルは基本的には政令で規制している内容の解説本であり，ホルムアルデヒド以外の有機化合物については注意の喚起にとどまっています。

　また，旧厚生省が設置した「シックハウス（室内空気汚染）問題に関する検討会」（以下「シックハウス検討会」といいます）の中間報告（平成14年2月）として，室内濃度指針値（表7-1）が公表されています。ただし，厚生労働省がパブリックコメントの回答で，「指針値を満足するような建材等の使用，住宅や建物の提供もしくはそのような住まい方を期待する」と述べているように，あくまで指針値で法的な規制力のある数値ではありません。

#### 表7-1：室内濃度指針値

| 有機化合物 | 室内濃度指針値 |
|---|---|
| ホルムアルデヒド | 100μg/m³（0.08ppm） |
| トルエン | 260μg/m³（0.07ppm） |
| キシレン | 870μg/m³（0.20ppm） |
| パラジクロロベンゼン | 240μg/m³（0.04ppm） |
| エチルベンゼン | 3,800μg/m³（0.88ppm） |
| スチレン | 220μg/m³（0.05ppm） |
| クロルピリホス | 1μg/m³（0.07ppb）<br>ただし，小児の場合は<br>0.1μg/m³（0.007ppb） |
| フタル酸ジ-n-ブチル | 220μg/m³（0.02ppm） |
| テトラデカン | 330μg/m³（0.04ppm） |
| フタル酸ジ-2-エチルヘキシル | 120μg/m³（7.6ppb） |
| ダイアジノン | 0.29μg/m³（0.02ppb） |
| アセトアルデヒド | 48μg/m³（0.03ppm） |
| フェノブカルブ | 33μg/m³（3.8ppb） |

● 現在，暫定目標値が設定されている物質

| 有機化合物 | 室内濃度暫定目標値 |
|---|---|
| TVOC | 400μg/m³ |

● 継続して検討中の物質

| 有機化合物 | 室内濃度指針値案 |
|---|---|
| ノナナール | 41μg/m³（7.0ppb） |
| C8-C16脂肪族飽和炭化水素 |  |
| C8-C12脂肪族飽和アルデヒド |  |

　表7-1の指針値に関しては，その数値の高さを指摘する声もあるようですが，数年前は数値で示されていたのはホルムアルデヒドだけであり，それを考えればずいぶん整備されてきたと感じます。ただ，「設計段階での評価方法」については，ホルムアルデヒドを除けば各省庁とも共通して触れていません。

　ここでいう「設計段階での評価方法」とは，ある空間にある種の建材をある量だけ使った場合，その空間は指針値を超えるおそれがあるのかということを設計段階で把握するための「室内空気状態の予測式」を指しています。こうした「予測式」が行政から示されないのであれば，設計者が自らのできる範囲でそれを実行するしかありません。しかし，個々の建材からの化学物質の放散が示されていないだけでなく，含まれている物質さえも明らかになっていない建材が少なくない現状では，信頼性のある「予測式」があったとしても使い道がありません。指針値を超えないための「予測式」以外の具体的な方策を設計者自身で探っていかねばなりませんが，建築設計者は有害物質に関する教育を受けておらず，その上に情報が少ないなかで建材を選別していくことはかなり難しい作業といわざるを得ません。98ページに述べた方針に基づき，本書では100ページ以降に筆者なりの判断を掲載しています。読者の方々がより良い選択を実現するための判断材料の一つとしていただければと思います。

［**健康住宅研究会**］住宅の室内での健康被害の対策を検討するために，「（財）住宅・建築 省エネルギー機構」が旧建設省，旧厚生省，旧通商産業省，業界団体，学識経験者などで組織したものです。ここでの研究の一部がすでに『設計施工ガイドライン』として公表されています。

［**シックハウス検討会**］厚生労働省が，室内空気汚染に係る空気濃度の測定方法も含めて指針値を公表する目的で，医療，衛生，建築環境などの専門家で構成した検討会です。ここでは建材などからの放散に限定せず，室内空気汚染に関わる化学物質のすべてを検討対象としています。

## STEP 7-1-2　内装材の有害性情報の評価

**内装材の評価に対する本書の考え方を示します。**

　表7-2の色文字で表記した材料が，使用が可能あるいはほかに代わり得る材料がないことから使用せざるを得ない，と筆者が判断している材料です。この評価には，改正基準法で規制対象外となっていても排除している材料がありますので，異論をおもちの読者もおられると思います。有害性情報のとらえ方によっては，本書のような評価もあることを知っていただき，読者それぞれのおかれた状況の中で，より良い選択をしていただくための資料の一つとしてもらえればと思います。

　なお，この問題に関しては，実際の使用部位での放散量の実測データなどの新たな情報が得られた場合は，この評価が変わる可能性があります。

表7-2：内装材の有害性情報の評価

| 材料名 | 本書の評価 | 内容 |
|---|---|---|
| 畳 | 畳は基準法の規制対象外の建材ということもあり，現状ではデータがなくても使用せざるを得ないと考えます。ただ，右記のような問題点をもっていることから，成分データなどが提示されている製品を使用することを原則とします。 | 畳表に使われているイグサには，着色剤（多くの場合，砒素や重金属を含むマラカイドグリーン）が使われている製品が多いといわれていますが，畳床に使われる稲藁が無農薬かどうかなども含め，どのような薬剤が使用されているかについては消費者側でのチェックが難しく，生産者や販売者側からの情報に頼らざるを得ないというのが現状です。いくつかの産地では情報を明らかにすることで生き残りを図っていこうとする動きもあるようですが，現在のところではそうした情報が明らかになっている製品を入手することは難しいと言わねばなりません。こうした状況の中では，情報を提示してくれる製品だけの使用を条件としてしまうと，畳が使えなくなるという可能性が大きいと言わなければなりません。もちろん情報が開示されていない製品は使用しないという姿勢も必要であるとは思いますが，データがないというだけで，日本人の住まいから畳を排除してしまうことにはためらいがあります。<br>なお，現在の公庫仕様書では，畳の仕様に関しては「特記による」となっています。これは防虫加工紙が，健康に与える影響から変更が加えられたと筆者は考えていますが，防虫処理のない畳を使用する場合は，ダニなどが発生する危険性が増えることをよく認識し，通風に配慮した造りとすることや，畳の手入れを励行してもらわねばならないことを建築主に理解していただかねばなりません。また，本書ではいわゆる化学畳は積極的にはお勧めしませんが，成分データは化学畳のほうが得やすい場合もあり，建築主にも了解を得られた場合は否定しません。 |
| 木質系床材 | 原則として合板は使用せず，無垢材を使用する。 | 無垢材にはアセトアルデヒド，α-ピネン，リモネンなどの自然由来の有害物質が含まれています。住まい手の同意が第一ですが，換気が十分になされ，かつ予算の枠内で収めることが可能であれば，無垢材を使用することをお勧めします。なお，F☆☆☆☆の複合フローリングであっても，合板に使われている接着剤だけでなく表面材を張るために使用されている接着剤や塗料などのMSDSも確認することをお勧めします。 |
| カーペット | 原則として使用しない。 | ほとんどの製品に防炎加工が施されており，ダニの問題から防虫加工された製品もあります。また，接着剤が多量に使われている製品も多く，好ましくないと判断しています。 |
| 長尺シート床材 | 原則として使用しない。 | 塩ビ樹脂系の製品が多いと思いますが，下記の塩ビ壁紙の項に記したような問題があり，好ましくないと判断しています。 |
| コルクタイル | 原則として使用しない。 | 素材自体に問題はないと思いますが，コルク粒を固めるために接着剤を使用している製品があるようです。また，表面塗料や専用接着剤（ポリウレタン系）などの問題もあり，健康建材として認知されているようですが，注意して使うべき素材であると思われ，ほかに代わり得る素材があると判断していますので，積極的にはお勧めしません。 |
| リノリウム | 使用に問題はないと思われます。 | 問題となる化学物質は含まれていないと思われますので，基本的に使用することに問題はないと思いますが，特有な臭いをもっており，建築主への事前了解が欠かせません。現在のところは一般的な仕上材とはいえないとの判断から，本書では記載対象外としました。 |
| 塩ビ壁紙 | 原則として使用しない。 | RAL（ドイツ品質保証協会規定）やISM（壁装材料協会規格）の認定を受けている壁紙は，健康建材とみなされているようです。IARC（102ページ※1参照）で発ガン性が「1」と評価されている塩ビモノマーやVOC，ホルムアルデヒド（IARCで3）などの放散量が規制されていることは評価できますが，可塑剤（揮発性のきわめて低い可塑材を使用することが規定されていますが，使用そのものは規制してはいません），防カビ剤，難燃剤などについては規制されておらず，インクの成分にも注意が必要です。通常の予算枠での家づくりには欠かせない素材ですが，他の素材の壁紙がないわけではありませんので，使用はお勧めできないと考えています。 |

**表7-2：内装材の有害性情報の評価** （つづき）

| 材料名 | 本書の評価 | 内　容 |
|---|---|---|
| その他の壁紙 | 成分データなどが提示されている製品を使用する。 | 通常の予算枠での家づくりには欠かせない素材であるとの判断から、成分データが明記されており、可塑材や防カビ剤、難燃剤が含まれていないことが確認できた製品に限り使用できるとしたいと考えます。なお、紙壁紙のなかには、VOCの放散速度が塩ビ壁紙より速いものさえありますので、素材が「紙」というだけで使用することは避けていただきたいと思います。 |
| 珪藻土 | 成分データなどが提示されている製品を使用する。 | 健康建材の代表的なものの一つといえますが、施工性向上のために、固化剤として合成樹脂を入れている製品もあるようですし、防カビ剤混入の可能性を指摘する情報もあります。こうした化学物質に関するデータを提示しているところは少数派のようですが、情報が開示されない材料は選択肢から外さざるを得ないと考えます。 |
| 漆喰 その他の仕上塗材 | 成分データなどが提示されている製品を使用する。 | 漆喰に関しては、防カビ剤、樹脂、接着剤などが混入されていないことが確認された製品を使用すれば、問題はないと判断しています。また、その他の塗り壁材に関しては、大別すると無機系と有機系の2つがあり、いわゆる繊維壁や土壁仕上げなどがここに含まれます。これらの製品には、防カビ剤、樹脂、接着剤などが混入されている可能性が高いと思われ、建築主の了解が得られれば他の素材を選択することをお勧めします。<br>なお、前述の珪藻土塗りも含めて、下地としてはプラスターが塗られる場合が多いようですが、これらのほとんどの製品には防カビ剤が入っています。好ましくはありませんが、下塗りということで許容せざるを得ないと判断しています。 |
| 内装用タイル乾式工法 | 原則として使用しない。 | タイル自体に有害性情報はありませんが、エポキシ系やアクリルエマルジョン系などの接着剤が使用される点に問題があるといえます。ただ、後者は前者に比べて毒性は少ないようですが、樹脂モノマーの放散などの問題があるようです。なお、接着剤に関するMSDS（102ページ※2参照）などの情報は、タイルメーカーから入手するよりも接着剤メーカーから入手するほうが容易なようです。また、「乾式」や「湿式」という表現は、タイルの製法上の呼称でもありますが、ここでは施工上の呼称として使っています。 |
| 内装用タイル湿式工法 | 原則として、部位を限って使用する。 | タイル自体に有害性情報はありませんが、張付けモルタルには接着剤（高分子接着増強剤など）が含まれている製品もあり、合成ゴムラテックス（樹脂モノマーや添加剤に問題が指摘されています）を主成分としたモルタル混和剤などが使用される場合もあるようです。しかし、現在では浴室はユニットバス、トイレ床もフローリングなどが主流となり、使用部位は玄関回りなどに限られています。そうしたことから、この部分に限るのであれば、タイルに代わる材料がないとの判断から、使用もやむを得ないと考えています。なお、石張りはコストの点で一般的ではないので、本書では記載対象外としました。 |
| 繊維強化セメント板 | 成分データなどが提示されている製品を使用する。 | 1995年から、旧来の石綿スレート、石綿スレートパーライト板、石綿セメント珪酸カルシウム板、スラグ・石こう系セメント板の4つの規格が、繊維強化セメント板の名称に統一されています。これらの製品には、旧来の規格名の通りアスベスト（石綿）が含まれていましたが、現在ではノンアスベストと表示されている製品がほとんどとなっています。しかしながら、アスベストには、クロシドライト、アモサイト、クリソタイルの3種類があり、このうち前二者は1995年に1％を超えて含有するものの製造、輸入などが禁止されました。クリソタイルについては現在のところ国内での規制はなく、現在でも数十万トンが使用されているという情報もあり、注意が必要です。わが国ではこれらのアスベストが1％以下であれば、含有していても「ノンアスベスト」と呼んでいるようですが、アセトアルデヒドを含んでいても「ノンホルマリン」と表記するクロス用の糊と似たようなところがあると感じます。なお、まったく含有していないものは「無石綿」と表示してあるようですが、いずれにしてもメーカーには、組成成分に関するデータの提示を求めていただきたいと思いますし、データの提示を拒むメーカーの製品は使用を控えたほうがよいかもしれません。また、このアスベストの問題に関しては、『設計施工ガイドライン』（99ページ「健康住宅研究会」参照）の中では触れられていませんが、大きな問題の一つであることを指摘しておきます。 |
| モルタル | 現状では成分データなどがなくても使用せざるを得ないと考える。 | ひび割れ防止のために混和剤（接着増強剤）を投入するか、またはすでに調合されたものを使うことが一般的です。混和剤の具体的な内容については不明な製品が多いといえますが、合成樹脂などが使われていると思われます。こうした製品の使用は避けたいのですが、左官仕上げなどの下塗りとしては、これに代わる材料がないことから、使用もやむを得ないと判断しています。 |
| 石膏ボード | 成分データなどが提示されている製品を使用する。 | ヘキサナールなどのVOCや、加熱時に微量のホルムアルデヒドが放散するなどの情報がありますが、実験によってはほとんどVOCが検出されないこともあるようですし、現在の家づくりには欠かせない建材の一つであり、簡単には排除できません。ただ、できれば難燃や防水処理をした製品を選択しないことや、可能な範囲で幅広く情報を収集することなどをお勧めします。なお、ある大手メーカーで、砒素が混入した製品が出荷されたという問題がありましたが、すでに改善されているようです。 |

### 表7-2：内装材の有害性情報の評価

（つづき）

| 材料名 | 本書の評価 | 内　容 |
|---|---|---|
| 木質系ボード | 原則として放散量の極力少ないことが確認できるF☆☆☆☆規格材を使用する。 | 通常の予算枠での家づくりには欠かせない素材であることから使用はやむを得ないと判断していますが、F☆☆☆☆規格材は流通が少ないという問題があるようですので、コスト増への対応だけでなく入手が可能かどうかも含めて事前に検討しておくことをお勧めします。また、同じ規格材でも製品によって放散量には差があり、同じメーカーの同じグレードであっても製造ロットによって差があるようです。放散量の極力少ないものを選択し、防カビ剤や難燃剤による処理をされた製品は使用を避けていただきたいと思います。なお、木質系ボードだけでなく合板などにもホルムアルデヒドキャッチ剤を含んだ製品があるようです。化学吸着はキャパシティがあり、反応が終わると室内の放散量が増えてしまう場合がありますので含有成分には十分な注意が必要です。 |

※1：IARCとは、国際ガン研究機関の略称です。ここでは発ガン性に関し、化学物質を以下のように分類しています。
1　：人に対して発ガン性がある
2A：人に対しておそらく発ガン性がある
2B：人に対して発ガン性がある可能性がある
3　：人に対しての発ガン性で分類できない
4　：人に対する発ガン性がおそらくない

※2：MSDSとは、製品安全データシート（図7-1参照）といい、製品に含まれている化学物質の毒性情報が記載されています。
以下はあるグラスウールメーカーのMSDSですが、有害性情報や危険性情報には発ガン性などの記載はなく、成分表にもホルムアルデヒドの化学式HCHOが見当たりません。ただ、フェノール系樹脂接着剤を使用していることが書かれていますので、ここに気がつけばホルムアルデヒドが含まれていることが推測できます。これは、ホルムアルデヒドが含有量1%未満の場合は記載する義務がないPRTR法の第1種指定化学物質に区分されていること（トルエンやキシレンなども第1種に区分されています）を考えると不備とは言えません。しかし、1%未満であっても大量に使用する場合は、その含有量によっては室内濃度指針値を超える可能性があるという点に注意が必要です。特に、塗料や接着剤はグラスウール断熱材などに比べて室内への放散量が多く、MSDSに記載がなくともメーカーに含有量の確認を行い、室内濃度の検討を行った上で採否を決定することをお勧めします。

製品安全データシート

会社名　○○○○株式会社
住所　東京都○○区○○町○-○
担当部門　○○事業部
電話番号　○○-○○○○-○○○○
FAX番号　○○-○○○○-○○○○
作成　平成○年○月○日
改訂　平成○年○月○日

製品名　グラスウール
商品名　○○○○○○

物質の特定
単一製品・混合物の区別：フェノール系樹脂接着剤を含むガラス繊維の単一製品
化学名：珪酸ガラス
成分（重量%）：ＳｉＯ2：55～72
：ＣａＯ　：3～10
：
：
：
：
構造式：非晶質細目構造
官報告示整理番号：該当なし
化審法・安衛法
ＣＡＳ　ＮＯ：○○○○○-○○-○

危険有害性の分類
分類の名称：平成４年７月労働省告示第６０号及び平成５年３月通産省・厚生省告示第１号による分類基準に該当しない。
有害性　：眼、皮膚などに触れたとき刺激を受ける事がある。
粉じんを長期にわたり多量に吸入したとき、呼吸器への影響を生じるおそれがある。

応急処置
眼に入った場合　：眼をこすらないで、異物感がなくなるまで、水で十分洗浄する。もし、異物感があれば眼科医の診察を受ける。
皮膚に付着した場合：水又はお湯で流し落とした後、石鹸で良く洗浄する。もし、痛みや以上がある場合は、医師の診察を受ける。
吸入した場合　：水で口及び咽をうがいし、鼻をかんで外へ排出する。

火災時の措置　不燃性

漏出時の措置　袋等に回収する

取り扱い及び保管上の注意
取り扱い　：・切断する場合は、カッターナイフ等の手動工具をもちい、粉じんが飛散しないよう注意する。
・切断した場合の切り屑は、速やかに袋に入れる等、粉じんの飛散に注意する
・必要に応じて、防じんマスク、保護手袋等を着用する。

被爆防止措置
管理濃度　：重量濃度（入性粉じん）２．９ mg/m3。
呼吸用保護具：必要に応じて、防じんマスクの着用をする
手袋・作業衣：手袋、長袖のゆったりした作業衣など作業に適したものを使用する。

物理／化学的性質
外観　：白色－有色の板状・摘状・綿状
融点　：５００℃～３００℃（軟化点）
比重　：約２．５（ガラスの実比重）
溶解性　：強アルカリ・強桟に可溶

危険性情報　安全性・反応性：化学的に安定で反応性なし

有害性情報
（人についての症例、疫学的情報含む）
刺激性（眼、皮膚）
眼に入った場合　：刺激症状がある
皮膚に付着した場合：かゆみや紅を生じることがある。
慢性
長期間にわたり粉じんを大量に吸入すると呼吸器系障害を生じるおそれがある。

環境影響情報　なし

廃棄上の注意　廃棄物処理法に基づく産業廃棄物として取り扱う。

輸送中の注意　輸送中に包装の破損がないようにする。

適用法令
粉じん障害防止規制　別表第１の第６号又は第８号
なお、ガラス繊維及びロックウールの労働衛生に関する指針（労働省基発第１号平成５年１月１日）に基づき、ガラス繊維の労働衛生に関する指針マニュアル（ガラス繊維協会平成５年６月）を作成した。

図7-1：製品安全データシート（例）

## STEP 7-1-3　外装材の有害性情報の評価

**外装材の評価に対する本書の考え方を示します。**

表7-3の色文字で表記した材料が，使用が可能あるいはほかに代わり得る材料がないことから，使用せざるを得ないと判断している材料ですが，あまり一般的とはいえないと判断した材料は，最初からここでの評価から除外しています。なお，内部に使用する場合に比べて化学物質による危険性は少ないと判断していますが，この問題に関しては，実際の使用部位での放散量の実測データなどの新たな情報が得られた場合は，この評価が変わる可能性があります。

### 表7-3：外装材の有害性情報の評価

| 材料名 | 本書の評価 | 内　容 |
|---|---|---|
| 外装用タイル乾式工法 | 接着剤とタイル下地板の成分データがほしいところですが，そうしたデータの提示がなくても使用せざるを得ないと考えます。 | 「乾式」や「湿式」という表現は，タイルの製法上の呼称でもありますが，ここでは施工上の呼称として使っており，乾式工法の施工個所としては，おもに外壁ということになります。タイル自体に有害性情報はありませんが，エポキシ系など接着剤の使用を指定している製品があり注意が必要です。また，下地板として専用の木片セメント板などが使われますが，これには硬化促進剤，防火剤，防水剤，アスベストなどが含まれている製品があるようです。データを提示してくれないメーカーを含め不明ですが，接着剤も含めこうした情報の開示にはタイルメーカーは消極的といわなくてはなりません。自社で製造している部材ではないので，中小のメーカーではある程度の限界もあるかもしれませんが，大手メーカーには情報開示の先鞭をつけてもらいたいと思います。<br>こうした状況の中で，接着剤とタイル下地板の成分データが提示されている製品だけの使用を条件とすると，タイルが使用できなくなるといわなくてはなりません。畳の項でも述べたように，こうした製品は使用しないという姿勢も必要であるとは思いますが，データがないという理由だけで完全に排除することにはためらいがあります。 |
| 外装用タイル湿式工法 | 原則として，部位を限って使用する。 | 基本的には内用タイルと同様の問題があるといえますが，外部テラスや玄関アプローチの床などに使用部位は限られており，それに代わる材料がないことなどから，問題がないわけではありませんが，これらの部分に限るのであれば使用することもやむを得ないと判断しています。ただ，外壁への使用は，挙動が大きい木造住宅には剥離の危険性が高くお勧めできません。なお，石張りはコストの点で一般的ではないので，本書では記載対象外としました。 |
| 仕上塗材 | 現状では成分データがなくても使用せざるを得ないと考えます。 | 無機系と有機系の2つに大別できますが，無機系の現場調合に分類される「掻き落とし」仕上げなどは，現在ではほとんど行われることがなくなり，無機系，有機系のいずれもが既調合品を使用している事例が大半といえるようです。これらの製品には，樹脂，接着剤，防水剤などが混入されている可能性は高いと思われますが，外部ということを考えると，それだけで直ちに排除できないと考えます。<br>なお，吹付け仕上げは養生の問題などから住宅工事ではほとんど行われておらず，鏝やローラーなどによって行われているようです。 |
| サイディングボードおよび屋根用化粧スレート | 現状では成分データがなくても使用せざるを得ないと考えます。 | それぞれの材料ともに，アスベスト含有の問題に関しては繊維強化セメント板と同様の状況です。ただ，データを提示しないメーカーが多く，提示を使用の条件とすると，この製品の使用ができなくなる可能性が高いのが実情です。もちろんそうした製品は使用しないという姿勢も必要とは思いますが，データの提示がないというだけで完全に排除することにはためらいがあります。 |
| 屋根用厚形スレート | 現状では成分データなどがなくても使用せざるを得ないと考えます。 | いわゆるセメント瓦などもこれに含まれますが，アスベストに関しては繊維強化セメント板と同様の問題があります。ただ，耐久性に関しては屋根用化粧スレートより劣る製品もある点や，屋根重量が重くなることは，一般的にいって地震に対しては不利であるという点などから，建築主の了解が得られれば他の素材を選択することをお勧めします。 |
| 金属屋根材 | 使用に問題はないと思われます。 | 塗装を施した材料も含め，特に問題はないと考えられます。 |

備考：1．繊維強化セメント板やモルタルについては，内装材の項（101ページ）を参照してください。
　　　2．いわゆる本瓦には有害性情報はありませんが，コストの点から本書では対象外としています。

## STEP 7-1-4　その他の建材の有害性情報の評価

**断熱材の有害性情報の評価について，本書の考え方を示します。**

　表7-4の色文字で表記した材料が，使用が可能あるいはほかに代わり得る材料がないことから，使用せざるを得ないと判断している材料です。この評価には，改正建築基準法で規制対象外となっていても排除している材料がありますので，異論をおもちの読者もおられると思いますが，有害情報のとらえ方によっては，本書のような評価もあることを知っていただき，読者それぞれのおかれた状況の中でより良い選択をしていただくための資料の一つとしてもらえればと思います。

　なお，この問題に関して新たな情報が得られた場合は，この評価が変わる可能性があることに注意してください。

表7-4：断熱材の有害性情報の評価

| 材料名 | 本書の評価 | 内　容 |
|---|---|---|
| 硬質ウレタンフォームおよび押出法ポリスチレンフォーム | 採用はお勧めできません。 | ともに、残存発泡ガス、難燃剤、樹脂モノマーなどが放散するようですが、これらの中には毒性が指摘されている物質もあるようですし、MSDS（102ページ※2）などで製品の含有成分が明らかにされない場合が少なくないことも指摘しておかなくてはなりません。なお、この断熱材はいわゆる外断熱工法に採用される場合が多いようです。 |
| ポリエチレンフォーム | 問題はありますが他の素材に比べて少ないように思われます。 | 石油系断熱材の中では、樹脂モノマーの毒性が低いようですが、残存発泡ガスや難燃剤が放散するという問題は残ります。また、MSDSを提示してくれるメーカーもありますが、具体的な化学物質名がすべては明示されていない場合もあり、不満が残ります。ただ、他の種類の断熱材メーカーは提示すらしてくれないところも少なくないことから、前向きな姿勢として一応は評価したいと思います。なお、メーカーでは、この断熱材は外断熱工法には勧められないと判断しているようです。 |
| グラスウール | 好ましくない素材と考えていますが、111ページの記載内容を前提条件に、使用できることとしたいと考えます。 | 素材についてはIARC（102ページ＊1）の分類で2Bから3へ変更になりましたが、このことを受けて、そもそもグラスウールは安全な商品であったかのような説明をしているメーカーもあるようです。しかしながら、建材としてのグラスウールはIARCで2Aに分類されているホルムアルデヒドやその他のVOCを含んでいると思われるフェノール系接着剤を使用して製造されています。F☆☆☆☆規格の製品もあり、MSDSを提示してくれるメーカーがあることなどは評価したいと思いますが、問題がまったくないという製品ではなく、扱いに注意が必要な点は変わりません。日本建築学会の研究報告（1996年3月：中国・九州支部研究報告第10号）によれば、20℃の常温ではホルムアルデヒドの放散は見られないとされていましたが、現在はこの報告をもとにホルムアルデヒドの放散がないといえる状況にはないと考えます。ただ、本書が対象とする一般的な仕様を前提にすると、選択肢から外せないとも判断しており、111ページの1～4の条件を守ることを必須条件として使用できることとしたいと考えます。 |
| ロックウール | 好ましくない素材と考えていますが、111ページの記載内容を前提条件に、使用できることとしたいと考えます。 | グラスウールに関する日本建築学会の研究報告を評価から外したことで、基本的な問題はグラスウールと同様ですが、その内容に大きな差はないことから同じ評価としました。ただ、グラスウールに比べて、MSDSも含めて製品の含有成分を明らかにしないメーカーがあることを指摘しておかなくてはなりません。 |
| セルロースファイバー | 採用はお勧めできません。 | 難燃剤、接着剤、防カビ剤、古紙のインクからのVOCなどの放散が問題です。エコ商品に指定されていることを「売り」にしている製品もあるようですが、こうした製品も含めて、現在流通している国産品には、有害性情報が明示されていない製品が多いように思われます。 |
| ウール | 採用はお勧めできません。 | 防虫剤、接着剤などの放散が問題です。メーカーでは有害なものは一切含まないとしていますが、ダニ、ノミなどの防虫能力に優れているという、うたい文句と矛盾するように感じます。セルロースファイバーと同様に、有害性情報が明示されていない製品が多いように思われます。 |
| 炭化コルク | 有害性に関しては問題はないと思われますが、コストの点から対象外としています。 | 接着剤を使用せずに高圧蒸気によりコルク自身のヤニで固化されることから、石油系断熱材のような問題はありませんが、特有の臭いがあります。製品によっては臭いの強いものもあるようですので、リノリウムと同様に建築主への確認が欠かせません。 |

**防腐・防蟻剤の有害性情報の評価について，本書の考え方を示します。**

業界では有機リン系の薬剤からピレスロイド系の薬剤への移行が進んでいましたが，有機リン系の薬剤の一つであるクロルピリホスが建築基準法の改正によって法的にも使用が禁止されました。ピレスロイド系薬剤は，一般的にいって虫には少量で強く作用しますが，哺乳動物に対しては毒性が低く，また空気，光，熱などに弱く分解が早いので，環境に与える負荷は小さいとされています。しかしながら，ピレスロイド系薬剤の半数は有機リン系の一つであるフェルメトリンよりも毒性が強く，またピレスロイド系薬剤の一つであるペルメトリンは，米環境保護庁（EAP）から発ガン性のある農薬として規制されており，同じくアレスレンには突然変異原性があるといった情報もあります。

一方，健康被害の危険が少ないといわれている自然材料系のシロアリ防除剤として，「ヒバ油」，「木酢（もくさく）液」，「月桃（げっとう）エキス」などが現在市販されています。このうち，前二者には多少の毒性や溶剤使用の問題があり，その防蟻効果は大量散布によって得られているとの指摘もあるようです。また，「月桃エキス」は健康被害の問題はないようですが，殺蟻成分としての活性は大きいとはいえないという情報もあります。いずれにしても，これらの薬剤はピレスロイド系薬剤より効果は小さいと考えておくべきと思われます。

本書では，薬剤の散布をお勧めしませんが，もし実施する場合は，給水管などの立ち上がり部分をきちんと養生してから散布するなどの配慮を，特記仕様書に明記しておくことをお勧めします。

**写真7-1**

薬剤の保証期間は処理業者さんによって異なるようですが，おおむね3〜5年程度のようです。仮に，建物に期待する寿命を50年とし，薬剤効果の持続期間を5年とすれば，建物の寿命をまっとうする間に10回の薬剤塗布作業が必要となります。しかしながら，竣工後では柱，間柱，筋かいなどは壁の中に隠れてしまうため，床下から見ることのできるかなり限られた範囲しか塗布できません。薬剤による防腐・防蟻対策は再処置が可能な造りとなっていて初めて意味のあるものであることを知っていただきたいと思います。

高温多湿の日本では、何らかの防腐・防蟻対策の必要性があることだけは確かであり、単純に薬剤を排除してしまうことは危険といわざるを得ません。薬剤の可否を論じる際には、シロアリ被害の地域差や気候風土の違いなども含めて考える必要があり、一般論としての回答は実はあまり意味がなく、いろいろな意味で危険ですらあります。

ただ、薬剤の有効期間や未処理部分がどうしてもできることや、前述したような再処置の問題などを併せて考えると、どのような薬剤を使用するにしろ、その薬剤のお世話になる範囲をできるだけ狭めて、住宅の架構そのものでの対策を主とした方向で考えていくことが必要ではないかと考えています。

そうした視点から、読者の方々それぞれの状況に応じた検討のための参考にしていただきたいと考え、146ページ・STEP7-5に筆者なりの考えを記載しました。読者の方々がこの問題にアプローチする際の参考にしていただきたいと思います。

なお、この問題に関し新たな情報が得られた場合、ここに記載した内容が適当でなくなる可能性もあり得ることに注意してください。

**その他の建材に対する有害性情報の評価について，本書の考え方を示します。**

表7-5の色文字で表記した材料が，使用が可能あるいはほかに代わり得る材料がないことから，使用せざるを得ないと判断している材料です。この評価には，改正建築基準法で規制対象外となっていても排除している材料がありますので，異論をおもちの読者もおられると思います。有害情報のとらえ方によっては，本書のような評価もあることを知っていただき，読者それぞれのおかれた状況の中でより良い選択をしていただくための資料の一つとしてもらえればと思います。

なお，この問題に関して新たな情報が得られた場合は，評価が変わる可能性があることに注意してください。

**表7-5：その他の建材の有害性情報の評価**

| 材料名 | 本書の評価 | 内容 |
|---|---|---|
| 構造用製材 | できれば国産材を使用し，防カビ処理された木材は使用しない。 | 無垢材であっても薬剤が使用されている場合があります。特にスギ材は含水率が高いままで出荷されてしまう傾向があり，そうした製品の多くには，カビの発生を防ぐために防カビ剤（29ページ・写真2-1）が使用されることがありますので注意が必要です。また，輸入材には燻蒸処理剤が残留しているものがあるという情報もありますが，そうでないものとの区別はつきません。費用の許せる範囲で国産材を使用することをお勧めします。 |
| 塗料 | 天然系塗料の使用を原則とし，それ以外の製品を使用する場合は，成分データなどが提示されている製品を使用する。 | 有機溶剤系塗料の危険性については改めていうまでもないと思いますし，メーカーも非溶剤型への移行を進めているようですので，できれば溶剤型の使用は避けてほしいと思います。非溶剤型塗料としては，エマルジョン塗料や水性反応硬化形アクリル樹脂塗料などがあります。これらは健康建材とみなされているようですが，前者には防カビ剤が含まれ，可塑剤などは両者ともに含まれているとの情報もあります。とはいえ，天然系塗料の塗膜性能は前出の塗料に比べれば劣るようですし，どのような部位でも使えるというわけではないという問題もあります。まず，使用部位と要求条件に天然系塗料が適当であるかどうかを検討し，それが適当でない場合は次善の策として非溶剤型塗料を検討することをお勧めしたいと思います。なお，天然系塗料のなかには乾燥の遅い製品もあり，施工日程上の問題が出ないように注意する必要があります。 |
| 接着剤 | 事前に使用条件などを確かめ，性能的に問題ない場合には，天然系接着剤を使用する。また，天然系接着剤以外の製品を使用する場合は，成分データなどが明示されている製品を使用する。 | いわゆる木工用ボンドと呼ばれている酢酸ビニルエマルジョン系接着剤は，工事のさまざまな場面で使われていますが，可塑剤や酢酸ビニルモノマー（IARCで2B）などの問題があります。また，他の溶剤系や非溶剤系接着剤（ウレタン，合成ゴム，エポキシなど）にも溶剤や可塑剤などの問題があり，さらにノンホルマリンをうたった壁紙用接着剤のなかには，アセトアルデヒド（IARCで2B）などが使用されている製品もあるようです。これらの接着剤は基本的にはお勧めできないと考えますが，このうちの木工用ボンドは，内部造作だけでなく木製建具などさまざまな用途に使われており，これを排除することは現状ではなかなか難しいと思われます。使用量を必要最小限とするなどは消極的な取組みといわざるを得ませんが，現在はこうしたところから始めていくしかないと感じています。一方，天然系接着剤にも防カビ剤が含まれていますが，ローズマリー油などの自然素材のものが使われている製品であれば問題はないと判断してよいようです。また，床材への使用に関してはフローリングメーカーの了解が得られれば，天然系接着剤の使用も検討していただければと思います。 |
| 集成材 | 原則として使用しない。 | 特に，ユリア系接着剤を使用したものはホルムアルデヒド（IARCで2A）の放散量が大きいようです。また，イソシアネート系接着剤はホルムアルデヒドの放散はないようですが，アレルギー毒性が指摘されている樹脂モノマーが放散されているという情報もあります。無垢材の使用が可能であればそちらを選択していただきたいと思います。 |
| 給水管，排水管 | 耐用年数，組成成分などに問題ない場合は，給水管はポリエチレン管を使用する。 | 一般的には硬質塩ビ管が使用されています。通常は可塑剤は使用されておらず，塩化ビニルモノマー（IARCで1）の放散もほとんどないとされていますが，口に入るものに触れる材料であり，各種の添加剤などの問題を考えると現時点では排除すべき建材と考えます。なお，環境への負荷を考えると排水管についても排除したいのですが現状ではこれに代わる素材がなく，使用もやむを得ないと考えます。 |
| 電線 | 耐用年数，組成成分などに問題がなければ，エコ電線を使用する。 | 一般的には塩ビ被覆電線が使用されていますが，脱塩ビの流れを受けて国の施設にはいわゆるエコ電線（ポリエチレン被覆電線）の使用が義務付けられ，首相官邸工事でも使用されたようです。ただ，耐用年数の短い製品があることなども指摘されており，選択は悩ましいといわなければなりませんが，こうした流れは否定できないと考えます。 |

## ● STEP 7-2 「高気密・高断熱」と「夏の壁内結露」を考える

**機械換気設備を前提とした高気密・高断熱仕様の採用にあたっては，十分な検討をお願いしたいと思います。**

「高気密・高断熱」という言葉は，「外断熱」という言葉とともに，一般の方々に広く知られるようになりました。これは，「省エネを実現しつつ，夏と冬を快適に過ごしたい」という要望に対する一つの回答として受け入れられたといってもよいと思います。ただ，「高気密・高断熱」を否定はしませんが，「24時間の機械換気設備を前提とした高気密・高断熱仕様」には賛成できないというスタンスをもっています。情緒的な言い方になってしまいますが，一日中，自然の風を感じることがない住まい方は不自然といわざるを得ない，というのがその理由です。なお，「夏の壁内結露」に関しては，112，113ページをお読みください。

　在来構法による住宅は，あまりにもすき間が大き過ぎた造りになっていたことや，そのすき間を保温設計できちんと評価してこなかったという事実を背景に，「高気密・高断熱仕様」はそれを明快に指摘したことが受け入れられた大きな要因となった，と感じています。すき間風が吹き込む日本の伝統の木造建築は，いってみれば「パッシブクーリング」の技法によって造られてきた，といえるかもしれません。建物の耐久性という観点でいえば，こうした「夏を旨」とする造りが日本の風土に適合していたということは，法隆寺をはじめとする多くの木造建築が証明しているといえますが，そうした造りは現代の都市型の生活には適合しません。

　しかしながら，「自然の風を感じられない住まい」という回答も素直には受け入れることはできないと感じるのです。もちろん，すき間風が吹き込むような造りが良いというつもりはありません。ただ，気候の良い季節には，窓を開けて日差しや風を直接受ける，という住まい方を，建築のつくり手が奪ってはならないと考えているだけです。それは建設地がほとんど日が差し込まない，風も通りにくい場所であったとしても同じです。なぜなら，そうした場所であればあるほど，わずかな日差しや風を感じたいと思うからです。

　筆者は，回答は「パッシブシステム」に求めたいと考えていますが，これは「高気密・高断熱仕様」を否定するものではありません。その目的は建設地の気候風土がもつ力を最大限に引き出すことにあり，その実現のためには，「高気密・高断熱」の技法は欠かせないものの一つです。しかし，24時間の機械換気設備のような，機械力に頼ったシステムは，パッシブシステムの考え方にはなじまないといわなくてはなりません。「パッシブクーリング」の考えとは相入れないような「高気密・高断熱仕様」ではない，今までの在来構法に不満を抱いていた方々にも応え得る，建物のもつ熱的性能を活用した「パッシブヒーティング」と，伝統といっていい「パッシブクーリング」を融合させた「新しいパッシブシステム」を構築していかなければならない時がきていると感じます。こうした試みはすでに実行されているものもあるようですが，まだ多くの検証が必要な段階といってよいと思います。これは一部の研究者に任せておけばよいという問題ではなく，日々第一線で汗を流している読者の方々こそが，答えを見つけることができる立場にあると考えて，ぜひ取り組んでいただければと思います。

　なお，「環境共生」という言葉が一部では「パッシブ」と同義のように扱われ，多くのハウスメーカーが環境共生の認定をとった住宅を発表しています。ただ，それらの住宅のなかには，いわゆる「パッシブ」の考えが見えにくいものも少なくないように思われ，現在のところ，「環境共生」と「パッシブ」とは別のものと考えたほうがよいように感じています。図7-1，同7-2にパッシブシステムの考え方の一部を載せていますが，こうした自然の力だけを利用する考え方だけでなく，躯体に蓄えた熱を利用するためにファンを使うことなども「パッシブ」の範囲に含まれます。ただし，機械設備はあくまで補助的な役回りであり，単なる省エネではない建設地の気候風土のもつ力を生かすことを主体とした考え方が「パッシブ」であると考えています。

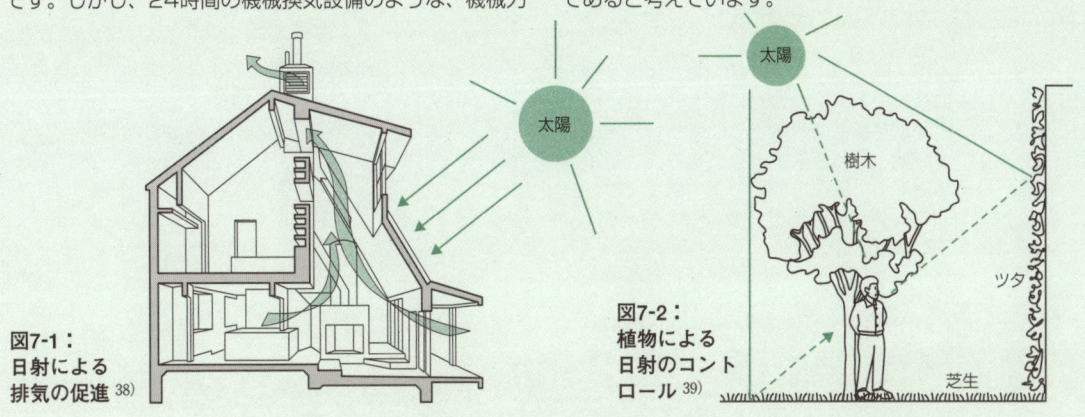

図7-1：
日射による
排気の促進[38]

図7-2：
植物による
日射のコントロール[39]

## STEP 7-2-1　現在の「高気密・高断熱仕様」に対する本書のスタンス

**筆者が賛成できないのは24時間機械換気であり，高気密・高断熱仕様についてではありません。**

　以下に「高気密・高断熱」に関する考えを記載しました。有害性情報の評価と同様に異論をもつ読者の方々もおられると思います。評価軸の持ち方によっては，本書のような考え方もあることを知っていただき，読者それぞれのおかれた状況の中でより良い選択をしていただくための資料の一つとしてもらえればと思います。

　なお，建物の「高気密化」がシックハウスの原因の一つであるとの指摘もありますが，十分に計画された換気システムであればそうした問題は発生しないと考えており，以下に記載した内容は含めていないことを付け加えておきます。

### ●現在、多く見られる「24時間機械換気を前提とした高気密・高断熱仕様」に対する本書のスタンス

1．「高気密・高断熱仕様」の24時間の機械換気設備は、全室の冷暖房を前提としています。それは高気密住宅ではすべての部屋の換気を機械で行わなければならないため、避けることのできない宿命といってもよいかもしれません。もちろん、その結果得られることになる、すべての部屋が快適な温湿度で過ごせる状態に保たれるという環境は、今までの住宅では得られなかったことであり、その点は評価できます。

　ただ、年間を通した冷暖房費用が「高気密・高断熱仕様ではない仕様（かなり大雑把なくくり方ですが、以下「一般仕様」といいます）」の半分以下ですむといったような説明には疑問を感じます。すべての部屋が年間を通して冷暖房されていることを望む人もいるように、真冬や真夏の時期でさえ、限られた部屋が冷暖房されていればよいと考える人もいます。特に、四季のある日本の風土を考えると、年間を通した機械換気設備の稼動を前提にしたシステムは、われわれ日本人にはなじまないと感じます。

　「高気密・高断熱仕様」で全室を冷暖房した場合の費用では、「一般仕様」の建物は半分の部屋しか冷暖房できないという比較もあるようです。ただ、この考えにたってもう少し話を進めると、「一般仕様」の場合で全館の1/4の部屋だけを冷暖房すればよいという場合は、「高気密・高断熱仕様」の半分のランニングコストですむという見方もできます。もちろん、条件（日射、外気温度、プラン、換気システムの内容など）によっては必ずしもそうならない場合があることは当然ですが、それは「一般仕様」であれ「高気密・高断熱仕様」であれ、同じことです。

2．「高気密・高断熱仕様」は、適切な機械換気設備を設けることで、風速などの不確定な要素に左右されず、各室に一定以上の換気量を確保できるようになったことは評価できますが、原則として機械換気を止めることはできません。前述したように四季のある日本の風土では、自然の風を採り入れた過ごし方をしたい季節があります。一部には、こうした季節には窓を開けて機械換気設備を止めてよいとしている「高気密・高断熱仕様」もあるようです。

　しかしながら、その場合に各室の換気が十分に行われるという納得いく説明は、きちんとなされているとは思えません。

　また、機械には故障が生じるという前提を忘れてはなりません。特にレンジ系統の吸排気の不調は、人命にかかわる問題です。

3．ダクト方式の換気設備の場合には、ダクト内部の適切なメンテナンスを怠ると、空気質に悪影響を与える懸念があります。多くの場合、ダクトは隠ぺいされてしまうことが多く（図7-3は排気型セントラル換気システム図ですが、他のシステムでもダクトが設備されれば状況は同じです）、現実問題としてダクト内のメンテナンスはかなり難しいといわなくてはなりません。

　一部にはメンテナンスへの配慮がみられるものもあるようですが、素人にはダクト全体の清掃は無理であり、専門業者に依頼せざるを得ない場合が一般的なようですが、専門業者であっても完全な洗浄はかなり難しいケースがあるように思われます。機械換気設備があることで、有害物質の排除がより確実に行われるということをうたっているハウジングメーカーもあるようですが、メンテナンスへの配慮がないシステムにはその実効性に疑問を感じます。

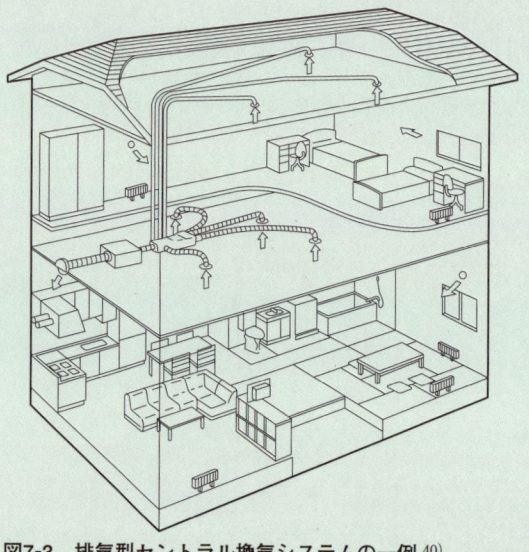

**図7-3　排気型セントラル換気システムの一例**[40]

## STEP 7-2-2　断熱性能の検討

**断熱性能を考える際には、費用対効果を含めて考える必要があります。**

断熱材工事費、燃料費、設備費を合計した「総合費用」と断熱材の「熱抵抗値」の関係をもとにした、暖房が必要な日と暖房機器との関係図（図7-4）から経済的な熱抵抗値を得ることができます。

いわゆるハウジングメーカーなどの多くは、「高気密・高断熱仕様」には次世代省エネ基準や品確法の等級4（現行法の最上級）を満足することをうたっていますが、カタログなどですべての部位のデータを明示しているところは少なく、壁などの部分的なデータだけを明示しているところが少なくありません。

そこで、図7-4の結果との比較の意味で、壁に関する品確法の等級4の数値を表7-6に抜き出してみました。以下の説明を読んでいただければ、「高気密・高断熱仕様」の多くが、イニシャルコストやランニングコストの高いエアコンや機械換気設備を装備していることを考えると、高断熱とはいいがたいと筆者が感じていることに同意いただけるのではないかと思います。

断熱性能の高低は、単純に品確法の等級からいえることではなく、イニシャルコストとランニングコストと断熱工事費との相関をみて、適切な断熱性能を選択した結果として得られるものであることを理解していただければと思います。

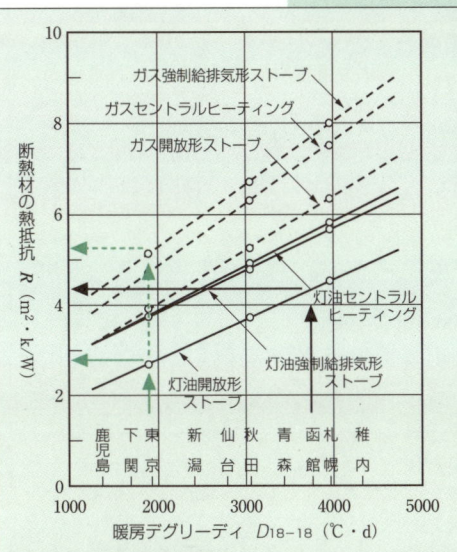

**図7-4：経済的な熱抵抗値** [41]

東京で、灯油開放形石油ストーブを使用する場合、$R=2.8$（図7-4　→印）となり、ガス強制給排気形ストーブを使用する場合は、$R=5.2$（図7-4　---▶印）となることが読み取れます。

この数値から、図7-5により、グラスウール40kg/m³の場合は前者が約110mm、後者は約210mmが得られますが、これが経済性からみた断熱材の最適厚さということになります。

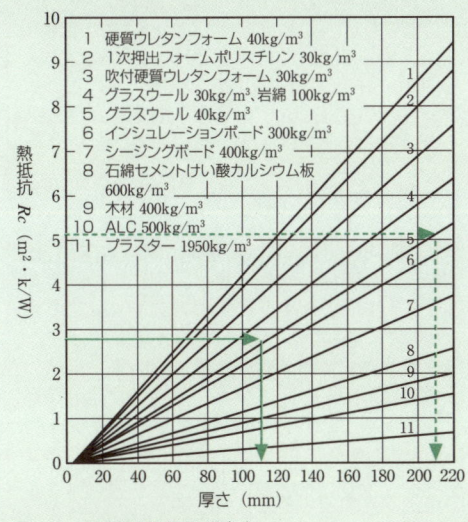

**図7-5：材料別熱抵抗値** [12]

**表7-6：品確法の等級4の、壁の断熱材の熱抵抗値**

| 地域区分 | R値<br>外張り断熱 | R値<br>充てん断熱 |
|---|---|---|
| Ⅰの地域（北海道） | 2.9 | 3.3 |
| Ⅱの地域（青森、岩手など） | 1.7 | 2.2 |
| Ⅲの地域（宮城、山形など） | 1.7 | 2.2 |
| Ⅳの地域（東京、熊本など） | 1.7 | 2.2 |
| Ⅴの地域（宮崎、鹿児島） | 1.7 | 2.2 |
| Ⅵの地域（沖縄） | 1.7 | 2.2 |

注記：地域区分には、上記の県を越えて他の地域に区分される市町村があります。

Ⅰの地域を北海道仕様とし、その他の地域は共通の一般仕様として、それぞれを表7-6の数値より多少高めに設定しているハウジングメーカーが多いようです。その数値は、一般仕様で2.5前後、北海道仕様でも3.5前後が多く、品確法の等級4の数値を上まわっています。しかしながら、一般仕様は、図7-4で得られた東京での最も設備費や燃料費の安い灯油開放形石油ストーブを使用した（つまり最も断熱工事費の安い）場合の断熱工事費に見合う断熱性能（$R=2.8$）を下まわり、北海道仕様も函館（　印、$R=4.2$）との比較で同様に下まわっています。

**同一の断熱性能における各断熱材のコスト比較をしてみました。**

吹き込みによる充てんタイプを例外として、断熱材の厚さはそれぞれのメーカーで決められた規格によって異なります。そのためにまったく同一の断熱性能でのコスト比較はできませんが、ほぼ近い断熱性能での検討は可能であり、以下の条件を仮定してコスト比較をしてみました。

仮定条件1：断熱材の面積を300m²とする。
仮定条件2：断熱材の内外温度差を10℃とする。
仮定条件3：検討部位は断熱材のみでの構成と仮定する。
仮定条件4：材料の表面熱伝達率は無視する。
仮定条件5：断熱材の内外はすべて均質な温度と想定する。
仮定条件6：比較を単純にするために、検討対象は材料費のみとする。

なお、熱貫流量計算は以下の式によっています。
$$H = K(t_1 - t_2)A$$
ここに　$H$ ……………………熱貫流量（W）
　　　　$K$ ……………………熱貫流率（W/m²・K）
　　　　$(t_1 - t_2)$ ……………室内外の温度（℃）
　　　　$A$ ……………………表面積（m²）

表面熱伝達率は、$K=1.0$程度の場合には約20%を占めますので本来は無視できませんが、比較を簡単にするために、仮定条件4で検討から除外することとしました。この場合、$1/K = L/\lambda$ という関係があります。
ここに、$L$ ……断熱材の厚さ（m）
　　　　$\lambda$ ……熱伝導率（W/m・K）

上記と前記の仮定条件から、$H$ =（熱伝導率/断熱材の厚さ）×10（℃）×300（m²）となります。

比較を行った断熱材は、データを入手できた9種としましたが、検討経過を記載したのは以下の6種です。なお、コスト、性能値などは同一の素材であっても、製造メーカーによって多少異なります。ここに記載した数値は一例であることをお断りしておきます。

①グラスウール10K品
　熱伝導率（W/m・K）：0.05
　厚50mmの価格：1,360円/3.3m²（410円/m²）
　厚100mmの価格：2,520円/3.3m²（760円/m²）
②グラスウール16K品
　熱伝導率（W/m・K）：0.045
　厚50mmの価格：1,900円/3.3m²（575円/m²）
　厚100mmの価格：3,510円/3.3m²（1,060円/m²）
③ポリエチレンフォームB種
　熱伝導率（W/m・K）：0.042
　厚30mmの価格：8,900円/2坪（1,350円/m²）
　厚40mmの価格：12,500円/2坪（1,890円/m²）
④炭化コルク
　熱伝導率（W/m・K）：0.04
　厚30mmの価格：4,000円/m²
　厚50mmの価格：6,400円/m²
　（30mmを2,340円/m²、50mmを3,880円/m²程度で出荷しているメーカーもあるようです）
⑤硬質ウレタンフォーム
　熱伝導率（W/m・K）：0.026
　厚50mmの価格：4,350円/1.66m²（2,620円/m²）
⑥押出法ポリスチレンフォーム1種
　熱伝導率（W/m・K）：0.04
　厚40mmの価格：2,400円/1.66m²（1,450円/m²）

上記を前提にして、グラスウール10K品100mmと断熱性能をほぼ同一にした場合の、①〜⑥の断熱材のコストを算出すると、以下のようになります。

①グラスウール10K品の厚さ100mmの熱貫流量は1,500W、コストは760円/m²×300m²＝**228,000円**となります。
②グラスウール16K品を使用した場合の熱貫流量を、上記と同じ1,500Wとするために必要な厚さを計算すると90mmとなります。90mmの製品はありませんので、厚さ100mmを使用することとすれば若干オーバースペックですが、この場合の費用は**318,000円**となります。
③ポリエチレンフォームを使用した場合の熱貫流量を、上記と同じ1,500Wとするために必要な厚さを計算すると84mmとなります。若干性能不足ですが、厚さ40mmを2枚合わせて使用すると、この場合の費用は**1,134,000円**となります。
④炭化コルクを使用した場合の熱貫流量を、グラスウール10K品と同じ1,500Wとするために必要な厚さは80mmとなります。厚さ30mmと50mmを合わせて使用すれば性能的には同一となり、この場合の費用は**3,120,000円**となります。
⑤硬質ウレタンフォームを使用した場合の熱貫流量をグラスウール10K品と同じ1,500Wとするために必要な厚さは52mmとなります。若干性能不足ですが、厚さ50mmを使用すると、この場合の費用は**786,000円**となります。
⑥押出法ポリスチレンフォーム1種を使用した場合の熱貫流量を、グラスウール10K品と同じ1,500Wとするために必要な厚さは80mmとなります。厚さ40mmを2枚合わせて使用すれば性能的には同一となり、この場合の費用は**870,000円**となります。

上記の検討結果をコストの価格の安い順に並べると、
グラスウール10K品100mm：**228,000円**
グラスウール16K品100mm：**318,000円**
硬質ポリスチレンフォーム50mm：**786,000円**
押出法ポリスチレンフォーム1種40mm+40mm：**870,000円**
ポリエチレンフォームB種40mm+40mm：**1,134,000円**
炭化コルク30mm+50mm：**3,120,000円**、
ということになり、炭化コルクの価格の高さとグラスウールの安さがきわだっていることを理解していただけると思います。

注記1：炭化コルクについては、価格の安い製品では1,866,000円となりますが、それでもグラスウール10K品の約8倍の価格であり、通常の坪単価の家にはなかなか採用しにくいといえます。
注記2：紙面の都合で検討経過は掲載していませんが、①〜⑥以外の断熱材のうち、ロックウールのコストはグラスウール10K品と同一性能でほぼ同一、ウールは2〜5倍です。また、セルロースファイバーは同2〜5倍ですが、施工費用も含んでの価格ですので、他の材料とは同一に比較はできません。

**有害性情報を加味した断熱材の選択が大切です。**

110ページの内容に有害性情報を加味した検討結果を，表7-7に整理しました。9種類だけの評価ですが，いわゆる健康建材である炭化コルクは費用がかかりすぎる一方で，単価の安い多くの事例で使われている建材には，何らかの有害性情報のあることがわかると思います。

この表をベースにして，本書では使用し得る断熱材として，ポリエチレンフォームB種，ロックウール，グラスウールを選択しています。

表7-7：各種断熱材の比較

| | 硬質ウレタンフォーム | 押出法ポリスチレンフォーム1種 | ポリエチレンフォームB種 | ロックウール | グラスウール※5 | セルロースファイバー | ウール | 炭化コルク |
|---|---|---|---|---|---|---|---|---|
| 有害性情報の評価 ※1) | × | × | △ | △ | △ | × | × | ○ |
| グラスウール(10K品)を1とした場合のコスト | 3 | 4 | 5 | 1 ※2) | 1 | 2〜5 ※3) | 2〜5 ※4) | 8〜14 |

特記：※1： 次の記号で記載しました。○：有害性はほとんどないと思われる建材。△：有害性はあるが×と比較して少ないと思われる建材。×：有害性があると思われる建材（104ページ・表7-4参照）。
　　　※2： グラスウールと同一の価格としました。
　　　※3： セルロースファイバーは工事も含めての受注となることから材工価格を載せていますので，単純な比較はできないことに注意してください。また、単価を1,500円/m²〜2,500円/m²としました。
　　　※4： 単価を1,400円/m²〜2,500円/m²としました。
　　　※5： 10K品と16K品の差は、他の断熱材のコスト差に比べてそれほど大きくないことから、ここでは同一としています。

本書の前提とした、普通の予算での工事という枠をはめた場合には，残念ながら炭化コルクを選択するには無理があるといわなければなりません。しかし，これを除外すると有害性情報のある建材しか残らないことになり，健康という観点を加えると、選択肢のない袋小路に入ってしまうことになります。

こうした点を踏まえ，本書では表7-7で△印を付けたポリエチレンフォームB種，ロックウール，グラスウールの3つの素材をあえて選択しています。

ポリエチレンはコストの問題からすべての部位に使うには無理があると判断し，防湿性に優れていることから床に使用し，壁と天井にはグラスウールかロックウールを使用することをお勧めします。また，これら3つの素材はともに外張り断熱には適当な素材ではないことから、本書ではいわゆる内断熱（充てん断熱）の仕様だけを記載していることをお断りしておきます。

この3つの断熱材は，化学物質を完全に排除した家づくりは難しいという現実があるものの，少しでも安全と思える素材を使いたいという考えと工事予算との狭間のなかでの選択です。こうした判断に異論をおもちの読者もおられると思いますし，筆者としてもこれがベストであると考えているわけではありません。読者の方々がおかれた状況によっては，こうした断熱材を選択する必要がない場合もあり得ますので，そうした際はぜひより安全性の高い素材を使用していただきたいと思います。

なお，ロックウールとグラスウールは前述したように，IARCでは発ガン性が3と評価されていますが，扱いは慎重にする必要があります。右上に記した内容を実行した場合に限り，評価を△としたいと考えていることを付け加えておきます。

1. フルパックタイプを使用する（6面がカバーされているタイプ。写真7-2参照）。
2. 切断した場合は必ず切り口を閉じる。
3. 外壁通気や小屋裏換気を十分に確保する。
4. 壁や天井の仕上材に穴をあけることを避けるために，極力外壁回りにコンセントやスイッチ類を設けないことや，埋込み型の照明器具の使用を避けることを徹底する。

写真7-2

## STEP 7-2-3　夏の壁内結露・外断熱・内断熱について

壁内結露の検討には壁の構成，室内温湿度，室外温湿度の3つの条件が必要ですが，なかでも室外温湿度は建設地の過去のデータが必須という点で特徴的です。

　図7-6，7-7は気象庁が公開しているデータをもとに作成した東京における1999年および2000年の7～8月の各日の1時間ごとの室外温湿度分布図に，表7-8のように設定したグラスウールによる充てん断熱とポリスチレンフォームによる外張断熱のそれぞれの「壁の構成」と「室内温湿度（25℃50％と27℃50％の2つのケースを設定しました）」をもとに「定常計算（113ページ参照）」によって得られた「結露を生じる温湿度ライン図」を重ねたものです。2000年では外張り断熱と充てん断熱のいずれにも結露の恐れはないものの，1999年では充てん断熱は結露を生じる可能性があることがわかります。

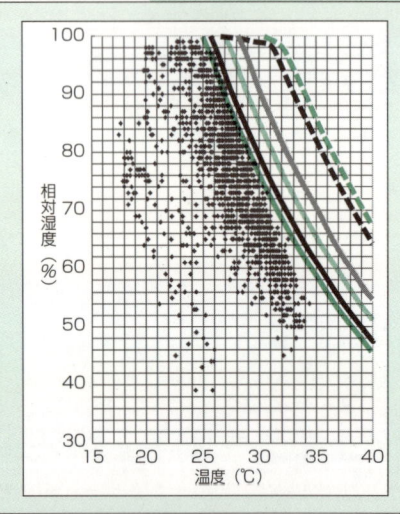

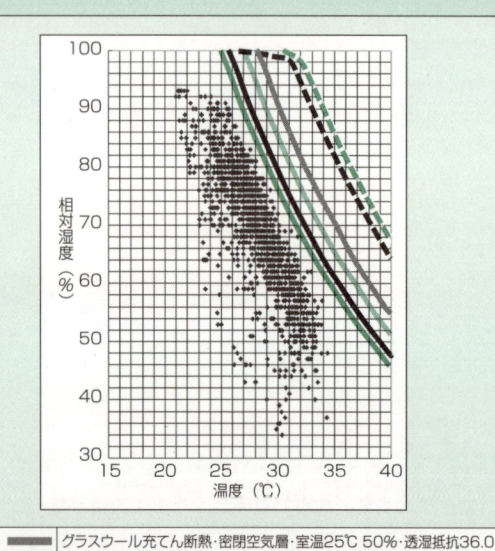

凡例
- グラスウール充てん断熱・通気層が有効・室温25℃ 50％
- グラスウール充てん断熱・密閉空気層・室温25℃ 50％・透湿抵抗6.0
- グラスウール充てん断熱・通気層が有効・室温27℃ 50％
- グラスウール充てん断熱・密閉空気層・室温25℃ 50％・透湿抵抗36.0
- ポリスチレンフォーム外張り断熱・通気層が有効・室温27℃ 50％
- ポリスチレンフォーム外張り断熱・密閉空気層・室温25℃ 50％・透湿抵抗6.0

図7-6：東京の1999年7～8月の温湿度分布と各仕様の結露発生温湿度ライン図（左）
図7-7：東京の2000年8～9月の温湿度分布と各仕様の結露発生温湿度ライン図（右）

注1) 結露発生温湿度ラインの右上側が結露域です。
　2) グラスウールは16K100mm。ポリスチレンフォームは1種30mm。透湿抵抗値は外装材（塗装済サイディング）のものです。
　3) 日射による壁面の温度上昇は考慮せず，通気層が外気温湿度と同条件と仮定したケースを「通気層が有効」と表記しました。

表7-8：「壁の構成」

| | 充てん断熱仕様 | | | | 外張り断熱仕様 | | | |
|---|---|---|---|---|---|---|---|---|
| | 名称 | 厚さ(mm) | 熱伝導抵抗(kcal/mh℃) | 透湿抵抗(m² hmmHg/g) | 名称 | 厚さ(mm) | 熱伝導抵抗(kcal/mh℃) | 透湿抵抗(m² hmmHg/g) |
| 1 | 室内側表面 | − | 0.130 | − | 室内側表面 | − | 0.130 | − |
| 2 | ビニールクロス | 0.5 | 0.005 | 32.6000 | ビニールクロス | 0.5 | 0.005 | 32.6000 |
| 3 | 石膏ボード | 12.5 | 0.063 | 4.0800 | 石膏ボード | 12.5 | 0.063 | 4.0800 |
| 4 | 防湿層 | − | − | 60.0000 | 空気層 | − | − | 60.0000 |
| 5 | グラスウール16K | 100 | 2.564 | 0.8000 | ポリスチレンフォーム1種 | 30 | 0.882 | 17.1480 |
| 6 | 透湿防水シート | − | − | 0.2709 | 透湿防水シート | − | − | 0.2709 |
| 7 | 通気層 | 20 | 0.190 | 0.2000 | 通気層 | 20 | 0.190 | 0.2000 |
| 8 | サイディングボード | 12 | 0.100 | 6.0000 | サイディングボード | 12 | 0.100 | 6.0000 |
| 9 | 室外側表面 | − | 0.050 | − | 室外側表面 | − | 0.050 | − |

注1) 上記は充てんおよび外張り断熱の仕様の一例です。結露の検討にあたってはそれぞれの設計内容に応じた壁構成としてください。
　2) ここで使用した結露計算ソフトの関係から，熱伝導抵抗と透湿抵抗の単位は旧単位としています。
　3) ここでの検討に使用した材料の数値は絶対的なものではありません。出典によって異なりますので注意が必要です。なお、サイディングボードの透湿抵抗値の6.0はメーカーの公表値、同36.0は山田雅士著『建築の結露』（井上書院）からとりました。

図7-6および図7-7から、グラスウールによる充てん断熱に関しては以下のようなことがわかります。
1. 室内温湿度が25℃ 50%で結露を生じるが、27℃ 50%では結露しない。
2. 外壁の透湿抵抗値を大きくすると結露しない。
3. 通気層が有効に機能すると結露を生じる可能性が増す。

1999年の東京は過去20年間で最も結露を生じやすい年でした。どちらかといえば2000年のような温湿度条件となる場合が多く、夏の結露水は蒸発してしまうので腐朽菌の発生にはつながらず、非定常計算の考えに立てば実害を生じないという研究者の方もおられるようです。ただ、室内温湿度を25℃ 50%とすると結露を生じる可能性が高くなりますので、グラスウールを使用する際には、室内温湿度や外壁の透湿抵抗値に十分配慮して、定常計算で結露を生じない仕様を採用していただきたいと思います。また、夏には通気層が機能しないほうが結露しにくくなるからといって通気層を密閉してはなりません。特に、室内側に透湿抵抗の小さな布クロスなどで仕上げた部屋で、開放型の灯油暖房器の使用や炊事などで室内の湿度が上昇すると冬の結露の可能性が増大します。通気層の厚さは3mmでも有効という研究もあるようですが、透湿防水シートの施工状態を考えると、最低でも30mm以上の厚さを確保すること（126ページ参照）をお勧めします。

一方、ポリスチレンフォームによる外張断熱に関しては以下のようなことがわかります。
1. 室内温湿度が25℃ 50%では結露しない。
2. 通気層が有効に機能するとグラスウールと同様に危険側になるが結露はしない。

ポリスチレンフォームに限らず石油系の断熱材は単一材で一定以上の透湿抵抗と断熱性能を合わせもっていることから、グラスウール断熱材などに比べて夏には結露発生の防止に優れた性能を示します。ただし、冬には湿流の流れが逆になりますのでこうした優位性はなく、防湿層や通気層がきちんと施工されている必要がありますが、グラスウール断熱材のほうが結露しにくい性質を示します。

同じ断熱性能で比較すると、石油系の断熱材の価格はグラスウールの3～5倍（111ページ参照）であることを考えると、結果として問題となる結露が生じなければ良いという判断ができるケースであれば、高価な製品を使って過剰な性能をもたせる必要はない、という判断があっても良いと思います。

いずれにしても、結露の検討は夏・冬のそれぞれについて行う必要があり、「室外温湿度」は最低でも10年間程度の建設地のデータでのチェック（データは気象庁のホームページから入手できます）をしていただきたいと思います。当然ですが「壁の構成」や「室内温湿度」が異なれば得られる結果も変わってきます。ここに載せた内容はあくまで一例に過ぎないという点に注意していただきたいと思います。

ここでは「定常計算」で結露の有無を評価しており、日射による壁面の温度上昇などを考慮していない点とともに、現実の結露の発生状況を正確に評価しているとは言いがたいものです。しかし、含水率や木材腐朽菌の生育条件などを加味してより現実的な評価をすると言われている「非定常計算」は筆者の知る範囲ではまだ研究途上のようです。

実務者の立場としては、研究の成果が出るまで待っているわけにはいきません。一部には『「非定常計算」が正しい計算方法であり、「定常計算」は専門家が首をかしげる計算方法である』という意見があるようですが、「定常計算」は『わずかな結露も許さない評価』という見方もできます。

後者の視点に立って、日射による壁面の温度上昇や通気層内の温湿度条件などの、それぞれの状況に応じた条件を設定して「定常計算」で結露の有無を評価することがこの時点で私たち実務者ができることであるならば、それを省略することは避けていただきたいと考えます

**北米や北欧の断熱工法には、「外張り断熱」や「充てん断熱」という区別はありません。**

「充てん断熱」に比べて「外張り断熱」は、気密性を高めることが容易なために、日本では「高気密・高断熱仕様」に多く採用されているようです。ただ、「北米や北欧の高気密・高断熱仕様（以下、海外の「高気密・高断熱仕様」といいます）」には「充てん断熱」が採用されており、当然ですが気密性も確保されています。

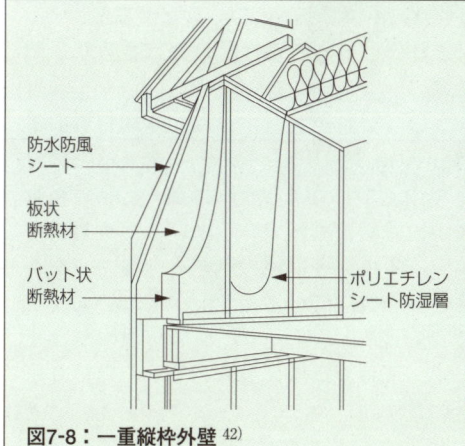

図7-8は、カナダホームビルダーズ協会（以下「CHBA」という）の『ビルダーズマニュアル』のなかの「一重縦枠外壁」の仕様です。日本でいうところの「外張り断熱」や「充てん断熱」のどちらか単独では必要な断熱性能を確保できないことから、この2つが併用されている形になっていることがわかると思います。また、厳寒地ではさらに断熱層の厚さを増した「二重縦枠外壁」と呼ばれる断熱層を三重に重ねる工法もありますが、これも当然ですが「充てん断熱」の形になっています。

つまり、必要な断熱性能を確保することに視点をおき、日本のように「外張り断熱」や「充てん断熱」といった区別はしていないということがいえます。これは、日本でも寒冷地である北海道では「充てん断熱」が一般的であることと符合します。なお、蛇足ですが、海外の「高気密・高断熱仕様」では、上記のように木造部分は断熱材の位置で「外張り断熱」や「充てん断熱」といった区別はありませんが、コンクリート造部分では「外断熱」と「内断熱」という区別をしています。

図7-8：一重縦枠外壁[42]

（図中ラベル：防水防風シート、板状断熱材、バット状断熱材、ポリエチレンシート防湿層）

> 木造建築の場合，正確には「外断熱」とはいわず「外張り断熱」といいます。

「外断熱」という言葉は建築の専門用語ですが，「内断熱」という言葉とともに，一般の方々も知る言葉になりました。ただ，これらの言葉は公庫仕様書には使われておらず，それぞれ「外張り断熱」と「充てん断熱」という言葉が使われています。「外断熱」であれ「外張り断熱」であれ，その内容が問題であって呼び方は本質的な問題ではないと考えますが，建築の専門家である読者の方々には，言葉の意味の違いを把握しておいていただく必要があります。

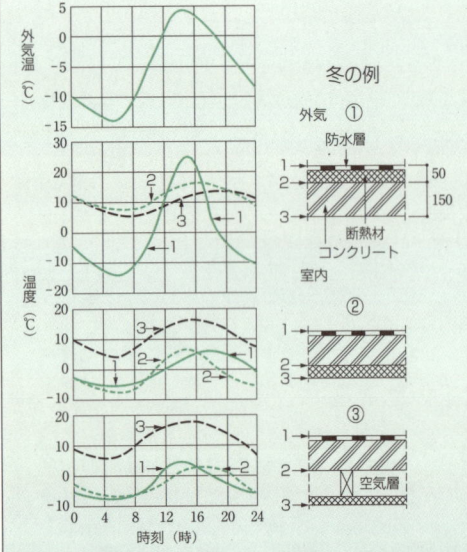

コンクリート建築物は、コンクリートの熱容量が大きいことから、断熱材の位置で室温の変動や結露の状態が異なってきます。

図7-9の②の室内面の温度「3」は、外気温とほぼ同じようなピークで変動しており、躯体の蓄熱の影響が現れてはいません。一方、①の室内面の温度「3」は、そのピークがずれていることがわかると思います。

これは、コンクリートに蓄熱された熱が室内の温度に影響を与えた結果であり、こうした「室内気候」に関わる意味をもつ言葉として「外断熱」と「内断熱」は定義されています。

木造建築物の場合は、コンクリートのような蓄熱体がないため断熱材の位置が異なっても室温の変動はなく、また適切な通気措置が行われれば結露の問題は発生しません。つまり、木造建築物の場合は、躯体部の熱容量が小さいために、断熱材の位置が室内気候には大きな関わりをもたないといえ、ここに「外断熱」と「外張り断熱」とを使い分けている意味があります。

図7-9：断熱材の位置による屋根スラブ各部の温度の違い [43]

## STEP 7-2-4　気密性能の検討

> 在来工法で気密性を保つには，かなりの努力が必要です。

いわゆる在来工法の建物は，耐久性を担保するための通気性の良さにこそ最大の特徴があり，成り立ちが異なる2×4工法と比べ，そもそも気密性の保ちにくい構造（図7-10）になっているといえます。いわば結果的に換気に利用していたともいえるこれらのすき間は熱損失という面が大きく，「高気密・高断熱仕様」の各メーカーはそうした問題がなくなった点を強調しています。冬のすき間風は非常に不快であるということからみれば，在来工法としてもこれは避けねばならない問題です。

以下に，これを実行すればすき間相当面積を何$cm^2/m^2$以下にすることができるというレベルの話ではなく，それ以前の，今の在来工法の大多数がもっているといっても過言ではない，冬のすき間風の吹込みを極力少なくするという視点での考えを記載しています。「高気密仕様」を考える以前に解決すべき点として，読者の方々にも考えていただければと思います。

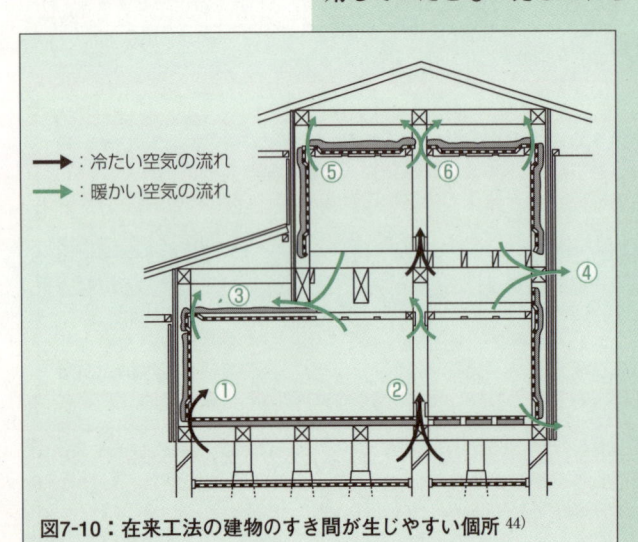

図7-10：在来工法の建物のすき間が生じやすい個所 [44]

> 天井と床下のすき間を確実にふさぐことがすき間風の吹き込みをなくす有効な方法ですが，言葉でいうほど簡単ではありません。

　暖房時には，暖かい空気は上昇し壁面で冷やされた空気は下降します。この時，上下の温度差が大きくなることによるいわゆる煙突効果が発生し，天井などにすき間（図7-10③〜⑥）があると暖かい空気はそこから排出され，同時に床下（図7-10①，②）から冷たい空気が吹き込んできます。住む人にとって室内の上下の温度差は不快ですが，この床下から吹き込む冷たい空気がさらに不快感を強めます。

　これを防ぐには床下だけでなく，天井のふさぎも同時に行う必要があります。公庫仕様書でもこうした部分をふさぐよう図面が示されていますが，以下に起きがちな施工事例とその部分に対応した公庫仕様書の図面を載せておきました。すき間をふさぐことは簡単ではありませんので施工管理が非常に重要といえますが，設計段階からこうした点に配慮しておくことは非常に重要です。

　なお，すき間を生じがちな部分はここに記載した以外にも，外壁と床の取り合い部分，配管の貫通部分などがあり，これらの点にも注意をはらっていただきたいと思います。

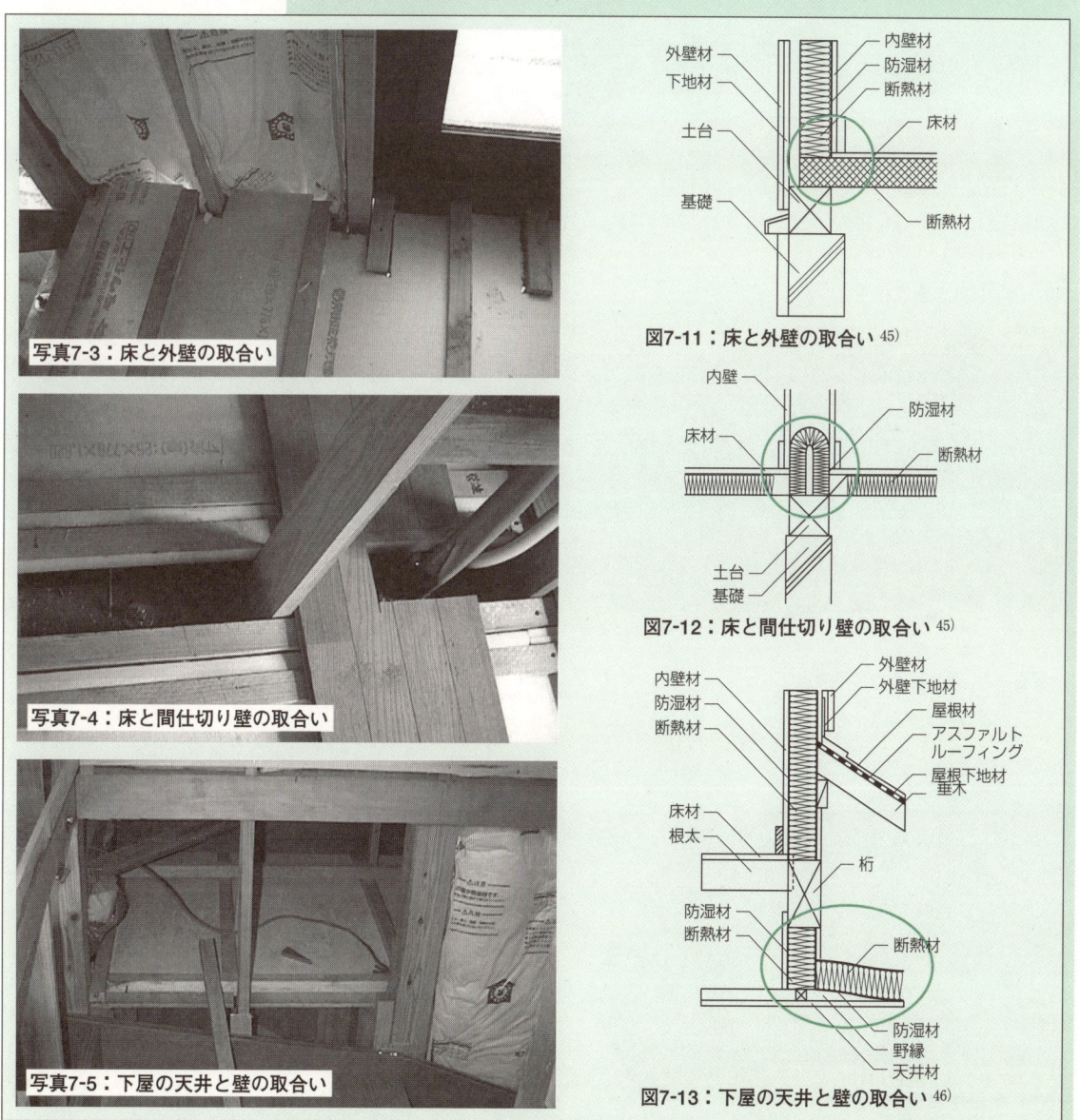

写真7-3：床と外壁の取合い

写真7-4：床と間仕切り壁の取合い

写真7-5：下屋の天井と壁の取合い

図7-11：床と外壁の取合い [45]

図7-12：床と間仕切り壁の取合い [45]

図7-13：下屋の天井と壁の取合い [46]

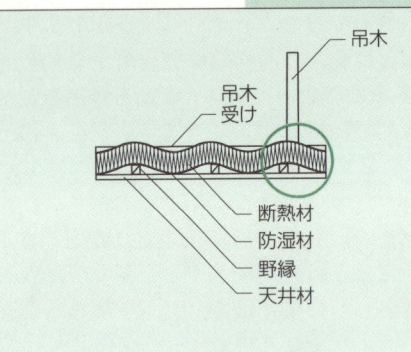

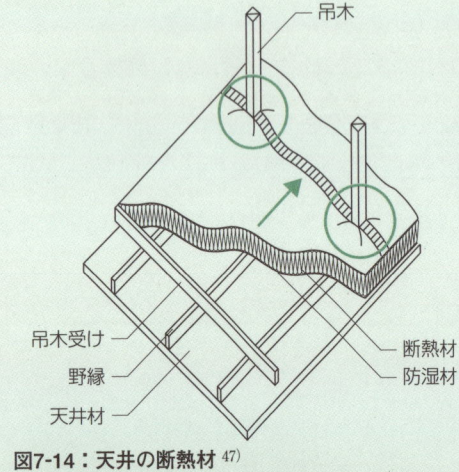

図7-14は公庫仕様書からの抜粋ですが、この図の通りに継目などを処理（→印）して断熱材をすき間なく敷き込むことは、吊木の数の多さや、天井裏へ入らずに下から施工する場合がほとんど（写真7-6）であることなどを考えると、現実問題として実行は難しいといわなくてはなりません。115ページに載せた部位は目の届く範囲であることもあり、職人さんに施工品質確保への意識をもたせることで、ある程度の改善が期待できますが、天井の場合は、写真7-7のような状態がそのまま放置されがちであることに注意が必要です。

対策の一つとして、置き屋根形式（写真7-8、写真7-9、図7-17）を採用して、天井裏スペースを設けないことで吊木をなくす方法があります。ただ、この方法は屋根裏の空気層という大きな断熱効果を果たす部分がなくなりますので、特に天井面での十分な断熱が不可欠であるという点に注意する必要があります。

図7-14：天井の断熱材 [47]

写真7-6：天井断熱材の施工

写真7-7：天井断熱材の不良施工

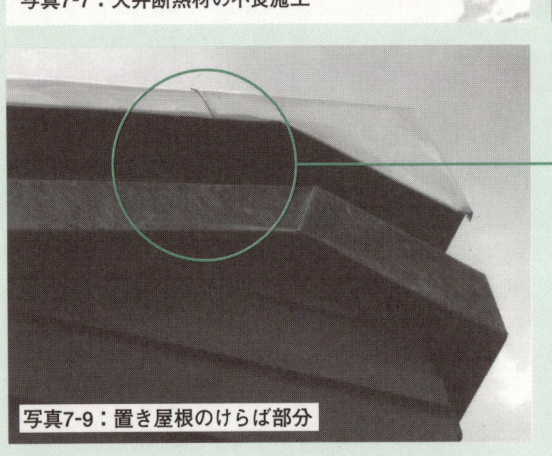

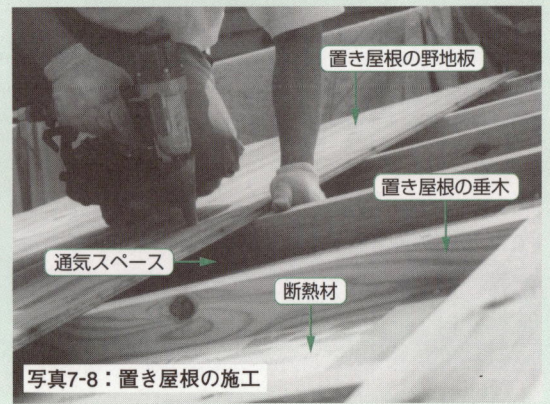

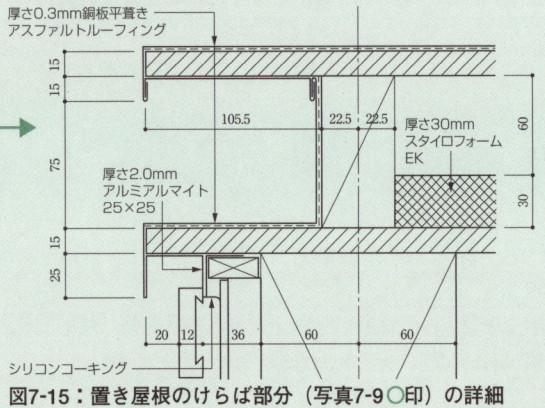

写真7-8：置き屋根の施工

写真7-9：置き屋根のけらば部分

図7-15：置き屋根のけらば部分（写真7-9○印）の詳細

**設備との取合い部からもすき間風が吹き込みます。**

　床と天井回りを完全にふさげば，外部からのすき間風の吹き込みは図7-10の④部分のような個所だけからになりますので，かなり少なくなるはずですが，設備配管や配線の処置が不十分な場合は，そこからの吹き込みが生じることに注意しておかなくてはなりません。

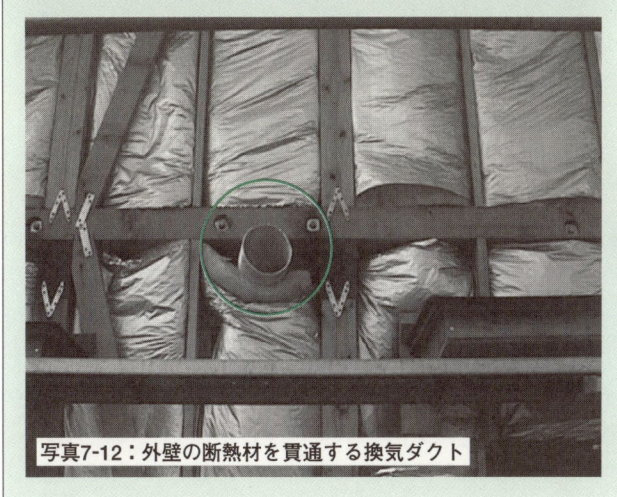

写真7-10：
間仕切り壁内に床下から立ち上がる設備と電気の配管や配線

写真7-12：外壁の断熱材を貫通する換気ダクト

写真7-11：断熱材と設備配線

**写真7-10：**
　間仕切り壁に多くの配管や配線が集中すると、断熱材を115ページの図7-12のように納めることができません。配管の周囲にシーリングを施工できるように、配管相互の間隔を確保することや下地材を設けておくこと、配管の形状や配置に合わせて加工できる断熱材を選定すること、などが重要です。

**写真7-11：**
　外壁にコンセントや衛生配管の立ち上がりを設けている事例をよく見受けますが、断熱材を115ページの図7-11のように納めることができません。また、内壁と断熱材との間にできたすき間は結露の原因ともなります。原則として外壁には設備や電気の配管配線を避けた設計とすることをお勧めします。

**写真7-12：**
　キッチンの排気をダクト接続としている場合に、こうした施工をよく見受けます。こうした部分には、シーリングが施工できるように下地材を設けること、ダクトの形状に合わせて加工できる断熱材を選定すること、などが重要です。
　なお、ダクトは可燃物との距離が100mm以内となる場合は、不燃材で被覆する必要性も生じますので注意してください。

## STEP 7-3　大工さん関連の作業の仕様を決定する

> 仕様の決定にあたっては，部位と材料の特性への配慮が必要です。

　前ページまでに述べた内容以外の大工さん関連の作業としては，「内部造作工事」，「断熱工事」，「外部造作工事」，「金属製建具工事」などがあります。これらの工事に使用される材料の種類は多岐にわたりますが，ここではSTEP 7-1で絞り込んだ材料に限定して記述しています。また，材料メーカーのマニュアルなどで入手できる内容なども割愛しています。こうしたことから，読者の方が知りたいと考えておられる内容が記載されていない場合があることをお断りしておきます。

### STEP 7-3-1　内部造作工事

> 固定が必要な部分の壁下地の材料選定に配慮してください。

　下地材としては，プラスターボードを使用する場合が多いといえますが，洗面化粧台（写真7-13）や階段の手すり取付け部分（写真7-14）の壁，納戸の内部などは，固定のためのビスや釘を使用できる下地材とする必要があります。具体的には合板などの木質系材料を部分的に使用することになりますが，合板では好ましくない部位もありますので注意が必要です。

写真7-13

写真7-15

写真7-14

　キッチン回りに合板を使った事例（写真7-15）を散見します。直接火を受ける部位ではないので，それほど高温な状態におかれるというわけではありませんが，長期にわたる加熱を受けたために炭化してしまった事例もあるようです。こうした部分は，繊維強化セメント板などの耐火性のある素材を使用していただきたいと思います。
　押入や納戸には，合板を使う事例が多いといえますが，通気が悪くなりがちな場所です。FcOであっても有機化合物の放散がゼロではありませんので，スギの1等材のグレード（ただし乾燥材である必要があります）でよいですから，できれば無垢板を使用することをお勧めします。

### 左官仕上げの壁下地は，釘の仕様などにも配慮が必要です。

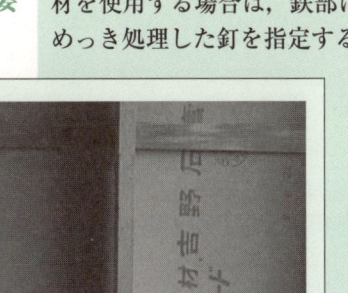

左官仕上げの下地としては，おもにラスボードやプラスターボードが使われます。どちらを使用するにしても，石こうプラスターなどの中性の塗り壁材を使用する場合は，鉄部に錆が発生します。コーナービードや釘は，必ずめっき処理した釘を指定する必要があります。

また，鏝塗り作業中に下地がたわんでしまうのではきれいな仕上りは約束されません。写真7-16のように，横胴縁を入れることやボードを二重張りとするなどの配慮が必要です。

なお，横胴縁で筋かいを欠いてしまう大工さんがいます。そうしたことのないよう事前の打合せの際に注意しておくことをお勧めします。

写真7-16

### 床と壁の取合いでは，伸縮を意識してください。

写真7-17のように，壁の側面に床板がぶつかる形の納まり（○印）とした場合，合板の床材であれば，伸縮が小さいために問題が起きる可能性は少ないといえますが，無垢材を使用した場合は，木の伸縮を考慮しておく必要があります。こうした納まりでは，床材の伸びに対する逃げがないために，床の膨れなどの問題が発生するためです。

スペーサーを目地に挟んですき間を確保することを基本ルールとしているメーカーもありますが，その場合でも，床材の上に壁が乗る形の納まりを基本とすることをお勧めします。

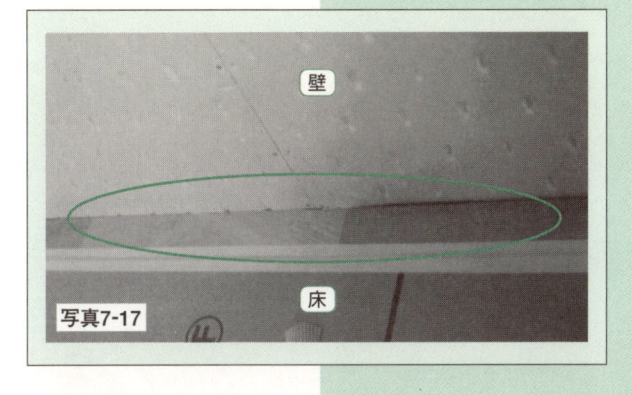

写真7-17

### タイル張り床回りの幅木下地は，水に対する配慮が必要です。

玄関床などは，水洗いをする場合もあり得ます。写真7-18の事例のように，幅木部分の下地材に合板を指定する場合には，耐水合板を使用するだけでなく防水紙でカバーし，釘はステンレス製を指定するなどの配慮をお願いしたいと思います。

できれば木質系材料（→印）は避けて，繊維強化セメント板などの耐水性のある素材を指定していただきたいと思います。

写真7-18

**畳下地板張りは，吸湿性とすき間に対する配慮が必要です。**

多くの場合，畳下地には合板が使われますが，畳の放湿を考えると，吸湿性のある無垢板の使用（写真7-19）をお勧めします。

写真7-19

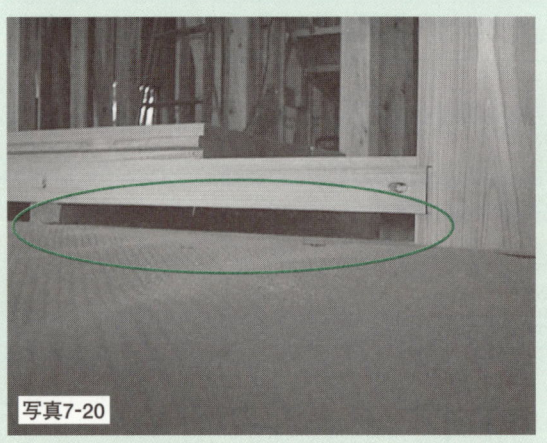

写真7-20

バリアフリーの考えを取り入れて，板張り床と畳床の仕上がりレベルを同一にする事例が多くなっていますが，こうした場合には畳下地と板張り床との間にすき間（写真7-20 ○印）が生じます。床下の空気も含めて循環させる高気密・高断熱仕様となっている場合は問題とはいえませんが，そうでない場合は，冬期にここから冷気が室内に侵入してきます。

多くの事例でこうしたすき間部分はそのままになっていますので，必ずふさぐことを図面に明記していただきたいと思います。

**床板の捨て張りは，合板の種類と接着剤に配慮してください。**

床の捨て張り材としては，床剛性の確保の意味から合板を選択することが増えているようです。Fc0を指定することをお勧めしますが，多くの場合，大工さんは接着剤を使用して仕事をしますので，特に健康住宅をうたうような場合には，接着剤の使用についても制限を明記しておくことをお勧めします。

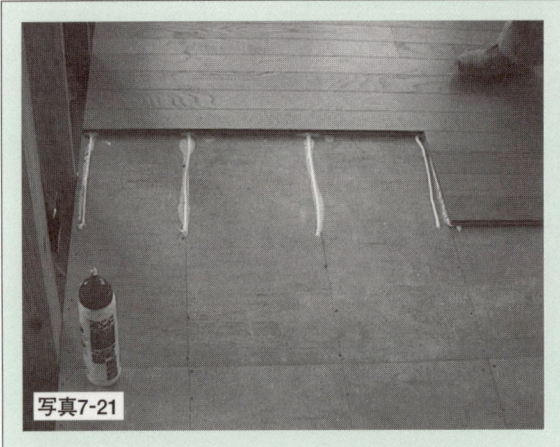

写真7-21

写真7-22

仕上材張りには，釘止めだけでなく接着剤を併用して固定することが多くの場合に行われており，写真7-21の事例では木工用ボンドを使用しています。

厚板を使用して捨て張り合板を省略する方法もあり，写真7-22の事例では，厚さ38mmの無垢板を使っています。設計者の方々にはこうした仕様なども含めて，できるだけ接着剤や合板を使用しない方向で検討していただければと思います。

**天井下地は，上階の振動に対する配慮が必要です。**

　1階の天井の吊木を2階の根太に取り付けている事例（写真7-23）を散見します。2階床の振動の影響を天井が強く受けることになりますので，公庫仕様書にも記載があるように，大梁間に吊木受けを設けて，そこに吊木を取り付けることが必要です。

写真7-23

写真7-24

　天井が垂れ下がって見える錯覚への対策として，通常は部屋の中央部分を高くするように「起（むく）り」を付けますが，その寸法や「起り」の要否も含めて，ある程度は大工さんに任せたほうがよい結果が得られることが多いといえます。

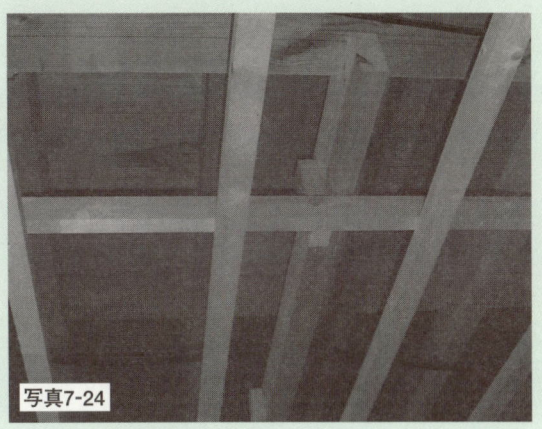

　ただし，これは大工さんにすべて任せてしまえばよいといっているわけではありません。この問題に限らず，設計段階から大工さんの考えを聞くことで，お互いの意志疎通を図っておくことは非常に重要であり，そのうえでの話であると考えていただきたいと思います。

**天井材の施工の際に使用する接着剤についても配慮してください。**

　クロス張り仕様の天井下地としては，プラスターボードを使用する事例が多いといえますが，写真7-25のような合板への隠し釘打ちによる天井なども含め，多くの場合，接着剤（写真7-26の事例では木工用ボンド）を使用します。健康への配慮を建築主から依頼されている場合は，施工上支障のない必要最小限にとどめるよう事前に打合せをしておき，その旨を特記仕様書などに記載しておくことをお勧めします。

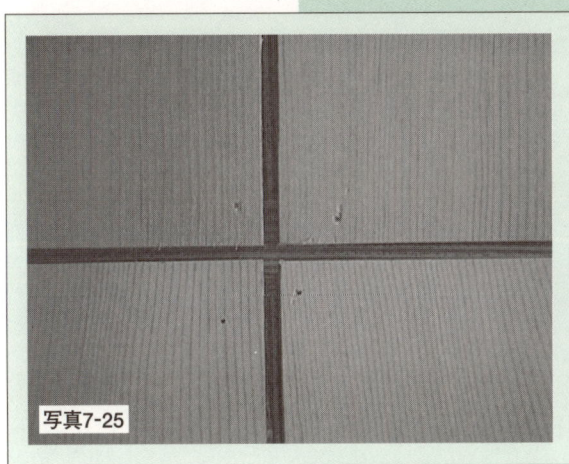

写真7-25

写真7-26

## STEP 7-3-2　断熱工事

**不具合な施工を避けるために，担当の大工さんと事前に話合いをもつことをお勧めします。**

　ここでは施工上よく見られる不具合事例を紹介しています。これは，仕様書などに注意事項を明記しておく必要性を理解していただきたいという意図からですが，図面に記載するだけでなく，担当の大工さんと直接話し合う機会をもっていただければと思います。

　なお，断熱材として本書はロックウール，グラスウール，ポリエチレンの3種類に絞り込んでおり（104，111ページ参照），以下の記載はこの3種の断熱材に限っていることをお断りしておきます。また，外壁通気構法の採用が必須となりますが，それについては126ページを参照してください。

**グラスウール断熱材の防湿層の向きと取付け方法に注意してください。**

　グラスウールは吸湿性がありますので，壁内に湿気が侵入するとカビなどが発生するおそれがあります。こうした問題を起こさないために，グラスウールには防湿層が設けられており，これを室内側に向けて取り付けることが基本です。まれではありますが，現場ではこうした初歩的な注意事項が守られていないこと（写真7-27○印）があります。

写真7-27

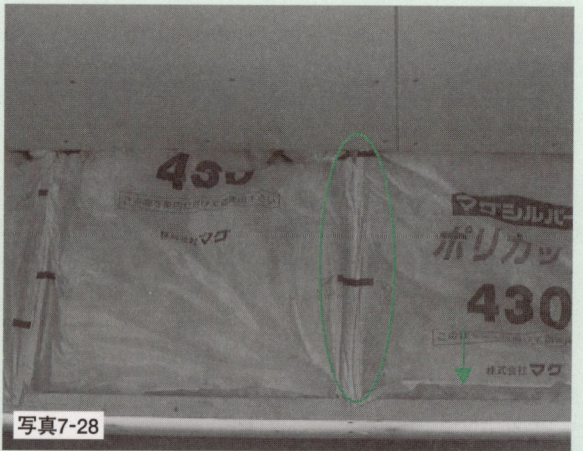

写真7-28

**写真7-28、写真7-29：**
　公庫仕様書では、断熱材の耳の部分を間柱にかぶせて施工する（写真7-28○印）よう明記されていますが、写真7-29のように間柱に横方向から止めている仕事が多数派です。これでは防湿層が間柱部分で切断されることになり、仕上材との間に空間（写真7-29○印）もできることから、この部分に結露を生じるおそれがあります。
　また、写真7-28の→印は、きちんとふさがれていませんが、こうした仕事が少なくありません。
　こうした現状からみて、公庫仕様書と記載が重なりますが、図面や特記仕様書などにもこれらの点を明記することで、施工会社に注意を喚起していただきたいと思います。

写真7-29

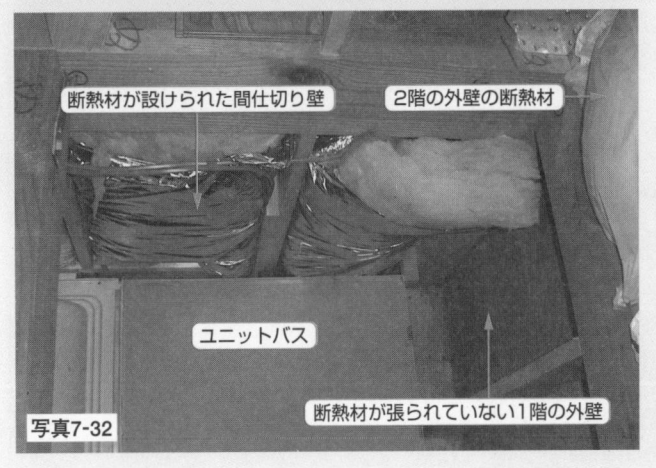

**写真7-30:**
　この写真のような施工事例を散見しますが、いずれにしても充てん断熱の場合は、胴差し部分で断熱材が途切れることから、この部分で断熱性能が落ちることになります。ただ、性能は劣りますが、胴差し部分もグラスウールの1/3程度の断熱性能はもっていますので、無断熱部分を生じさせている仕事と比べれば良好な室内環境が確保できます。断熱材は胴差しの下端まで伸ばすことを、図面や特記仕様書に明記しておくことをお勧めします。

**写真7-31、写真7-32、写真7-33:**
　ユニットバスの床、壁、天井に断熱材が標準仕様として設けられていない製品があります。また、当初から設けられている製品やオプションとして設けることができる製品でも、スペースの関係からあまり厚い断熱材は使用できませんので、ユニットバス本体の断熱性能にはあまり期待できないものが一般的なようです。
　断熱を考える場合は、建築側でも対応する必要がありますが、その素材には注意する必要があります。ユニットバス本体の気密性はかなり高いといってよいと思いますが、天井点検口の気密性にはあまり期待できない製品があります。吸湿性の点から、ポリエチレン系の断熱材を使用することをお勧めしますが、予算が許せばユニットバス本体の断熱材も設けることをお勧めします。
　なお、ユニットバス部分を外部と考えて、外壁部分の断熱材を省略してしまう事例（写真7-31○印、写真7-32）があります。建築主がユニットバスの断熱は不要であると割りきっているのであれば、こうした考え方もあると思いますが、この際に上階の床下部の断熱が忘れられてしまう場合（写真7-33）がありますので、そうしたことがないよう、この点を図面に明記しておくことをお勧めします。

部位によっては，吸湿性の少ないポリエチレン系断熱材の使用をお勧めします。

　床下の断熱材としては，湿気がこもりがちなことも考慮して，吸湿性の少ないポリエチレン系断熱材を指定することをお勧めします。ただ，ポリエチレン系断熱材は軟らかい素材ですので，扱いには注意が必要です。

**写真7-34：**
　ポリエチレン系断熱材を床に取り付けた場合，軟らかいためにこの施工事例のようにたわみがちです。メーカーの仕様書にも記載されていますが，たわみ防止用のピン（図7-16○印）を450mm前後（メーカーの仕様では500～600mmとなっている場合が多いようです）のピッチで設けることを，図面や仕様書に明記しておいていただきたいと思います。

**写真7-35：**
　断熱材の標準寸法から外れた部分（写真-35○印）の仕事は，ずさんなものになりがちです。この仕事では，グラスウールを細かく切ってすき間に詰め込んでいます（→印）が，結露の問題を考えると好ましくありません。
　建具の寸法や形状は外観だけでなく，このような部分が生じないような配慮もしたうえで決定する必要があることを，こうした仕事から理解していただければと思います。
　なお，こうした部分が生じることが避けられない場合は，吸湿性の少ないポリエチレン系断熱材を使用するよう指定しておくことも解決策の一つです。

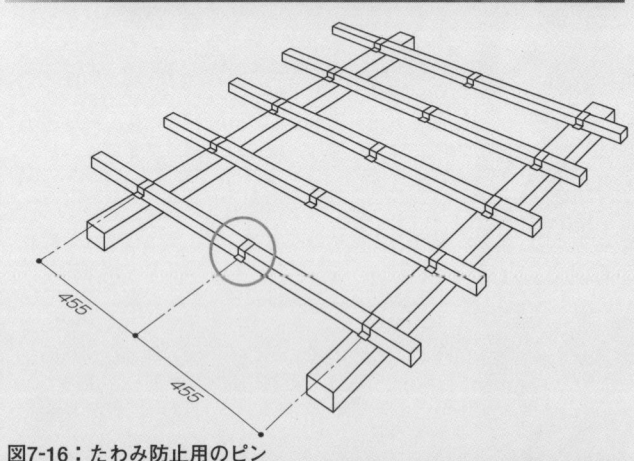

写真7-34

図7-16：たわみ防止用のピン

写真7-35

### STEP 7-3-3　外部造作工事

> 外壁や外壁下地の仕様に関しては，「多くの事例で採用されている仕様」だけに絞り込んで記載しています。

　外部造作工事として大工さんが行う工事には，外壁下地材の取付け，バルコニー回りの造作，庇の取付け，軒天井張り，外壁通気仕様の縦胴縁の取付け，などがあります。
　多種多様な建材が流通している今日，それらのすべてをここで取り上げることはできません。ここでは「多くの事例で採用されている仕様」という視点から，外壁仕上げとして，サイディング張り，タイル張り，左官仕上げの3つに共通した外壁下地について記載しています。また，111ページで述べたように，結果として外断熱（外張り断熱）仕様をお勧めしていないことから，外断熱仕様の外部造作工事は本節では割愛していることをお断りしておきます。

> 外壁の下地は，素材も含めて仕様を明記することをお勧めします。

　外壁の下地としては，木摺下地と合板下地の2つがあります。写真7-36はスギを使った木摺下地の事例ですが，一部に辺材が使われています。外壁下地は防水紙でカバーされてはいますが，漏水の影響を受けやすい部位といえますので，できれば図面や仕様書には，耐腐朽性を考えて心材だけの使用とすること，使用釘はステンレス製とすることなどの明記をお勧めします。
　写真7-37は合板下地の事例ですが，合板が小割り（○印）にされています。建築基準法では，構造用合板の下地には耐力を期待できることになっていますが，規定厚さ以上の合板に，規定長さ以上の釘を規定以下の間隔で固定したうえで初めて所定の耐力が得られることを忘れてはなりません。

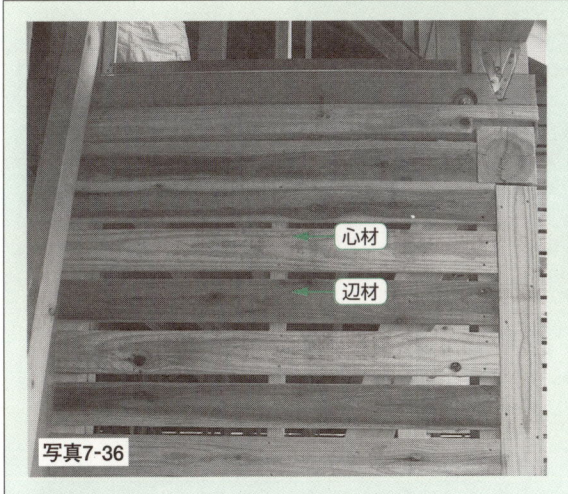

**写真7-36：**
　建築基準法では、木摺下地には耐力を期待できる（壁倍率0.5）ことになっていますが、施工状態によるばらつきが大きいといわなければなりません。この仕様の壁は、は、できれば必要壁量計算からは除外しておくことをお勧めします。

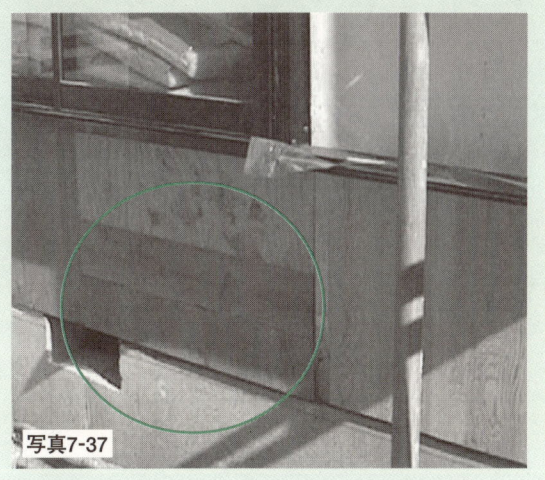

**写真7-37：**
　職人さんの資質による施工品質の差は木摺下地ほど大きくないといえますが、この事例のような施工では、これが無開口の壁であっても、地震時の水平耐力は期待できません。耐力を期待していない場合でも、こうした仕事は極力避けねばなりません。なお、表面処理を施すことでラスを不要とした製品がありますが、防水剤などが使用されていることから、特に健康をうたうような住宅にはあまりお勧めはできません。

## 外壁の通気層の厚さに配慮してください。

外壁の通気措置はかなり一般的になってきているようですが，通気層の厚さについては，公庫仕様書を始めとしてCHBAのビルダーズマニュアルや，透湿防水シートのメーカーなどもその寸法を明示してはいません。通気スペースの下部の納まりは，既製品の水切り金物を使う事例が多いようですが，それらの多くは20mm前後（写真7-38）の寸法となっています。これは21mm×45mm前後の縦胴縁を使用している事例が多いことと符合します。

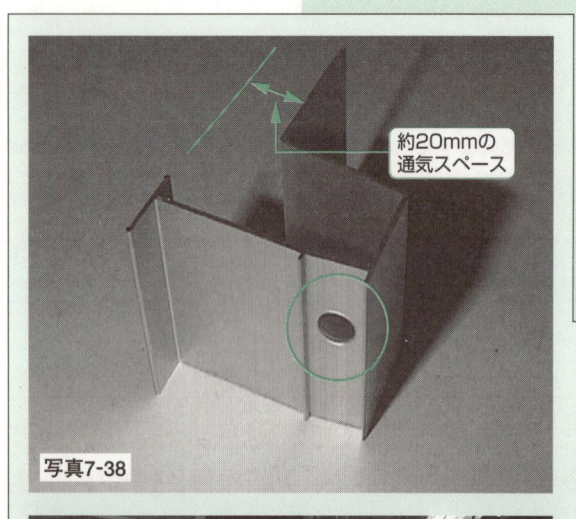

しかしながら，「空気の粘性から厚さが15mm程度では，上下で温度差をつけるか，よほどの吸引あるいは吹込み圧力がかからないと静止している」と指摘している専門家がおられることや，断熱材のせり出しや透湿防水シートの施工状態などを考えると，図面上で30mm以上の通気層の厚さを確保しておくことは必要最低条件と考えていただきたいと思います。

**写真7-38：**
既製品は、通気口（○印）が小さい製品が少なくありません。できればステンレス板などを曲げ加工して製作することをお勧めしますが、既製品を使用する場合は、強度上の許せる範囲で開口を増やすことを検討していただければと思います。

**写真7-39、写真7-40、図7-17：**
縦胴縁でよく見られる不具合は、胴縁と窓の下枠や軒天井との間に空気が抜けるすき間（写真7-39○印）がないことです。写真7-39の事例では、軒天井部分のすき間はありますが、窓の下枠にすき間がありません。この部分をふさがないよう、特記仕様書に明記しておくことをお勧めします。

なお、公庫仕様書には横胴縁の図が載っており、そうした事例（写真7-40）も散見しますが、空気の通り抜けを考えると抵抗が大きくお勧めできません。縦胴縁を採用することをお勧めします。

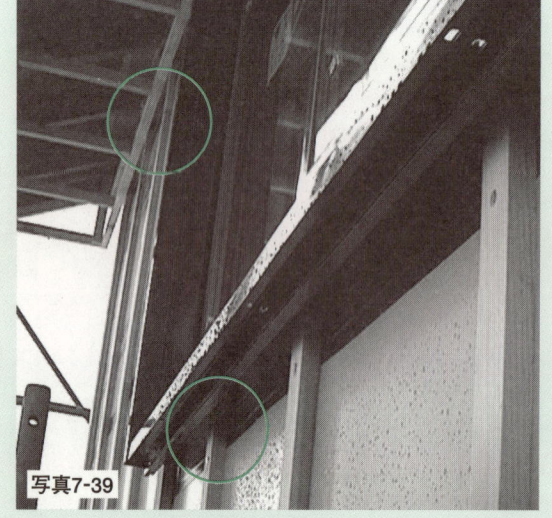

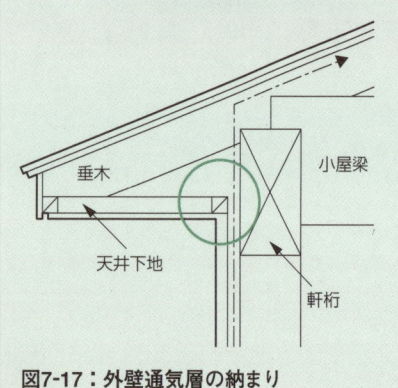

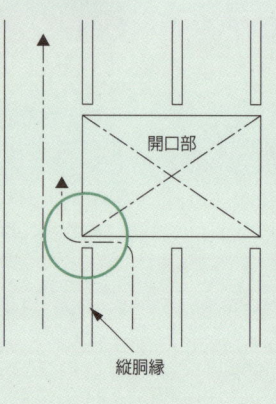

図7-17：外壁通気層の納まり

> 防水紙の下地板を省略しないようにしてください。

透湿防水シートは，下地板なしに柱の外側に直接施工することもあって，写真7-41のように，下屋部分の防水立ち上がり部の下地板（写真7-42○印）を設けずに，屋根の防水紙が施工されてしまう事例が少なくありません。下地板がないと，写真7-41○印のように，防水紙が不十分な施工状態となってしまう場合が少なくありません。下地板を設けることは公庫仕様書にも記載はありますが，特記仕様書などにも記載しておくことをお勧めします。

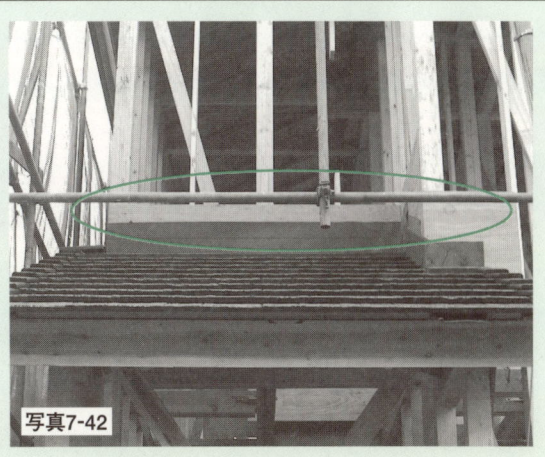

写真7-41

写真7-42

> 大工さんは増し締めを忘れがちですが，それ以前に含水率の高い木材を使用させないことも重要です。

気乾含水率に達していない材が使われることの多い現状では，建方以後に徐々に乾燥が進行することになります。特に，スギ材は含水率が高い材を使用している場合が多く，乾燥のためにナットの緩みが発生することは避けられないと考えておく必要があります。残念なことに，締め直し（増し締め）を忘れてしまう大工さんが少なくありませんので，造作工事や断熱工事によってナット部がふさがれてしまう前に，必ず増し締めを実行させていただきたいと思います。設計図や仕様書にその旨を明記することは当然ですが，担当の大工さんと直接話す場を設けて，念押ししておくことをお勧めします。

なお，木やせ追従型と呼ばれている，緩みを防止できることをうたった金物やスプリングワッシャーなどを使用した金物（写真7-43）があります。これらの金物の使用を否定しませんが，増し締めが不要になるとは考えないほうがよいこと，強度データを明示している製品に限り使用することをお勧めします。

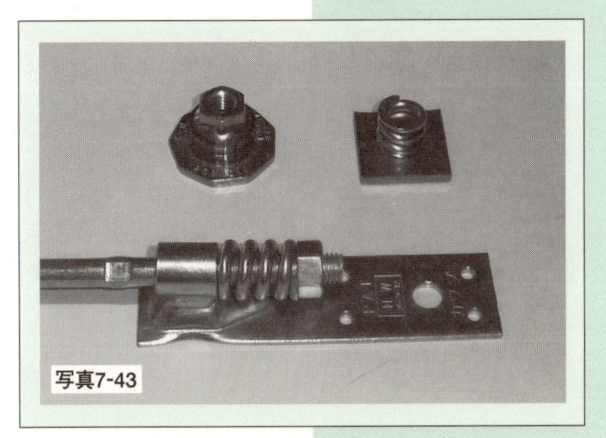

写真7-43

## STEP 7-3-4　金属製建具工事

> サッシと透湿防水シートの取合い部に注意してください。

住宅用の金属製建具の納品は、通常はガラス屋さんが行いますが、取付けは大工さんが行います。

金属製建具は、内付け、半外付け、外付けの3つのタイプに大別できますが、いずれのタイプにしても、外壁材とサッシの取合い部のシーリング（2次シール：図7-18○印）だけですませることは避けなければなりません。シーリングが劣化することを考慮し、防水紙とサッシとの取合い部の処置（1次シール：図7-18◯印）を図面に明記しておくことをお勧めします。

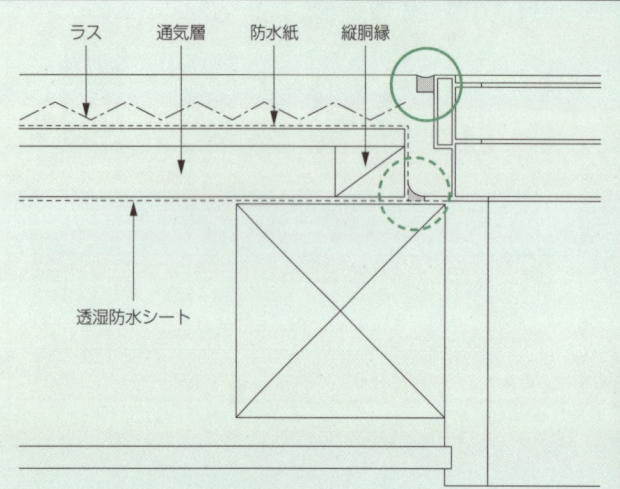

図7-18：外付けタイプ・左官仕上げ

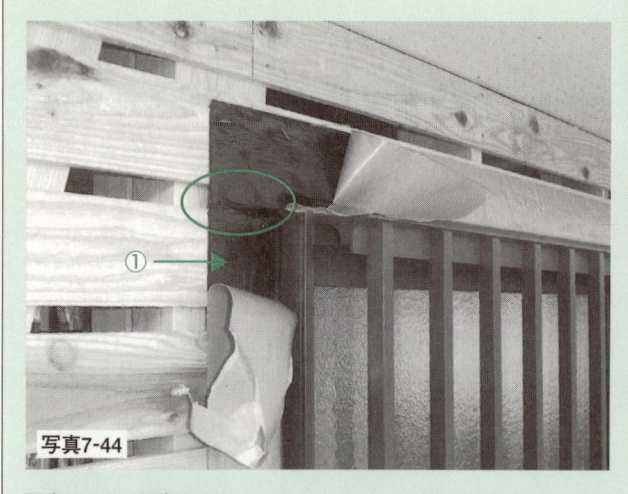

写真7-44

写真7-45

**写真7-44、写真7-45：**
　建具回りの防水施工の手順としては、まず1次シール（防水テープ：写真7-44①）を施し、そこに透湿防水シート（写真7-45②）が取り合い、通気層をもつ造りであれば、その上に胴縁を取り付ける、ということになります。
　防水テープの施工の際に、写真7-44の事例のように木摺がある場合は、そこに防水テープを密着できますが、写真7-45のような状態では、下地の幅の狭い木口部分だけでしか防水テープが密着できず、防水テープと透湿防水シートが浮いていることがあります。また、木摺があってもすき間部（写真7-44○印）で、防水テープと透湿防水シートが密着していないことがあります。
　防水テープを施工するのは、通常は防水屋さんですが、下地を取り付けてはくれません。大工さんにやってもらわなければなりませんので、透湿防水シートと防水テープとの密着面を、最低でもテープ幅だけは確保するために、写真7-45に-----印で表示した位置に下地材を設けることを図面に明記していただきたいと思います。
　なお、138ページ・写真7-67の事例では、下地塗りの段階にもシーリングを施しています。三重にシールを施していることになりますが、窓回りは漏水が発生しやすい場所の一つであり、窓上に庇等がないなどで風雨の影響を強く受ける場合には、こうした処置も必ず加えておくことをお勧めします。

## ● STEP 7-4　その他の職人さん関連の作業の仕様を決定する

**以下の仕様の決定に際しては，可能な範囲で担当の職人さんと話し合うことをお勧めします。**

躯体工事と並行またはそれ以降に行われる，大工さん以外のその他の職人さんの作業としては，「屋根・板金工事」，「左官工事」，「外装工事」，「タイル工事」，「内装工事」，「木製建具工事」，「塗装工事」，「給排水・ガス・電気・空調設備工事」，「住宅機器設備工事」，「防腐・防蟻工事」などがあります。

ここでは「屋根・板金工事」，「左官工事」，「外装工事」，「給排水・ガス・電気・空調設備工事」の施工品質について取り上げています。なお，「防腐・防蟻工事」については，STEP 7-5で確認してください。

これらの工事に使用される材料の種類は多岐にわたり，それらのすべてをここで取り上げることはできません。読者の方々が知りたいと考えておられる内容が記載されていない場合があることをお断りしておきます。

## STEP 7-4-1　屋根・板金工事

**屋根葺き材の耐久性は，素材選定上の重要な要素です。**

屋根葺き材に限らず多種多様な建材が流通していますが，本書の主題は施工品質の確保ですので，健康の視点からの評価を除き，建材についての評価はしていません。ただ，屋根葺き材は建物の耐久性に与える影響が特に大きいことから，耐久年数のデータと合わせて筆者の考えを載せることとしました。読者の方々の，素材選定の参考にしていただければと思います。

**表7-9：おもな屋根葺き材と耐久年数** [13]

| 屋根葺き材 | 耐久年数 |
|---|---|
| セメント瓦 | 5年～　20年 |
| 亜鉛めっき鋼板 | 5年～　40年 |
| 化粧スレート | 10年～　50年 |
| ステンレス | 20年～　60年 |
| 銅板 | 20年～100年 |
| 本瓦 | 20年～　∞ |

屋根葺き材の耐久性に関しては，多くの研究結果が公表されていますが，立地の環境などにより大きな差が出ることから，汎用性のある評価はなかなか難しいといわなければなりません。表7-9におもな屋根葺き材に関する耐久年数を記しましたが，かなり幅のあるものとなっており，あくまでも一つの目安にすぎないという点に注意してください。

この表から，亜鉛めっき鋼板が40年もつのであればそれで十分と考える読者の方もおられるかもしれませんが，短い場合は5年という可能性がある点にも着目していた だかねばなりません。また、いわゆるめっき鋼板は、曲げ加工をした部位のめっき面が防錆上の弱点となります。

化粧スレート葺きでは、亜鉛めっき鋼板を棟や「けらば」などに使用する場合が多く、化粧スレート自体の寿命よりも、金属部分の寿命が屋根全体としての寿命を決定してしまう場合があることにも注意していただきたいと思います。

屋根葺き材は、厳しい自然条件に長期にわたって耐えることを要求されています。ただ、素人である建築主が自らの手でメンテナンスをすることはなかなか難しく、雨漏りが発生するまで故障には気がつきにくいことや、高温多湿で雨の多い日本の気候では、この部分の劣化が建物の寿命に与える影響が大きいこと、などを考えると、屋根には高い耐久性能をもった素材を使用したいことに読者の皆様も異論はないと思います。性能表示制度で規定されている等級付けだけに目を向けるのではなく、法で規定されていなくても、専門職としての自らの判断で必要と考えた指標を建築主へ説明していただきたいと思います。

なお、瓦は荷重がトップヘビーとなる問題や、化粧スレートには建物解体時の石綿の問題などがあります。素材の選択にあたっては、こうした点にも配慮していただければと思います。

| **現在の木造住宅の屋根防水は，RC造などでいう「防水」のレベルにはないということを知ってください。** | 本書では，通常の扱いに従い「屋根・板金工事」のなかで屋根防水工事を扱っていますが，防水紙の張込み工事は，工事項目として「屋根防水工事」と単独で表記してもよいほど重要な工事です。しかしながら，誤解を恐れずにいえば，木造住宅における現在の屋根防水の内容は，本来の意味での「防水」という言葉を使うにはふさわしいレベルではない，という認識も設計者としてもっておいていただきたいと思います。 |

　雨が多く湿度の高い期間が長い日本の気候では，防水性能の良否が建物の寿命に大きく影響することは多言を要しないと思います。屋根工事の職人さんたちの多くは，防水性能の施工品質の確保に努力してくれていますが，筆者には不十分と感じられる仕事も散見されます。

　多くの場合，木造住宅の見積書のなかでの屋根防水の扱いは，「屋根・板金工事」のなかの一項目として記載されるか，屋根葺き材一式の費用のなかに「ルーフィング張り共」などとして記載されるかのどちらかが多く，RC造の建物のように，「防水工事」のなかの一項目として記載されることはありません。

　木造住宅の「防水工事」に含まれる項目としては，バルコニーや浴室回りの防水，金物や窓回りのシーリングなどになります。これは，工事手配の違いによるという側面もあり，その意味ではどちらが良くてどちらが悪いという問題ではありません。ただ，「屋根防水工事」として単独で表記されないことが不十分な施工につながっているとしたら，設計者としては，施工者や職人さんたちに対して意識改革へ向けての努力を払うよう働きかける必要がある，と考えていただきたいと思います。

| **防水紙の立ち上がりの出隅部についても図面化しておく必要があります。** | 　下屋の屋根と2階の壁の出隅が取り合う部分は，写真7-46の〇印のように，防水紙が不十分な納まりになりがちです。こうした部分の防水紙は，図7-19（本図はCHBAの施工マニュアルの窓回りの防湿層の納まりからの抜粋です）に準じた考え方で，切断部を設けずに納めることができますが，アスファルトルーフィングは折り曲げには弱く，このような施工には不向きです。ポリエチレン製の透湿防水シートを屋根用に開発した製品を使用することや，外壁の透湿防水シートを延長して屋根の防水紙と取り合わせるということなども解決策の一つだと思います。<br>　いずれにしても，こうした部分の防水紙の納まりを施工者が理解できる形で図面化しておくことは，施工品質を確保するために非常に重要であると理解していただければと思います。 |

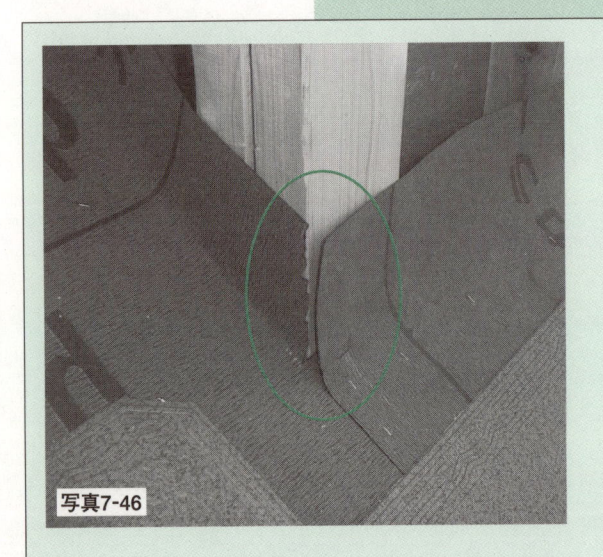

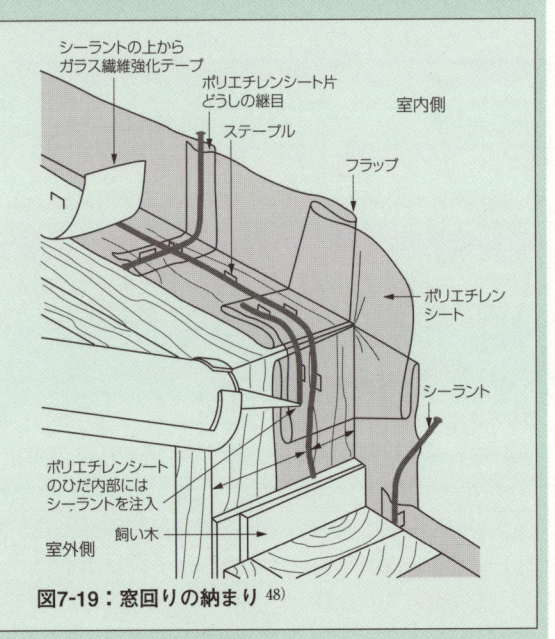

写真7-46

**図7-19：窓回りの納まり** [48]

**防水紙の張込み方向は注意が必要です。**

雨水の流れに並行する防水紙の継目（以下「縦の継目」といいます）は、防水上の弱点となることから、そうした部分を少なくするために、軒先のラインに平行に、軒先から棟へ向かって重ねしろを最低100mm以上確保しながら張り込んでいくことが原則です。

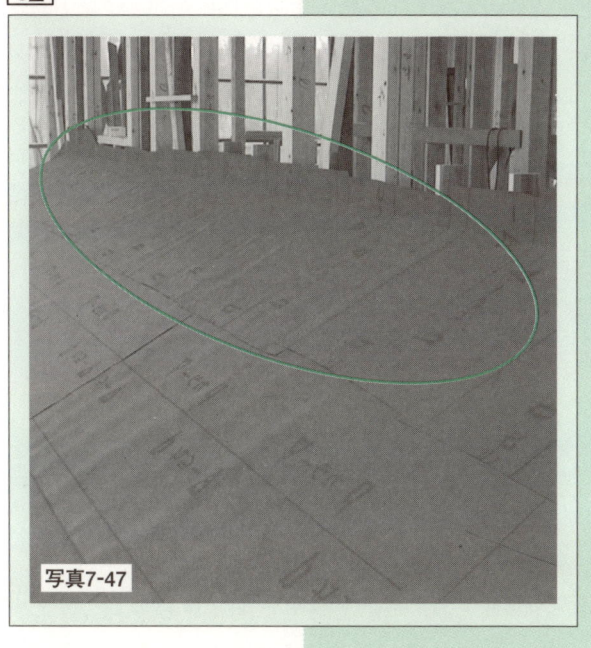

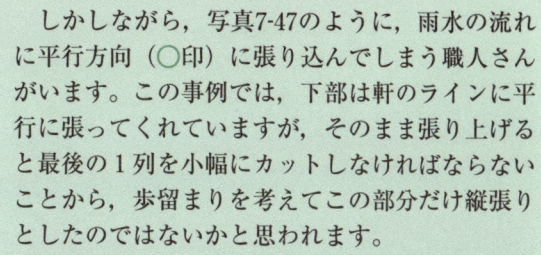

しかしながら、写真7-47のように、雨水の流れに平行方向（○印）に張り込んでしまう職人さんがいます。この事例では、下部は軒のラインに平行に張ってくれていますが、そのまま張り上げると最後の1列を小幅にカットしなければならないことから、歩留まりを考えてこの部分だけ縦張りとしたのではないかと思われます。

公庫仕様書には、軒先に平行に張り込むことが明記され、そうした解説図も書かれていますが、特記仕様書にも横張りとすることを明記していただければと思います。

写真7-47

**屋根の形状は、施工を考慮した納まりとするよう配慮してください。**

軒が深い場合に、軒先のレベルが異なる屋根が重なった部分の工事は特に難しい（写真7-48○印）といえます。作業のしにくい個所の品質はどうしても低下する傾向があり、設計者の方々には、できればこうした部分をつくらないような配慮をお願いしたいと思います。

写真7-48 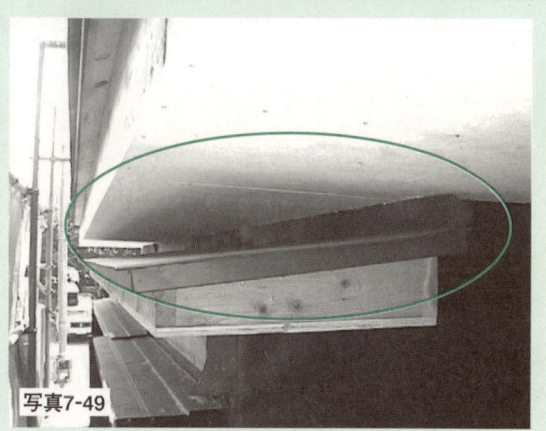　写真7-49

**写真7-48、写真7-49：**
出窓部の屋根と本体の屋根の軒下との距離が小さい場合（写真7-49○印）は、屋根工事だけでなく軒天井の造作や塗装工事を担当するそれぞれの職人さんが苦労することになります。建築基準法上での出窓の扱いとすれば、容積率の算定対象外となるためにこうした形にする場合があるようですし、こうしたことで建築主の要望に応えることを否定するものではありません。ただ、そのために施工品質の低下を招いてしまうことのないように配慮をお願いしたいと思います。

> 防水紙や板金で、完全に雨水の浸入を防げるわけではありません。

前述したように、ロール状の防水紙を使用する以上は縦の継目は必ず発生し、それは防水上の弱点となります。しかしながら、木造建築の防水上の弱点はそれだけではありません。公庫仕様書にも記載があるように、防水紙はタッカー釘を脳天打ちで止めていきます。当然、防水紙には穴があくことになりますが、その個所数が非常に多いことにも注意しなくてはなりません。

下地の挙動に追随でき、その上に屋根葺き材が施工できる防水材料は筆者の知る限りではありませんので、残念ですがこうした弱点は今のところ避けることはできません（屋根用に開発された透湿防水シートは、経年変化も含めた評価はこれからと考える必要がありますが、メーカーによれば釘穴の止水性を有しているとのことです）。

写真7-50のように、タッカー釘を不必要なまでに打っている事例も少なくありませんので、必要な場所に限定することを特記仕様書に明記していただきたいと思います。可能であれば事前に職人さんの意見も聞いたうえで、一方的にならない特記仕様書としていただければと思います。

誤解を恐れずにいえば、板金工事にはあまり高い防水性能は期待できません。それは、板に切り込みを入れながら折り曲げて組み上げるだけ（写真7-51）であることを見ていただければ理解してもらえると思います。そのために、板金の継目部にシーリングを施している事例（写真7-52○印）もありますが、外部に暴露されたシーリングは劣化が早く、場所によっては数年で補修が必要になる場合もあり、特に上端シーリングは雨水を受ける形になるため好ましくありません。

極論ですが、今の木造建築は、ある程度の雨水の浸入を許してしまうことを前提に成り立っていると考えておいていただきたいと思います。外観は重要な要素であり、設計者の方々にとっては簡単なことではないと思います。ただ浸入した雨水を少しでも速やかに外部へ排出できるように、緩い屋根勾配はできる限り避け、写真7-50、写真7-51のような納まりを必要としない、極力シンプルなデザインとすることが、建物の寿命に大きく影響することを理解していただければと思います。

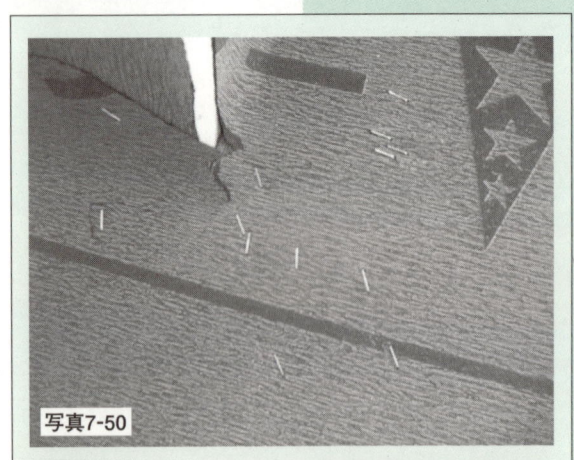

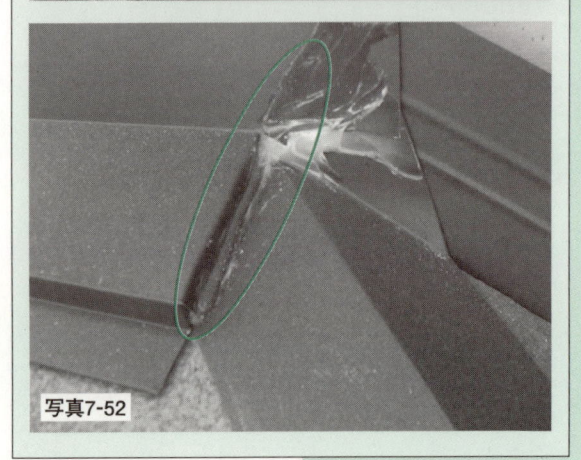

写真7-50

写真7-51

写真7-52

## STEP 7-4-2　外壁防水工事

**屋根防水工事と同様に，外壁の防水の重要性を認識する必要があります。**

　外壁の防水工事は，大工さんが透湿防水シートや縦胴縁まで施工することもありますが，通常は左官，タイル，サイディングなどの外壁仕上材を施工する職人さんの手配に含まれます。したがって，見積書でも「外壁防水工事」として記されることはほとんどありません。ただ，屋根防水と同様に木造住宅の場合は，外壁からの漏水も建物の寿命に大きな影響を与えます。軒の出が小さい事例が増えている現状では，防水紙の張込み工事は，工事項目として「外壁防水工事」と単独で記載してもよいほど重要な工事であるということを理解していただきたいと思います。

**防水紙の張込み方向を図面に明記しておくことをお勧めします。**

　防水紙の張込み方向に関しては，公庫仕様書の解説図には縦張りが描かれています。確かに，写真7-53のような状況では，縦張りのほうが仕事がしやすいといえます。ただ，縦張りと横張り（写真7-54）を比較すれば，後者のほうが浸入してきた雨水に対しては問題が少ないといえます。

写真7-53

写真7-54

**写真7-53、写真7-54、写真7-55：**
　屋根の防水紙と同様に、壁の防水紙もタッカー釘で止めることが基本ですので、防水紙には釘穴があくことになります。屋根に比べてこうした部分からの雨水の浸入はかなり少ないといえますが、それでもゼロということはあり得ません。タッカー釘は適切な位置での固定にとどめることを特記仕様書に明記しておくことをお勧めします。
　写真7-55の○印は、防水紙を小さく切って張り合わせています。壁の形状と材料の歩留まりを考えてこのようにしたと思いますが、歩留まりが悪くても防水性能を考えて、壁の形状に合わせて切り込んでいただきたかったと思います。
　こうした部分への指示が何もないとこうした仕事があり得ると考え、防水紙は壁の形状に合わせて切り込むことを図面や特記仕様書に明記しておくことをお勧めします。ただ、このような形状を避けた計画とすれば、そもそもこうした仕事は発生しません。設計者の方々には、防水工事の施工性にも配慮した計画をしていただければと思います。

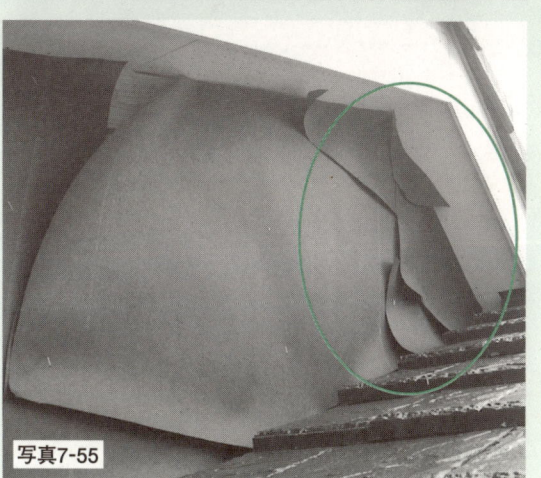

写真7-55

# STEP 7-4-3　外部左官工事

**ラス下地の施工品質は，モルタルの剥落に影響します。**

外壁に使用するラスは，剥落防止の観点から0.7kg/m²以上の太径の製品を指定していただきたいと思います。ちなみに平ラス1号は0.45kg/m²，波形ラス1号は0.7kg/m²，リブラスA1号は1.4kg/m²となっています。また，留め釘やタッカー釘はできるだけ足の長いものを指定することをお勧めします。

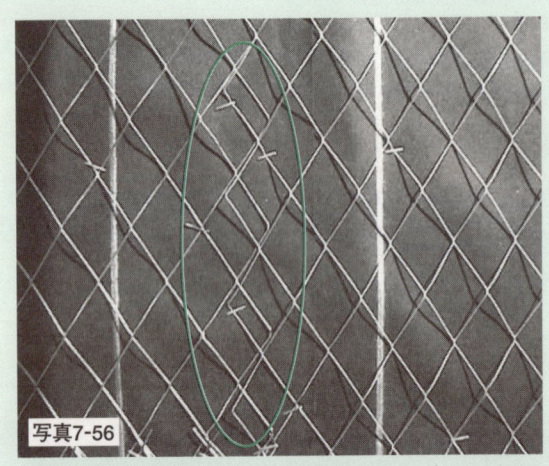

ラスにはめっきが施されていますが，切り込みを入れた平板を引き伸ばしてつくられますので，当然ですが切断面にはめっきがありません。ラスが錆びるまでの期間がラスモルタル壁の寿命とすると，塗り厚さが関わってくることになります。現実問題として，コンクリート構造物と同等のかぶり厚さをとるわけにはいきませんので，長期の寿命をもたせるには，モルタル表面への塗膜が重要であることを理解していただきたいと思います。

公庫仕様書には，ラスは重ねしろを30mm以上とり，力骨（写真7-57→印）を設けることが規定されていますが，写真7-56，写真7-57の○印部分のように守られていないことが少なくありません。ラスモルタル壁には，建築基準法でも認められているように一定の防火性能がありますが，先の阪神大震災では揺れのためにモルタルが剥落してしまい，防火性能がまったく発揮できなかった事例も少なくなかったようです。

また，ラスは千鳥に張るようにも規定されていますが，これも剥落の可能性を減らすためですが，写真7-58のように，「いも」に張ってしまう職人さんがいます。力骨が省略されがちなことを前提にすれば，リブラス（写真7-59）を指定することも，施工品質を守る方法の一つといえます。メーカーによっては，施工にあたっての注意事項が印刷された防水紙をセットで用意しているところもあり，この製品の使用事例には比較的施工状態が良いものが多いようです。

公庫仕様書には，モルタルのひび割れ防止のために，開口部には平ラス1号以上を斜め張り（写真7-57○印）するように規定されており，斜め張り自体は比較的守られていますが，斜め張りには平ラス1号を使用している事例がほとんどのようです。前述したように，これは径が細いので，できれば少しでも太い径のラスを指定していただきたいと思います。

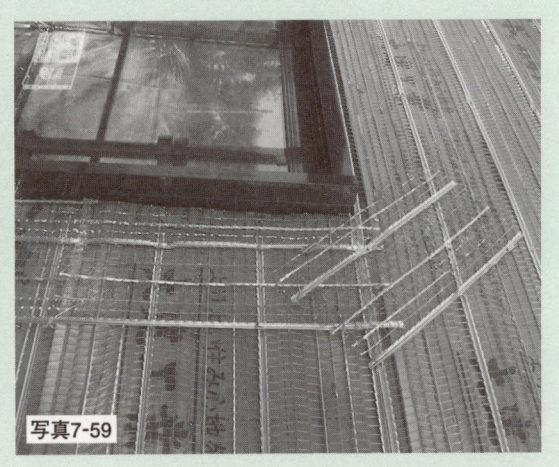

写真7-56

写真7-57

写真7-58

写真7-59

> モルタルの材質を選ぶ際には、性能を十分見きわめて特記仕様書に指定してください。

モルタル塗り仕上げの最大の問題点は、ひび割れといえます。これを防止するために、通常は混和剤が使用されますが、これは現場で調合する場合と既調合品を使用する場合の2つに大別できます。混和剤のなかにはひび割れ防止には有効でも、モルタルの品質として見た場合には防火性、透水性、強度などが劣ってしまうものがあり、そうした製品の指定は避けねばなりません。

### 既調合モルタルはその内容をよく確認してください

現場調合品には、防火性や強度などのデータが提示されていない製品があることや、調合のばらつきなども見られることから、原則として現場での調合は避けて、既調合品を特記仕様書で指定しておくことをお勧めします。ただ、既調合品のなかには、防火の認定は取れていても通則認定が取れていない製品があります。通則認定は、防火だけでなく強度なども含めた規定ですので、これが取れていない製品は、価格が安いという魅力があったとしても、モルタルの剥落の可能性を増すことにもつながりますので、指定しないことをお勧めします。

なお、日本建築仕上材工業会発行の『施工の手引き』にもあるように、既調合モルタルは1日で下塗りから中塗りまでを完了させることができますが、ある程度の日数をあけて施工することを希望するメーカーもあるようです。選定した製品の施工要領書に従った日数を、特記仕様書にも記載しておくことをお勧めします。

また、仕上げに際しての養生期間は、製品によって異なる場合があり、散水養生や練り置き時間の限度など、注意するべき点もいくつかあります。混和剤の材質などに関しては、公庫仕様書に規定はありませんので、使用条件を満たす製品かどうかを十分に吟味する必要もあります。それぞれの製品の仕様書や施工要領書を確認し、特記仕様書にも記載しておくことをお勧めします。

> 地覆部のモルタル塗りを省略するには、施工会社や職人さんの同意が前提です。

住宅工事では多くの場合、基礎部分のコンクリートの型枠としては鋼製型枠を使用しますので、コンクリート表面の平滑度が高く、さらに型枠の剥離剤が付着していることもあり、モルタル塗りの下地としてはあまり適当とはいえません。モルタルが浮いてしまった場合は、下地のコンクリートとのすき間がシロアリの侵入ルートとなる可能性も否定できませんので、シロアリの被害が多い地域では、建築主の了解が得られればモルタルは塗らないことをお勧めします。

ただ、地覆部をコンクリートの打放しとするには、型枠の施工精度を守ること、コンクリートの品質や打設に十分配慮すること、地覆部が汚れないように養生すること（写真7-60）、などへの気配りが欠かせません。これらを特記仕様書に記載するとともに、施工会社はもちろんですが、鳶さんにも事前の同意を取りつけておくことをお勧めします。こうした点への配慮なしに、単純にモルタル塗りをやめるというわけにはいかないということに、注意していただきたいと思います。

**写真7-60：**
外周に養生シート（→印）が施されています。アンカーボルトの形状からわかるように、この事例は在来工法ではなく鉄骨造の事例です。基礎の打設は工事の最も初期の段階ですから、周辺が土のままということもあって、竣工までの間にかなり汚れることになります。在来工法以外では、こうした配慮を当たり前のようにやっているところもあることを知っていただき、良いと評価できるところは積極的に取り入れていただきたいと思います。

### STEP 7-4-4　サイディング工事

> サッシや板金との取合いは，施工しやすい納まりとしてください。

左官仕上げであれば，鏝が入る幅さえあればなんとか仕上げることは可能ですが，サイディングの場合はボードの固定だけでなく，シーリングの作業性も考える必要があります。

写真7-61の〇印は，ボード自体もきちんと納まっていませんし，これだけ狭い部分ではサッシ回りのシーリングの施工品質にも期待はできないと考えなければなりません。

写真7-62，写真7-63は131ページ・写真7-49の庇の板金とサイディングとの納まりです。板金で水返し（写真7-63〇印）を意匠的にすっきり加工することには限界があり，サイディングもあまり複雑な形の加工はできないと考えておいたほうが間違いがありません。シーリングに関しては，写真7-63のように表面的にはきれいに仕上げてくれますが，シールが切れると，写真7-62の→印の部分から壁内に水が浸入してしまう納まりとなっていることに注意しなくてはなりません。

これらの施工事例から，図面に描くことはできても，極端に狭い場所での作業や複雑な加工をさせたうえで施工品質を要求するのは無理があることを理解していただければと思います。読者の方々には，作業性を考えずに職人さんにすべてを押しつけている，といわれても反論できないような設計図を描かないでいただきたいと思います。

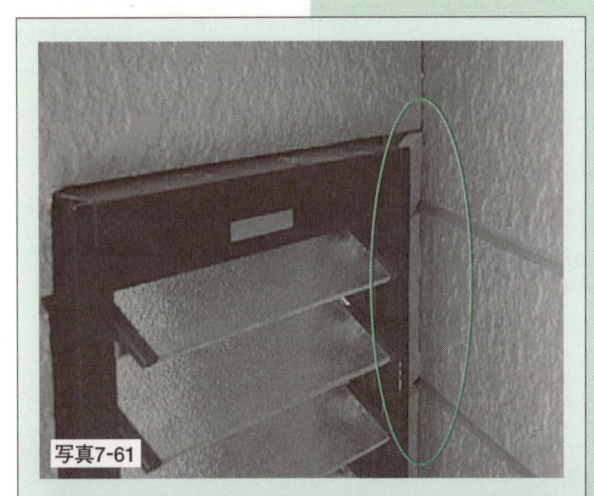

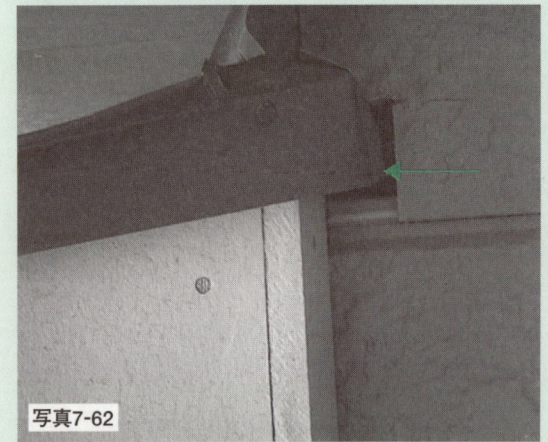

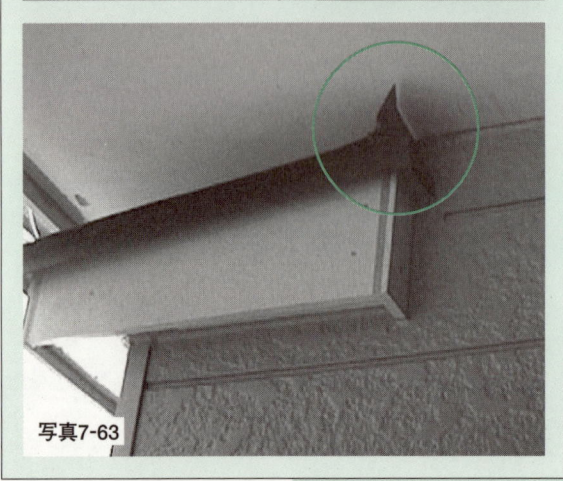

写真7-61

写真7-62

写真7-63

## STEP 7-4-5　外部塗装工事

**作業性によってでき栄えや品質が左右されます。**

　写真7-64は，131ページ・写真7-49や前ページの写真7-62と同じ事例ですが，このような狭い部分でも（○印）職人さんたちはなんとか仕事をしてしまいます。繰り返しになりますが，施工品質を考え，設計者の方々には，そもそもこうした部分をつくらない設計をしていただきたいと思います。

　軒先を出さずに建物を道路境界線いっぱいに計画する場合がありますが，このとき外壁と足場がぎりぎりの状態になることがあります。こうした場合，吹付け塗装はもちろんローラー塗りも不可能となります。また，ここまで接近しないまでも，足場の距離によっては，吹付け塗装では「むら」が発生する可能性があります。意匠的な要素だけで仕様を決めてしまうのではなく，それぞれの現場の状態を見きわめたうえで，ローラー塗りや鏝塗りなどの仕様を指定していただきたいと思います。

　なお，写真7-65の状態まで足場が接近してしまうと，塗装工事以外の仕事にも悪影響を与えます。足場の位置についても，事前に施工会社や鳶さんと打合せをしておくことをお勧めします。

写真7-64

写真7-65

**下地の含水率は，塗装の不具合の発生に大きく影響します。**

　塗装面の下地の状態は，塗装の品質に大きな影響を与えます。公庫仕様書には含水率の規定はありませんが，未乾燥下地に塗装すると「はがれ」などの不具合が発生することがあります。木やモルタルなどの水分を含んだ下地への塗装は，塗装メーカーの指定している含水率を特記仕様書に記載することはもちろんですが，含水率計で確認のうえで作業にかかることも明記していただきたいと思います。

　なお，コンクリートやモルタル下地の含水率として6〜10％以下，木部には15％以下を指定している塗料が多いようです。

## STEP 7-4-6　防水工事

暴露されたシーリングは劣化が早い,ということを改めて認識していただきたいと思います。

サッシ回りの防水性能には,シーリング工事の状態が大きく関わってきますが,多くの場合,写真7-66のように表面上は実にきれいに仕上げてくれます。ただ,暴露されたシールは紫外線などの影響を受け,劣化が徐々に進行することを考慮していただかなくてはなりません。

写真7-67は,左官仕上げの中塗り段階でシール（→印）を施し,上塗りでシールを保護しています。暴露させないことでシールの耐候性を確保しているといえ,写真7-66のように,暴露されたシールより耐候性に優れているといえます。ただ,こうした仕様では,シールの打ち直しの際にモルタルを削り取らなければなりません。モルタル塗りの場合は,サッシと肌分かれすることは避けられませんので,竣工時点では問題はなくても,いずれはひび割れが生じますので,仕上げの位置（写真7-66の位置）でもシールを施すことをお勧めします。

サッシだけでなく,配管などの貫通部分の処置についても,写真7-68のように,中塗り段階でシールを施すことをお勧めします。ただ,木造部分の外壁を貫通させることは,防水紙や断熱材の処置が難しく（117ページ・写真7-12,140ページ・写真7-72参照）,原則としては貫通させないことをお勧めします。

なお,シール部分のすべてに養生テープを張るという作業はかなり手間のかかることであり,それが原因していると考えたくはありませんが,プライマーを省略してしまう事例が少なくないようです。下地処理の可否は,シーリングの性能に大きく影響しますので,メーカーの仕様に合わせたプライマーを施すことを特記仕様書に記載していただきたいと思います。

写真7-66

写真7-67

写真7-68

> 📖 バルコニー防水の下地は，防水の納まりなどに配慮してください。

　STEP 6でも述べたように，居室直上のバルコニーには構造的な配慮が必要ですが，こうした事例が少なくないことから，ここでは防水上の観点から大工さんに配慮していただきたい点をいくつか上げておきます。

　防水層の立ち上がり端部の処置の適否は，防水性能を左右します。写真7-69は，上端部の納まり（〇印）が好ましくありません。写真7-70〇印のように，防水層の上端部の止まりとなる部分をつくり，さらにその部分にシーリングを施すことが望ましいといえます。

　面積の小さなバルコニーであっても，ドレンを2個所以上か，またはオーバーフローを（写真7-70，写真7-71 印）設けることをお勧めします。ただ，オーバーフローの位置は，バルコニーへの出入口の下枠よりも下に設けないと意味がありません。また，ドレンは写真7-70のような形状（→印）は詰まりやすいといえますので，目皿部分が立ち上がっているなどの詰まりにくい形状の製品を使用するか，写真7-71のように横引き形状（〇印）とすることをお勧めします。

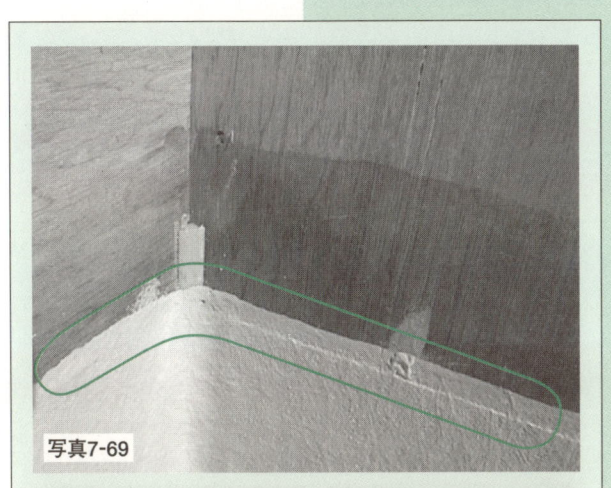

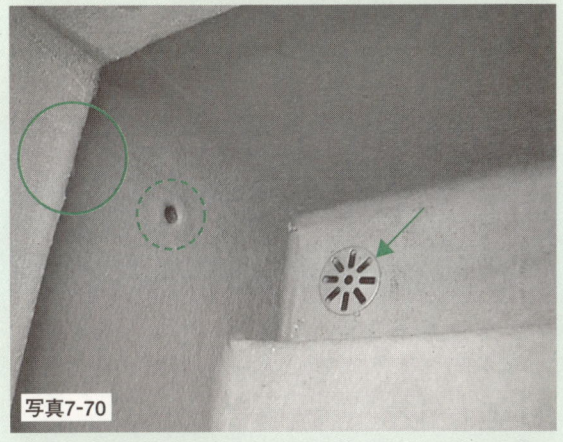

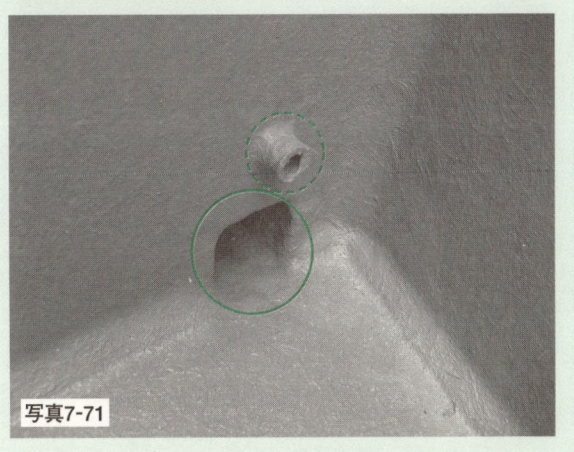

写真7-69

写真7-70

写真7-71

### STEP 7-4-7　給排水・ガス・電気・空調・設備工事

**外壁貫通部の処置は，不十分なものになりがちであることを知ってください。**

　ブラケットやコンセントを外壁に設けることは，上部に軒の深い庇があることなどで雨水があまりかからない場合を除いてお勧めできません。断熱材や防水紙との取合い（写真7-72）や，仕上げ部分の貫通部（写真7-73○印）などの処置が不十分になりがちなことがその理由です。

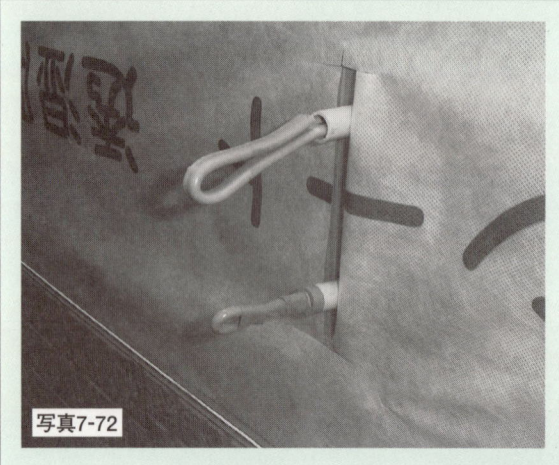

　配管を通すためのスリーブを設けることも対応策の一つです。具体的には、113ページ・図7-11のように納める必要がありますが、この問題は電気配線だけでなく、ガス（写真7-74）、給水、エアコン、温水暖房（写真7-75）の配管でも生じますので同様の処置が必要です。ただ、多くの貫通個所を手間のかかる納まりとすることは、職人さんがこうした作業に慣れていないことを考えると、慎重に検討したうえで採否を決定していただきたいと思います。
　設備配管の取込みは、外壁部分で貫通させずに基礎を貫通させる（写真7-76）ことをお勧めします。ただ、コンクリート打設後に穴をあけることは鉄筋を切断する可能性やかぶり厚さの不足が生じる問題がありますので、避けてください。必要な数、位置、径などを、φ100以上のスリーブには補強筋を設けることとともに、図面に明記しておいていただきたいと思います。

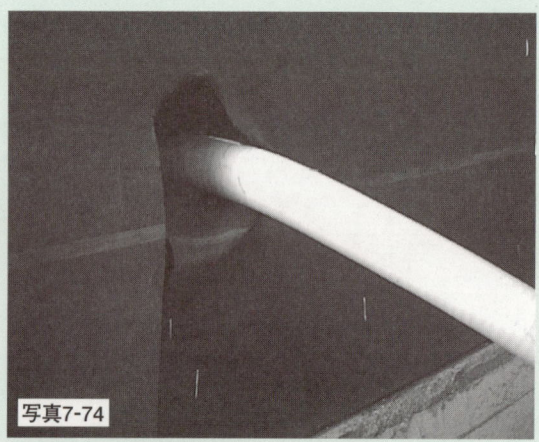

写真7-72

写真7-73

写真7-74

写真7-75

写真7-76

> 躯体を欠損しない配管ルートを確保するようにしてください。

現代の住宅は，給排水設備や電気設備を始めとしてさまざまな設備によって成り立っています。写真7-77の①は温水暖房の配管，同②は電気配線，同③は排水管，写真7-78はセントラルクリーナーの配管，写真7-79はエアコン用の配管と配線（冷媒管，ドレン管，電気配線），写真7-80の①は通気管，同②は排水管ですが，それぞれにより構造体の欠き込みが生じています。

これらの問題は，①横架材と仕上材との間に水平方向の配管スペースを確保（排水管は勾配の確保に注意してください）すること，②パイプシャフト（PS）を設ける（写真7-81）こと，の2点に配慮することで防げます。これらを確保することは，階高やプランニングに影響を与えますが，こうした仕事が発生する責任の大半は設計者にあると考え，問題を発生させないことを第一優先に計画をまとめていただきたいと思います。

こうした切り欠きは，設備屋さんや電気屋さんが行っていますが，構造体を欠損しているという問題意識のない職人さんが多いのも事実です。大工さんが一式請け負う形ではなく，施工会社がそれぞれの専門職に発注するという形がこうした仕事を生んでいるとすれば残念なことです。意識改革を図るためにも，設備工事や電気工事によって構造体を欠損することは，工事監理者の了解なしには一切認められないことを特記仕様書に記載しておくことをお勧めします。

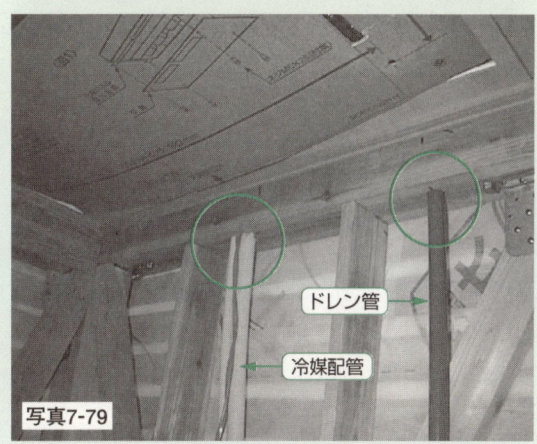

写真7-77

写真7-78

写真7-79 ドレン管／冷媒配管

写真7-80

写真7-81 点線部はPSの壁位置を示します。

| 通気管の必要性や、納まりへの配慮を忘れないでいただきたいと思います。 | 平屋建であれば、排水管をワンサイズ大きくしておけば、通気管がなくても排水には特に支障はないといえます。しかしながら、2階建で通気管が設けられていない場合には、排水管の接続位置によって衛生器具の封水が切れたり、流れが悪いといった不具合が発生することがありますので注意が必要です。 |
| --- | --- |

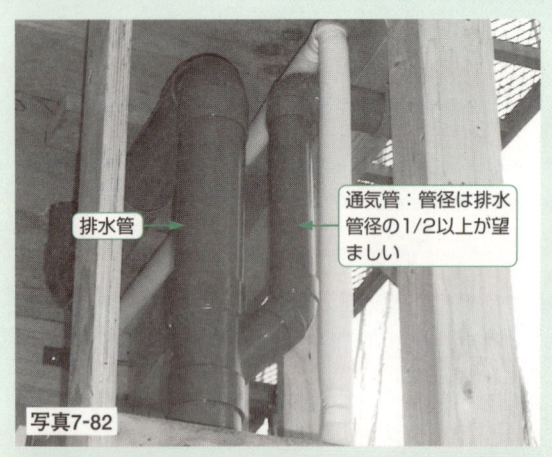

通気管の取出し方法としては、排水縦管からの分岐（写真7-82）や141ページ・写真7-80の○印①のように排水管の上端取出し（90°～45°の間とする）とする方法などがあります。天井ふところが不足していると、写真7-83のように排水管の横から取り出すような仕事をせざるを得なくなりますので注意が必要です。

なお、通気口は衛生器具のあふれ縁から150mm上方に設ける必要があります。このことから、2階に水回りがある場合は、PSが2階にも必要になることを理解していただきたいと思います。また、外気に開放できる位置に通気管を設けることができない場合には、ドルゴ通気弁（写真7-84○印）を設ける方法があります。ただし、これは密閉空間や寒冷地に設けてはいけません。ガラリなどで通気を確保し、通常の通気口と同様に、あふれ縁より150mm上方に設け、点検口も必要になります。

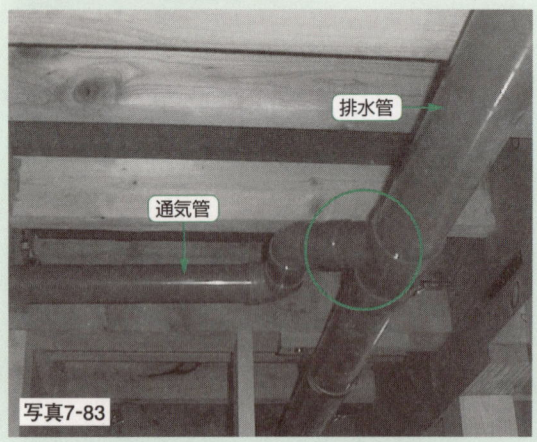

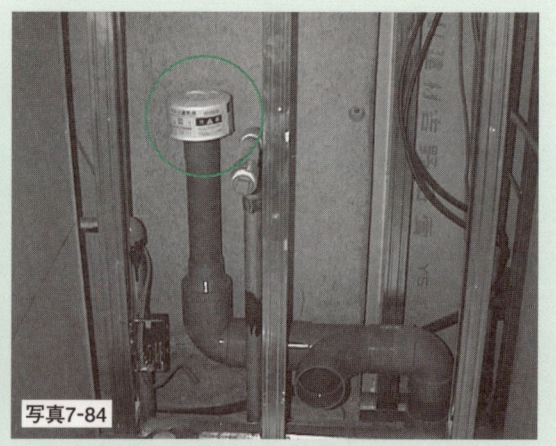

写真7-82　排水管／通気管：管径は排水管径の1/2以上が望ましい

写真7-83　排水管／通気管

写真7-84

通気管を設ける場合には、以下の注意が必要です。
1. 大気開口部に通気網を設け、鳥や害虫が入ることを防ぐ。
2. 大気開口部にフードを設けるか、下向きとする。
3. 悪臭が出る可能性があり、大気開口部は窓（隣地の窓も含む）などの近くに設けない（窓より下方の場合は3m以上、窓より上方の場合は60cm以上離すことをお勧めします）。
4. 管径の100%開口を有した通気を設ける。

図7-20：

図7-20のように、1階と2階のそれぞれの排水管を建物内で合流させなければ、1階の排水管には通気は不要です。

なお、台所流しの排水は、油脂分による詰まりが生じやすく、管径を1サイズアップするか、桝までの距離を短くするなどの配慮が必要です。また、洗濯機用防水パンのトラップは、封水が切れやすく洗濯泡の影響も受けることから、単独排水とすることをお勧めします。

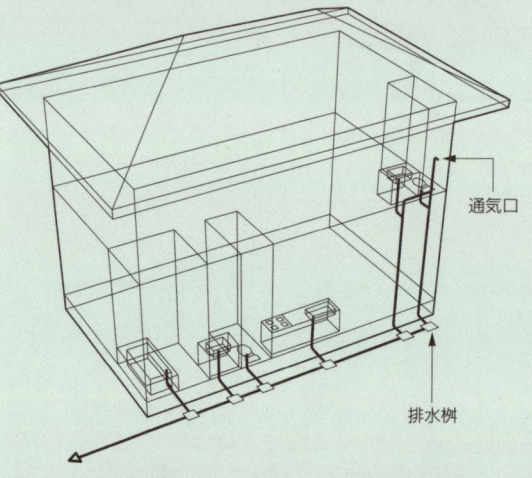

図7-20：1階の排水管に通気管が不必要な接続方法（通気口／排水桝）

**レンジの排気方法は，メンテナンスも考慮して決定してください。**

レンジの排気方法としては，換気扇を直接外壁に設ける方法（写真7-85）とシロッコファンなどに接続されたダクトを通して外部に排気する方法（写真7-86）の2つに大別されます。

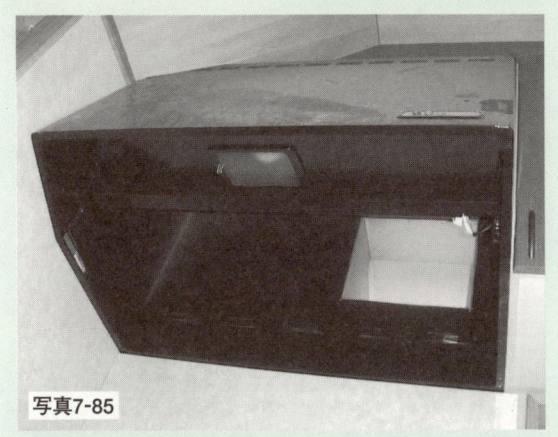

最近は，ダクトによる事例が多くなっているように感じますが，素人である建築主がシロッコファンやダクト内を清掃することはかなり難しいといえます。レンジの位置は，プランニングを行ううえで大きな問題ですが，メンテナンスという視点も交えて，建築主とよく打合せをしたうえで決定していただければと思います。

なお，ダクト部分が木部に直接触れている事例（写真7-87）を散見します。火災予防条例の規定により，排気ダクトは可燃物から100mm以上離すか，100mm以内の場合には，厚さ50mm以上の不燃材で被覆するなどの必要があります。また，ダクトはおもにアルミ製が使われていますが，耐火性などを考えると好ましくありません。東京都を始めとして，不燃の認定を取れていないアルミ製のダクトは使用できないという判断をしている消防署もあります。

写真7-85
写真7-86
写真7-87 

**ユニットバス下部の配管のメンテナンスにも配慮してください。**

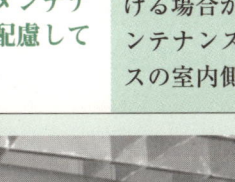

バリアフリータイプを除けば，浴室の床レベルは，一般の床レベルより下げる場合が通常です。こうしたことから，多くのユニットバスの下部は，メンテナンス作業には不十分な高さ（写真7-88）となっています。ユニットバスの室内側から，配管の状態を確認できる部分は一部に限られますので，設置後はメンテナンスができない事例がほとんどといってもよいかもしれません。

工事費用や高さ制限などの制約がありますので，ユニットバスの配管のメンテナンスのことだけで全体の床を高くすることはできないと思いますが，設計者の方々には，床高さ決定の際にこうした点にも配慮していただければと思います。

写真7-88

## 電気配線の接続はジョイントボックスで行い，配線の盛り替えが可能な位置に固定してください。

電気配線の接続は，内線規定に従いジョイントボックス内（写真7-89）で行なわなければなりませんが，ジョイントボックスを付けていない事例も散見します。

残念なことではありますが、内線規定に適合していない仕事は少なくありませんし、そうした仕事を職人さんの「手抜き」と片付けてしまうことは簡単です。ただ、結線の手直しの必要性が生じた場合には、作業のために天井ふところ内に入らなければなりませんが、天井が仕上がった後ではまったく入れない設計になっていることもあり、そうした場合には配線を引き寄せて盛り替え作業をせざるを得ないために、写真7-90のような仕事をしている場合もあります。

こうした仕事は内線規定に違反(注1)していると指摘される場合があるようですが、規定通りの作業を要求しても、手直しの必要性が発生した際に不都合があればそれもまた問題です。和室の押入の天井を点検口にすることが一般的に行われてきましたが、設計図面にそうした仕様を明示している事例はまれのようです。和室がない住宅も増えていますし、点検口が1個所ではすべての結線個所まで行くことができない場合もあります。また、天井に断熱材を敷き込む場合は、点検口と断熱材との取合いにも配慮しなければなりません。必要な点検口の大きさ、数量、納まりを設計図に明記して、造作工事完了後でも配線の盛り替えが可能なつくりとしておくことが、規定を守った仕事をしてもらうことにつながると理解していただければと思います。

（注1）ジョイントボックスにはビス穴がありますので固定が原則と思いますが、内線規定にはその旨が明文化されていません。そうしたことから写真7-90のような仕事でも、内線規定違反とはならないという考えをもっている方々もいます。ただ、できればメンテナンスができるつくりとして、ジョイントボックスは固定することをお勧めします。

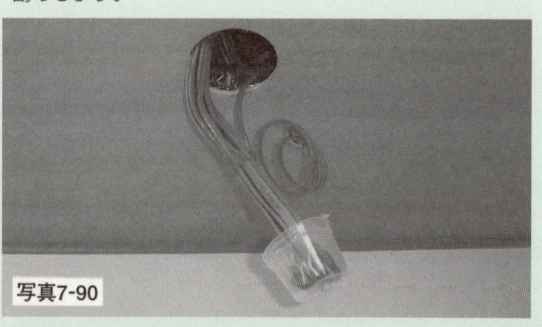

写真7-89

写真7-90

## シャンデリアなどの重量のある照明器具の取付けには，十分な注意が必要です。

照明器具の取付け部分の強度が不足していると，器具の落下や天井面の垂れ下がりなどの問題が生じることがあります。特にシャンデリアなどの重さのある照明器具には注意が必要ですが，シャンデリア取付け用の専用金具（図7-21○印）を用意している電気メーカーもありますので，メーカーの仕様書を確認して，必要な補強を図面に明記してください。

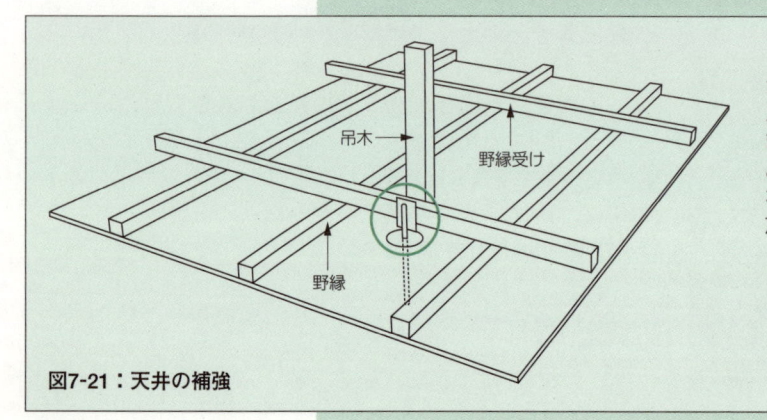

吊木　野縁受け　野縁

図7-21：天井の補強

吹抜けなどの天井高さの高い部分にシャンデリアなどを設ける場合には、メンテナンスへの配慮も必要です。住まい手が自分で管球の交換ができないような高さに設ける場合は、昇降機能をもった器具を選定するなどの配慮を忘れないでいただきたいと思います。

**管球の種類を限定することで、住まい手の負担を軽くする配慮が必要です。**

部屋の用途や求める効果などに従って、さまざまなデザインの照明器具や管球が使われますが、交換の際にはそれぞれに合った管球を住まい手が用意しなければならず、種類が多い場合は煩雑です。

設計上の許せる範囲で管球の種類を限定し、またそれを明記したリストを作成しておくことをお勧めします。

手間を考えれば、管球は一つが切れた時点ですべてを一斉に取り替えることが合理的ですが、一般の家庭ではそうしたことはなかなか難しいといわなくてはなりません。蛍光灯には、昼白色、昼光色、温白色、電球色、白色など、さまざまな色が用意されており、新たに購入した管球の色が他の管球と異なる場合は、室内の雰囲気が壊れてしまうことがあります。管球のリストを作成しておくことは、そうした問題を起こさないために有効です。

また、蛍光灯のグロースタート器具の場合には、点灯管を使用しますが、これにはFGとFEのそれぞれの種類ごとにP型とE型があります。ちなみに写真7-91の左はFEのP型、同右はFGのE型です。

FGは、管球の交換の際には点灯管も交換することが望ましい状態になっている場合（動作回数6,000回）が多いといえますが、FE（電子点灯管）は動作回数が60,000回となっています。通常の照明器具には、FGがセットされていることが多いようですが、たいていのカタログには点灯管のタイプまでは記載されていません。メーカーに直接確認する必要がありますが、ランニングコストを考えると、FEを使用するように指定しておくことをお勧めします。

写真7-91：点灯管のタイプ

**将来への対応に配慮した計画を行ってください。**

RC造は、電気配線のための空配管を躯体に打ち込むなどの対応をしますが、木造では空配管を設けることはほとんどなく、141ページ・写真7-77や144ページ・写真7-89のような工事が一般的です。壁に取り付けられるコンセントやスイッチへの電気配線は、配管を通すことなく壁内に埋め込まれますので、壁を壊さずに新たな配線を通すには露出とせざるを得ません。

200V機器や情報配線などを将来導入する考えがある場合は、RC造と同様に、空配管を設けることをお勧めします。図7-22はマルチメディア対応のコンセントを設けた概念図ですが、屋外からの取込みは、木造部分の貫通を避けて基礎部分から取り込んでいます。また、2階天井や1階床下からは、個々に配線を貫通させないルートをとっています。

こうした設備の必要性は、個々の状況で異なりますので、それぞれで判断していただくしかありません。ただ、納まり上の問題が生じる2階天井や外壁部分の貫通を避けて、防水・防湿・断熱などの性能を損なわないよう、あらかじめ余裕をもたせた管径の配管を設けておくことをお勧めします。

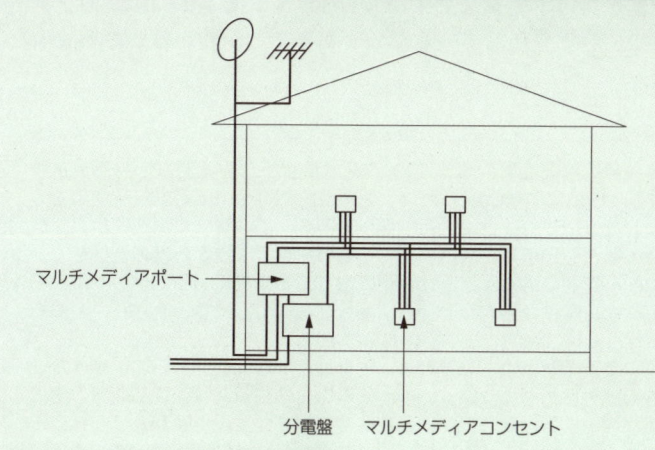

図7-22：マルチメディア情報分電盤

## ● STEP 7-5　薬剤の使用をできるだけ避ける

**現在行われている薬剤処理の実効性を理解し，できるだけ薬剤の使用を避けてください。**

　薬剤による防腐・防蟻処理は，健康に与える影響が特に大きいといえます。一方，何の対策もなしに薬剤を中止することは危険であるともいえます。ここでは，現在行われている薬剤処理の実効性を踏まえて，少しでも薬剤の使用を避け，なおかつ耐久性を損なわない建物の造り方に関する考えを記載しました。読者の方々それぞれがおかれた状況のなかで，仕様を決める際の一つの参考資料としていただければと思います。

### STEP 7-5-1　現在行われている薬剤処理について

**架構が組み上がってからの薬剤塗布では，十分に処理できない部分が生じます。**

　平成13年度版から，公庫仕様書の「現場での薬剤処理」の項には，室内側に露出した部分を除く地面から1m以内の外壁の軸組には薬剤を塗布（吹付け，浸漬も含む）することだけが規定されており，それ以前に発行された公庫仕様書で規定されていた木口やほぞ穴への塗布の記載は抹消されています。

写真7-92

　軸組工法では多くの場合、筋かいや間柱の施工が終わった段階（写真7-92）と、外壁に合板が張られる仕様の場合には、合板が張り上がった段階に薬剤の塗布が行われています。しかし、架構が組み上がった段階では、仕口や継手の内側への塗布は不可能です。
　つまり、組み上げる前に仕口や継手に塗布する必要があるということですが、そうした仕事をしている現場を筆者は知りません。平成13年度版以降の公庫仕様書では、このように不適切な処理ですませている現状を追認してしまったといえ、少し厳しい言い方になりますが、これは改悪といわなくてはならないと感じています。
　給水管などへの養生も、不十分なままで塗布されている事例が少なくないことも考えると、現在の公庫仕様書の現場における薬剤処理の規定は、いろいろな意味で危険な側面さえあると感じます。

**加圧注入処理された材のリサイクルについては未解決です。**

　表面に小さな傷を付けて薬剤を加圧注入しますが，写真7-93の断面を見ると，薬剤の浸潤によって変色している部分があることがわかると思います。

写真7-93

　変色部分は表面から約10mmの深さですが、JASでは心材部分が表面から10mm以内にあれば、材の表面から10mmまでのサンプルでの浸潤度を確認すれば良いことになっており、この材も規定をクリアした材であると思います。ただ、そもそもベイツガは耐腐朽性の低い材で、これが規定通りの材かどうかは別にして、いずれにしろ、仕口や継手の加工により薬剤が浸潤していない部分が現れてしまうことから、耐腐朽性には多くは期待できないといわなければなりません。
　この薬剤の空気中への放散は、きわめて少ないといわれていますが、薬剤の成分はおもにクロム、銅、砒素の化合物であり、焼却処分の際に砒素が飛散するといわれていることや、国立公衆衛生院が、リサイクルのための解体廃材の加工の際には、前述した化合物が溶け出すおそれのあることも指摘しています。
　これらのことを踏まえ、加圧処理材はできれば使用しないことをお勧めします。

## STEP 7-5-2　薬剤の使用をできるだけ避けた家づくり

**いくつかの対策で，薬剤の使用を抑えることができます。**

　薬剤を使用しないという結論だけが先にあって，結果として防腐・防蟻対策が不十分になってしまうというようなことがあってはなりません。できる範囲内でより良いと思われる対策を実行していただきたいと考え，薬剤の使用をできるだけ避けるために筆者が必要と考えている項目を6つ記載しました。個々の建設地の状況はさまざまですので，以下の項目のすべてを実行する必要はない場合がある一方で，逆にすべてを実行したうえにさらに薬剤の使用も必要，という場合もあり得るという点に注意していただきたいと思います。
　なお，以下の項目の記載順は対策の優先順位ではないということをお断りしておきます。

　公庫仕様書には平成13年度版から、外壁通気措置を設けた場合や、断面寸法が120mm角以上、軒の出が90cm以上で柱が真壁、などとすれば、外壁の軸組については防腐・防蟻措置を施したとみなされることになりました。ただ、筆者はその規定の適否を正しく評価できる立場にありませんが、こうした仕様だけで防腐・防蟻措置が十分であるとはいえないと考えていることを明らかにしておきます。

**対策1：耐久性の高い樹種を使用する。**

　土台に防腐・防蟻剤を使用しない場合は，ヒノキやヒバなどの耐腐朽・耐蟻性の高い樹種（表7-10　部分）の心材部分を使用することが必須条件であると考えていただきたいと思います。

表7-10：耐腐朽性・耐蟻性の心材比較表[49]

| 耐腐朽性・耐蟻性が大なもの | ヒバ、コウヤマキ、ベイヒバ |
|---|---|
| 耐腐朽性が大、耐蟻性が中なもの | ヒノキ、ケヤキ、ベイヒ |
| 耐腐朽性が大、耐蟻性が小なもの | クリ、ベイスギ |
| 耐腐朽性が中、耐蟻性が中なもの | スギ、カラマツ |
| 耐腐朽性が中、耐蟻性が小なもの | ベイマツ |
| 耐腐朽性・耐蟻性が小なもの | アカマツ、クロマツ、ベイツガ |

　公庫仕様書で防腐・防蟻処理を施すことが規定されている土台や1階回りの軸組だけでなく、それ以外の部位にもできるだけ耐腐朽・耐蟻性の高い樹種を使用して、薬剤処理を避けていただきたいと思います。

**対策2：土台回りのメンテナンスができる造りとする。**

　31ページ「土台回りの状況を調べることができる工夫が必要です」を参照ください。

**対策3：外壁および天井裏の放湿経路を確保する。**

　126ページ「外壁の通気層の厚さに配慮してください」を参照ください。

**対策4：シロアリの侵入経路とならない配管ルートをとる。**

　シロアリはつねに水分が必要で、地上をはい回ったり、大気にさらされている外壁をよじ登ることはできないといわれています。75ページ・図6-7のような配管ルートをとることは、地中埋設管を床下に引き込む場合に比べて侵入経路となりにくく、さらにメンテナンスも容易ということがいえます。

## 対策5：床下の湿気を滞らせない。

木の腐朽は、①温度・②空気・③養分・④水分の4つの条件のうち、一つでも欠ければ進行しないといわれています。しかしながら、木造住宅では①～③の条件を取り除くことは不可能であり、現実に取り得る腐朽防止策は、④の水分しかないということになります。

木材の含水率の25～30%前後が、木材腐朽菌の生育できる最低条件であり、20%以下では腐朽は起きないといわれていることからも、20%以下の含水率の木材を使用することは、最も基本的な前提となります。腐朽はおもに土台回りに見られますので、床下の湿気を速やかに排除できるような基礎の形が望ましい、ということを理解していただきたいと思います。

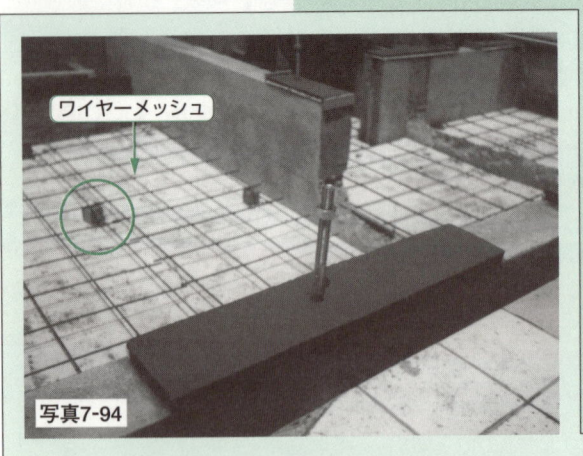

写真7-94（ワイヤーメッシュ）

基礎パッキン（72ページ・写真6-3）を使用すれば、基礎と土台の接触を避けることができますので、土台の耐久性向上の観点からは好ましいといえます。ただ、72ページでも述べたように、建築基準法に規定されている床下の開口面積を、基礎パッキンによってできたすき間だけで確保する事例が多くなっていることに関しては、賛成できません。法規制は最低限の基準と考えて、基礎の耐震性を確保できる範囲でなるべく大きな通気口を設けることをお勧めします。

73ページ・図6-4、図6-5はそうした考え方をベースに、腐朽の可能性が高い床束をなくし、防湿コンクリート天端レベルの下で必要な梁成（図6-5の←→の範囲）を確保したものです。

床下の湿気を滞らせないためには通風も重要ですが、地盤からの湿気を遮断すること（防湿）も同様に重要です。この防湿という観点からいえば、底盤部をべた基礎とすることがベストですが、いわゆる防湿コンクリートでも、写真7-94のようにひび割れ防止の意味でワイヤーメッシュを敷き込むなどの配慮をすれば、防湿層としてある程度は期待ができます。ただ、スペーサー（○印）を設けずに施工する事例が少なくありませんので、特記仕様書にはスペーサーの使用を明記しておくことをお勧めします。

なお、コンクリートは長い期間をかけて水分を放出しながら硬化していきますので、こうした処置をすれば地盤からの湿気は遮断されますが、特に竣工後1～2年程度はコンクリートから放出される湿気が相当量になるということも念頭に入れておいてください。

## 対策6：床下の構造を防腐防蟻対策として、有効な形とする。

以下の3項目を実行することをお勧めします。
①床束や根がらみ（図7-23→印）を必要としない架構とする。
　→73ページ参照
②基礎立ち上がり高さを400mm以上とする。
　→52ページ参照
③上記①を実行できない場合は、防蟻板（図7-23）を設ける。

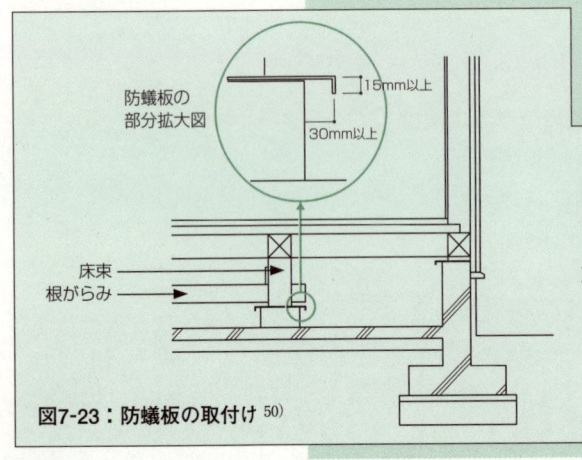

床束や根がらみは、土台ほどではありませんが、地盤に近いことから腐朽の可能性が高く、蟻害も受けやすいといえます。73ページ・図6-4、図6-5のような架構として、土台より下部を木造としないようにすることは、対策として有効です。

図7-23：防蟻板の取付け [50]

（防蟻板の部分拡大図：15mm以上／30mm以上、床束、根がらみ）

- STEP 1 土地の品質を知る
- STEP 2 建築主に木造建築を知っていただく
- STEP 3 施工者を探す
- STEP 4 架構を計画する
- STEP 5 コストプランニングをする
- STEP 6 架構を決定する
- STEP 7 その他の仕様を決定する

# STEP 8
# 設計図を描く

STEP 8-1：施工品質を守ることのできる図面を描く
STEP 8-2：特記仕様書を書く

- STEP 9 工事契約への助言をする

## ● STEP 8-1　施工品質を守ることのできる図面を描く

**施工品質を守るために図面の役割りは重要です。**

　木造住宅の設計図としては，意匠図は特記仕様書・共通仕様書・設計概要表・内外仕上表・各階平面図・立面図・断面図・矩計図・展開図・天井伏図・建具表・部分詳細図など，構造図は各階伏図・軸組図，給排水・設備・電気図は給排水設備図・電灯コンセント設備図など，多くの図面が描かれますが，これらのいずれもが施工品質の確保には欠かせない図面です。

　本書は作図のためのマニュアルではありませんので，これらの図面の描き方については触れていません。ここに記載しているのは，施工品質を確保するために，作図に際して配慮していただきたいと筆者が考えている内容です。こうした内容は今までのSTEPのなかでも説明をしていますが，ここではそれらの補足の意味で記載しています。

### STEP 8-1-1　設計者としての基本的なスタンスについて

**建築工事は多くの人の手を必要としますが，設計作業も同様です。**

　意匠・構造・衛生・設備・電気などの図面は，お互いに食い違いのないことが前提ですが，筆者の経験を前提にすれば，食い違いをゼロにすることはなかなか難しいといえます。もちろん，難しいからといってゼロにする努力を怠ってはなりませんが，それが達成できさえすれば施工品質を確保できるとはいえない場合がある，と考えています。施工品質の確保は，設計者だけで成し得ることではなく，施工の立場の方々の意見も盛り込んでいくことで初めて達成できる，と考えていることによります。

　今までのSTEPのなかで再三，職人さんや施工管理者の方との話合いをもつことを勧めてきました。それは一定のコントロールの範囲内という条件が付きますが，多くの人の関わりがあればあるほど，施工品質の確保により良い結果をもたらしてくれた，という筆者の経験がベースになっているからです。

写真8-1

　筆者はRC建造物だけでなく，木造建築でも，設計段階から施工者の方に参加してもらう「設計施工会議」（写真8-1）を開いています。

　設計者が実現したいと考えているデザインを，その意図を含めてこの会議で説明することで，施工者側が現場の経験を踏まえたうえでより良い解決策を提示してくれた場合もありました。また，設計者が気づかなかった問題を指摘してもらい，事前に改善の手を打てたということもありました。

　こうした会議は形式的になったり，ただ単にローコストで施工をしやすくすることを検討する場などになりがちですので，誤解を恐れずにいえば，多少は施工が難しい部分が生じることとなっても，建物に要求される品質を実現するためには，そうした選択もするということを

会議の前提にしておかないと，前述したような成果は得られません。木造住宅の場合，「設計施工会議」という形式にあまりとらわれる必要はないと思います。打合せ内容を明確にしておけば立ち話でも成果は得られます。施工サイドの方々に設計内容の決定までのプロセスに参加してもらうことで，施工的に難しい納まりや形態となっていても，その理由が理解できていますので，施工段階でのトラブルはなく，逆にがんばる方向へのモチベーションにもなり得ます。

　なお，念のために付け加えておくと，この会議を施工サイドに責任を転嫁する場にしてはなりません。図面に関する最終責任はあくまでも設計者にあり，その責任を果たすために幅広く意見を求めている，と理解していただきたいと思います。

> 建築主は技術論だけでは納得しない場合があります。

　一つの例として，ここに載せた写真のような施工が行われていても，○印には部材の許容応力に比べて過大な応力が働かないなどで，建物全体として構造的な欠陥とはいえないような場合があるかもしれません。そうした場合，私たち技術者は，これは問題ではないと結論を出してしまいがちです。しかし，それは大きな間違いであることを指摘しておきたいと思います。
　つまりそれは，たとえ構造的な問題はないとしても，写真8-2の○印の柱の下には基礎がないよりもあったほうがよいことは自明であり，そうした考えに適切に反論できないからです。ここで対応を間違えると，大きな問題となってしまう場合があることを理解していただきたいと思います。

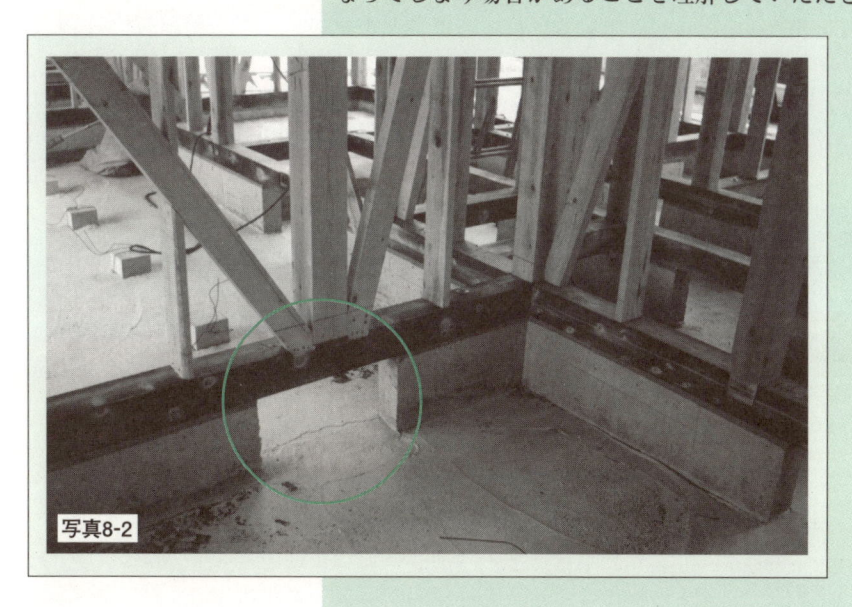

写真8-2

> 誤解を恐れずにいえば，設計者は施工者に対して「図面通りにつくれ」という姿勢を見せてはなりません。

　設計と施工が分離している場合だけでなく，一括で請け負っている場合でも，設計の立場にある人は「図面通りにつくってくれない」と感じ，施工の立場にある人は「図面の記載内容が検討不十分」と感じる，という状況が少なくないように思われます。これは設計者と施工者の双方にとって不幸なことだと思いますが，結果として建築主が被害者となってしまうことだけは避けなければなりません。
　設計図通りにつくることは当然の原則ですが，あえて言えば，例外のない原則はありません。図面通りでは納まりが悪かったり，相互の図面に食い違いがあったりするようなことはあってはなりませんが，完璧な図面はあり得ません。それらのおもな原因は，設計者の力不足といってよいと思いますが，こうした問題を解決する第一歩として，設計者と施工者は互いに責任を押しつけ合うのではなく，施工品質を確保した建物を造るという共通の目標をもっていることを認識し，それぞれの立場から出た意見に率直に耳を傾ける姿勢をもつ必要があります。状況によっては，図面内容の大幅な変更が必要になる場合もありますが，それが施工品質を守るために必要であるならば，受け入れてほしいと思います。そして，工事費用の増加が発生する場合には，施工会社だけがその負担をかぶるのではなく，建築主に費用を負担してもよいと考えてもらえるような，納得できる説明を設計者の方々にはお願いしたいと思います。

## STEP 8-1-2　図面の作図の際に配慮していただきたいこと

**各種の図面を重ね合わせて不具合を発見してください。**

　平面図，伏図，給排水衛生設備図，電気設備図など，各種の専門図面を重ね合わせる（図8-1）ことで図面の食い違いが発見できます。RC建築物はコンクリートを打設する前であれば，スリーブや梁の位置を変えることは不可能ではありませんが，木造建築物ではRC建築物のように補強筋を入れることはできません。したがって，原則として架構の一部を欠き取ることはできませんし，一度刻んでしまった材の仕口の位置を変えることは，傷をもった材を使うことと同じことになり好ましくありません。

　図8-1の○印で，汚水排水管と大引きがぶつかっています。便所の幅を910mmモジュールから外したためにこうした問題が生じていますが，設計段階でこうした点に気づけば，◎の位置で大引きを受ける材を設けて，便所内の大引きをなくすなどの工夫が可能です。これが，架構が組み上がり，衛生配管が施工される段階になってから上記のように処理しても，使用しない仕口が傷として残ってしまいます。

　手刻みにしろプレカットにしろ，刻みの作業は架構の納まりだけを考えての作業となりがちで，それが多くの場合は，建設地以外の場所での作業となることもあって，設計者だけでなく施工管理者の目も届きにくくなります。こうした段階に，給排水衛生設備や電気設備と架構との納まりに関しての配慮を求めても無理があります。木構造はRC構造ほど自由にはならないことをよく理解し，設計図の作成時にきちんと整合させておくしかないと考えていただければと思います。

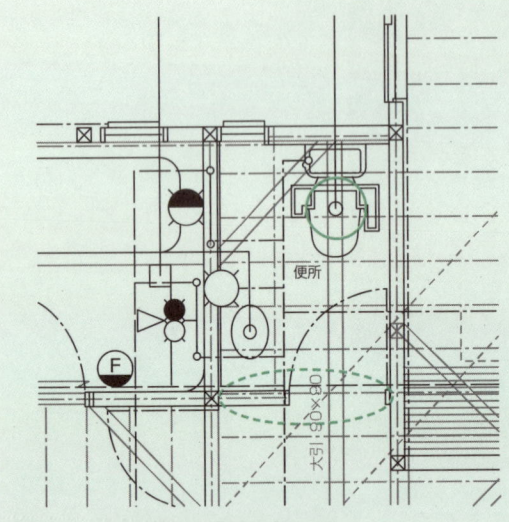

図8-1：衛生設備図と伏図の複合図

**見えなくなる部分の施工品質に配慮してください。**

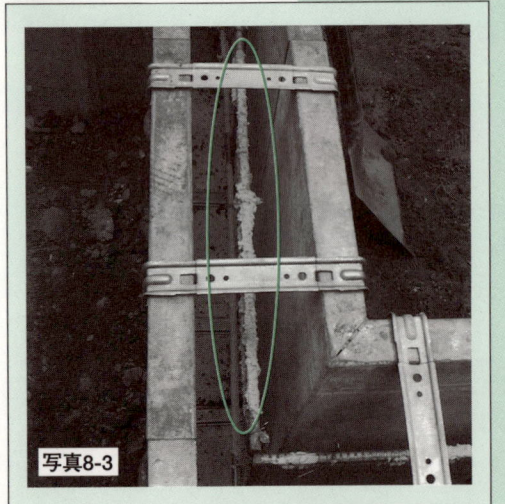

　一般論として，木造住宅の目に見える部分の品質は，現在のところ非常に高いレベルにあるといっても差し支えないように感じています。その一方で，工事の進行にともなって隠れてしまう部分の品質は，残念ですが不十分といわなくてはなりません。

　写真8-3は，布基礎の立ち上がり部分の打設直前の状態ですが，セメントペーストが鉄筋に付着したまま（○印）になっています。公庫仕様書やJASS 5にセメントペーストの除去が明記されていないことが原因しているとは思いませんが，こうした仕事に疑問をもたない職人さんが少なくありません。また，残念なことに第三者検査機関の職員の方にも問題意識をもっていない人がいます。

　この問題に限らず，公庫仕様書などに記載されていなくても，施工品質を守るうえで重要な内容は，特記仕様書に記載していただきたいと思いますし，職人さんや施工管理者と事前によく話し合っておくことをお勧めします。

写真8-3

> 施工品質を確保するためには，欠かせない調査や図面があることを建築主によく理解してもらう必要があります。

多くの場合，軸組図（90ページ・図6-18）はあまり描かれないようです。しかしながら，架構の不具合を発見するには伏図だけでは難しく，まして平面図だけでは，経験を積んだ人でもかなり難しいといわなくてはなりません。また，比較的描かれることの多い伏図にしても，筆者の知る範囲では，継手の位置が明示されていない図面（図8-2）がほとんどのようです。これが共通した流れとなっているかどうかまでは断定できません。ただ，一部には大工さんに木取りの裁量権を与えるほうが良好な結果を得られる，という理由からあえて継手の位置を制約していないと説明される設計者の方もいらっしゃいます。継手位置を大工さんが決めることで施工品質を確保している事例もあり，そうした考えも理解はできますが，筆者の周辺では残念ながら構造的な配慮をしながら木取りをしてくれる大工さんは少数派です。所定の耐震性能が確保されていない施工事例が少なからず生じているという現実を見ると，こうした考え方で図面を描くことを改めるべきときにきていると感じています。

地盤などの調査も含めると，設計者がやらなければならないことは数多くありますが，設計料をもらえないからといって，そうした作業を省略することは許されません。なぜこうした図面や調査が必要なのか，ということを建築主によく説明し，それらが施工品質に直結するということを理解してもらえれば，設計料を払わない建築主はいないはずと信じます。今までは，筆者も含め設計者にはそうした説明をする努力が欠けていたと感じています。

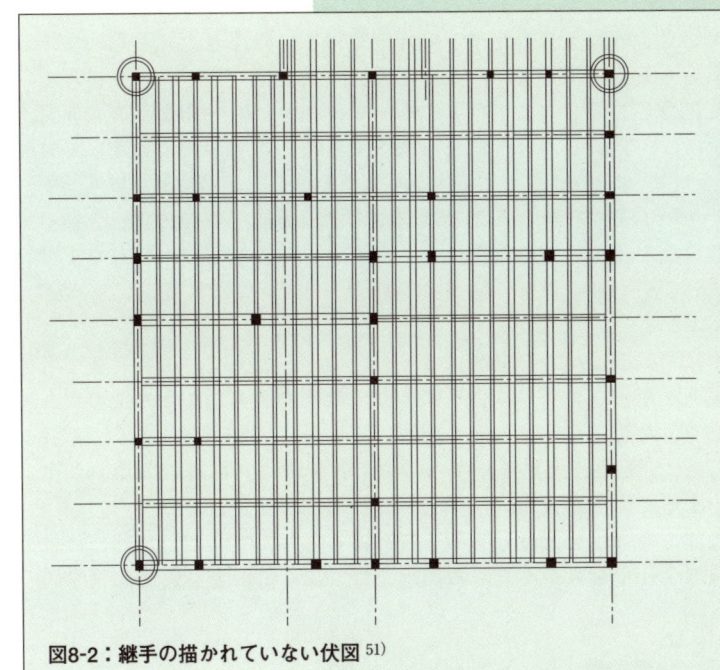

継手が描かれていない伏図は、必ず不適切な架構が組まれてしまうというわけではありません。

刻みであれば大工さんの、プレカットであれば施工図を作図する人やそのチェックをする施工管理者の資質によっては、不適切な架構が組まれてしまう可能性があるということです。ただ、そうした可能性を含んだ図面は好ましくないと考えます。

木造建築の参考書に載っている伏図には、継手位置が描かれているものを筆者は寡聞にして知りません。継手位置が描かれないことが多いという現状は、そうしたことも影響しているのかもしれません。

継手の位置は、設計段階で十分に検討したうえで不具合のない架構としておくことが、施工品質の確保に不可欠なことを理解していただければと思います。

**図8-2：継手の描かれていない伏図** [51]

## STEP 8-1-3　施工段階へ向けて配慮していただきたいこと

**現場に足を運ばないと施工品質は確保できないことを，建築主に理解してもらう必要があります。**

　設計作業はいってみれば机上の作業であり，それが現実に形づくられていく際には，設計時点では考えが及ばなかったところが出てくることは避けられません。

　工事監理は，設計図面通りに施工しているかを確認するために行う業務ですが，もし施工の不手際が生じた個所を指摘することだけが工事監理ならば，それは素人の建築主でもできるところが多々あり，わざわざ費用を支払ってまで工事監理を依頼する意味があるとは思えません。設計図面通りに仕事を進めていくと不具合が発生することを事前に読み取り，問題が顕在化する前に手を打つことこそが，専門家に求められる工事監理である，と考えていただきたいと思います。

　こうした意味での工事監理が必要なことを説明するには，設計図の不備があることを前提にしなければならず，建築主の理解を得ることは簡単ではありません。ただ，図面の不備をなくすべく，今までのSTEPで述べてきた手を打っても，なお発生する可能性はゼロではなく，それを適切に処置するためにも工事監理が不可欠であることを説明していただければ，建築主の納得は得られると思います。

**施工品質の確保は「施工者管理」が前提であることを建築主，請負会社，職人さんたちに理解してもらう必要があります。**

　工事監理費用を支払う考えのない建築主がほとんどといわなくてはならないのは大変残念なことですが，前述したように，施工品質の確保には工事監理の実施が欠かせません。ぜひ建築主の理解を得ていただきたいと思いますが，費用の制約もありますので，木造住宅の工事監理はいわゆる常駐監理ではなく非常駐監理になることが100％といってもよいと思います。この非常駐監理の場合には，常駐監理などで見られるような，工事全般にわたって立会い検査を行い，承認を与えたうえで次工程へ進むことを認める形（以下「監理者承認型」といいます）をとることはほとんど不可能であり，請負会社や職人さんたち自身が施工品質の確保に努めることを前提として，要点を工事監理者が確認していく形（以下「施工者管理型」といいます）をとる必要があります。

　木造住宅では，工事監理者の業務は前述した内容に加えて，この「施工者管理型」で現場が運営されていくように，施工会社や職人さんたちを導くことであり，このことを建築主にもよく理解してもらう必要があります。常駐監理においても，「監理者承認型」から「施工者管理型」に変わる流れが出てきており，まして非常駐監理では「施工者管理」は必須といえます。

　特記仕様書にこのことを記載しておくことはもちろんですが，事前に打合せを行い，施工会社や職人さんたちの理解を得ておくことをお勧めします。

## STEP 8-2 特記仕様書を書く

**特記仕様書は，施工品質を確保するためには欠かせない図面です。**

　特記仕様書は，木造住宅の設計図としてはあまり書かれることのない図面の一つです。最も一般的な共通仕様書といってもいい公庫仕様書は，加筆できるようにつくられていますので，加筆した場合はこれも特記仕様書と呼べるものとなります。ただ，実際にそうして運用されている事例は少ないようです。

　ここでは，特記仕様書の重要性について述べていますが，本書はマニュアルではありませんので，特記仕様書の書き方については触れていないことをお断りしておきます。

### STEP 8-2-1 「特記仕様書」とは

**特記仕様書は，それ単独で成り立つものではありません。**

　特記仕様書とは，ある特定の建物のためだけに書かれたもので，建設地の固有の条件（地盤，気象など）や建築主の要望などを，仕様として記載したものです。

　どのような建物に対しても適用される共通仕様書とはこの点が大きく異なり，特記仕様書の記載は限定的なものとなります。つまり，特記仕様書と共通仕様書は，お互いに補完し合う関係にあり，どちらか一方だけでは当該の建築工事に際しては十分ではありません。建設地の条件や建築主の意向が，共通項で表現できるはずがないことは，読者の方々も理解していただけると思います。ぜひ，施工品質の確保に有効な特記仕様書を書いていただきたいと思います。

**設計者が一方的に書いただけの特記仕様書になってしまっては意味がありません。**

　特記仕様書は設計図書の一部であり，設計図よりも優先順位が高い（下記の囲み記事参照）ことを考えれば，その内容に関して施工者の事前の了承が必要なことを理解していただけると思います。特記仕様書は文字の羅列であるために，特に職人さんたちのなかには読んでくれない人も少なくありません。その内容への疑問が工事が始まってから出てくるようでは，建物の品質への影響は大きいものがあります。

---

　公庫仕様書や建築工事共通仕様書（国土交通省大臣官房官庁営繕部監修，以下「営繕仕様書」いいます）には，設計図書の優先順位が記載されていませんが，以下の順序としている仕様書が多いようです。
　1. 現場説明事項（見積要綱，質疑応答書）
　2. 特記仕様書
　3. 設計図
　4. 共通仕様書（標準仕様書）
　これらの設計図書それぞれの記載内容に食い違いが生じていた場合，優先順位が明確になっていないと混乱を招きます。優先順位を必ず特記仕様書に記載しておくことをお勧めしますが，こうした順位づけが一般的に行われていることをそもそも知らない施工管理者の方や職人さんも少なくありませんので，直接説明しておくことをお勧めします。

　なお，現場説明事項は優先順位が最上位ですが，設計図書の一部として認識されない場合が多く，その内容が反映されないなどの問題を生じる原因ともなりがちです。必ず文書化し，相互の捺印も必要ですが，可能であれば図面を修正することをお勧めします。

## STEP 8-2-2 「特記仕様書」を書く際に配慮していただきたいこと

特記仕様書は，建築主の意向を踏まえた設計者の意思が明確に表現されていなければなりません。

通常，特記仕様書は，当該工事におけるすべての工事項目についての特記事項を記載しますが，それにこだわる必要はありません。公庫仕様書などの使用を前提として，そこに明記されていない内容や異なる仕様のみを記載することで，目的とする施工品質の確保が実現できる場合もあります。また，記載内容を絞り込むことは，職人さんに読んでもらえることにもつながると思います。

ただ，「土工事・基礎工事」と「木工事」は施工品質に与える影響が大きく，一部に現行の公庫仕様書の内容では不十分な点があると感じられることから，この項目だけは省略しないことをお勧めします。また，公庫仕様書に記載されていることであっても，それが特に強調したい内容であれば，繰り返し記載することになっても差し支えありません。設計者としての意思を明確に表明したものとすること，施工者側にその内容の理解と実行の意思をもってもらったうえで工事に取りかかってもらうこと，の2点を念頭に記載していただければと思います。

特記仕様書は書けばよいというものではなく，施工者側の理解を得たうえのものでなければ，絵に描いた餅となってしまうことをよく理解していただきたいと思います。

157，158ページに，「土工事・基礎工事」の特記仕様書の一部を解説と合わせて載せておきました。読者の方々が独自の特記仕様書を書く際の参考にしていただければと思います。なお蛇足ですが，これは筆者の意思を表記したものであり，当然ながら建設地の固有の条件，建築主の意向，職人さんの考え方や技能などは個々の物件によって異なります。この仕様書をそのままあてはめようとすると逆に問題が生じる場合があるという点に注意してください。また，この特記仕様書は公庫仕様書をベースに記載しており，項目や番号もリンクさせてあります。公庫仕様書をわきに置いて比較していただければと思います。

注記：
157、158ページに載せた「土工事・基礎工事」の特記仕様書は、解説文も含めて全6ページで構成されているもののなかから、今までのSTEPで説明を省略していた内容が記載されている2ページ分を抜き出したものです。これらの内容が施工品質に与える影響は大きいものがありますので、本文と同様の位置づけでお読みいただければと思います。
なお、色文字で記載した事項が特記仕様の内容で、図も含めてその他は解説です。

● 土工事・基礎工事（2/6）

| ○特記仕様の内容 | ○解説 |
|---|---|
| 3.3 基礎工事<br>3.3.6 コンクリートの調合及び強度等<br><br>3. 水セメント比は65%以下、スランプは15cm以下、単位水量は175kg/m³以下とする。(注8) | 注8：<br>　公庫仕様書では、水セメント比は規定されていませんが、水セメント比が増えるほどクリープ値が大きくなり（②）、中性化の進行も早まり（③）ます。そうした点を踏まえ、ここでは営繕仕様書などで規定している65%以下としています。<br>　公庫仕様書では、特記がない場合のスランプは18cmと規定されています。この数値の製品が実際に納入されるのであれば、筆者は許容できると考えます。しかしながら、公庫仕様書には規定がありませんが、営繕仕様書などではスランプの誤差は±2.5cmが認められており、これに従えば、最大で20.5cmのスランプの製品まで使用が許されることになります。しかし、これは数値が大き過ぎると考えます。住宅の基礎は、特別な場合を除き形状が単純であり、配筋量の多いRC造の建築物に比べて打設は容易といえることが、ここでスランプを15cmとした理由の一つです。<br>　なお、砕石の使用が多くなると、単位水量が増える傾向（④）にあります。また海砂を使用することが多い地域（①）では、「アルカリ総量計算書」を提出させるなど、骨材についても注意を払っていただきたいと思います。 |

① 年間10万m³以上の海砂を使用している地域 [52]

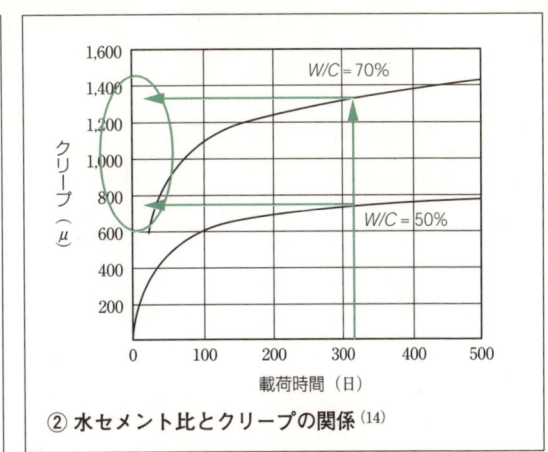

② 水セメント比とクリープの関係 [14]

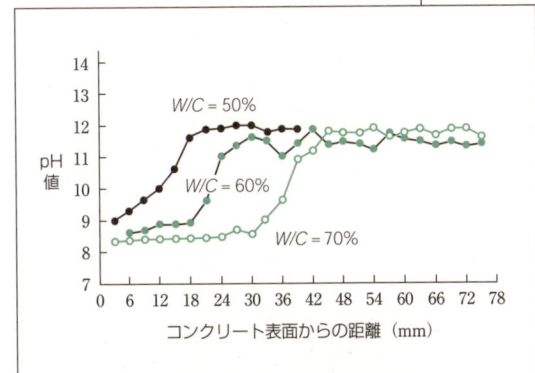

③ 中性化促進（$CO_2$ 10%、30℃）4カ月後の、コンクリートの水セメント比別のpH勾配 [53]

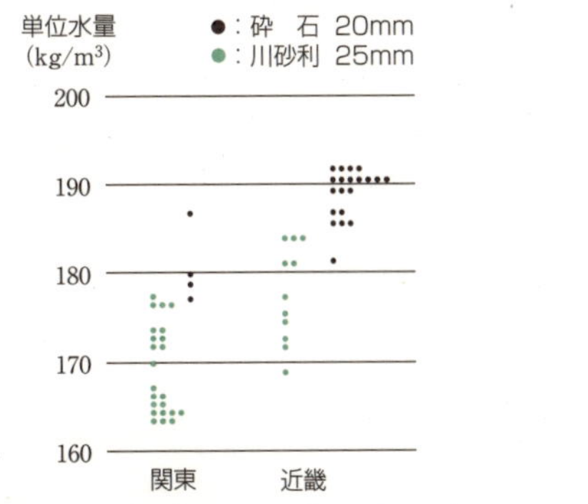

④ 骨材による呼び強度21N/mm²・スランプ18cmのコンクリートの単位水量の変化 [54]

図8-3：特記仕様書例（土工事・基礎工事）

## ●土工事・基礎工事（3/6）

| ○特記仕様の内容 | ○解説 |
|---|---|
| 3.3 基礎工事<br>3.3.6-追記　コンクリート打ち（注9）<br><br>1. コンクリート打設前に、打設場所を清掃して雑物を取り除いて、剥離剤が鉄筋に付着しないよう注意すること。（注10） | 注9：<br>　3.3.6にはコンクリートの打込みや打継ぎに関する記載がないことから、この項目を追加しています。<br><br>注10：<br>　鋼製型枠には剥離剤を塗布しますが、型枠を組んでから塗布したために、鉄筋に付着している事例が少なくありません。左下の写真（⑤）では剥離剤でセメントペーストの色が変わっています。なお、型枠に合板を使用する場合は、散水して合板を湿潤させてから打設することを明記してください。 |
| 2. 受入れ検査を実施すること。（注11） | 注11：<br>　コンクリートの素材である砂や砂利は、自然素材ですからその品質には当然ばらつきが生じており、そうした素材を使って品質を一定に保つには、調合に細心の注意を必要とします。こうしたことから、認定を受けた工場であっても、残念なことですが品質の劣るコンクリートを出荷するところもあるといわれています。「コンクリートの調合および強度」の項でJIS認定工場を指定しても、それだけでは十分とはいえないことから、ここでは受入れ検査（⑥）を実施することを規定しています。<br>　ただ、住宅工事では受入れ検査はほとんど行われることはないようであり、その費用は結局は建築主が負担することになりますので、施工会社への説明だけでなく、建築主の同意も必要です。<br>　なお、通常の受入れ検査では、打設当日に塩化物量、空気量、フロー値、スランプ、コンクリート温度などの確認が行われ、当日採取したテストピースにより、7日と28日の強度試験が行われます。 |
| 3. 練り混ぜから打設終了までの時間の限度を以下とする。（注12）<br>　　外気温 25℃未満：90分<br>　　同　　25℃以上：60分 | 注12：<br>　一定の時間を経過した生コンには、所定の強度を期待できません。時間を過ぎたコンクリートは返品することになりますが、そうしたことを避けるために、できれば生コン工場に出向いて納入時間についての協力を要請しておくことをお勧めします。ちなみにJASS 5では外気温25℃未満では120分、同25℃以上では90分と規定されています。この特記仕様書では、条件が良好であることからJASS 5より短い時間としていますが、生コン工場と現場の距離や交通事情などを勘案して決めていただきたいと思います。ただ、JASS 5の規定値は超えないでください。 |

**図8-3：特記仕様書例（土工事・基礎工事）（つづき）**

- STEP 1　土地の品質を知る
- STEP 2　建築主に木造建築を知っていただく
- STEP 3　施工者を探す
- STEP 4　架構を計画する
- STEP 5　コストプランニングをする
- STEP 6　架構を決定する
- STEP 7　その他の仕様を決定する
- STEP 8　設計図を描く

# STEP 9
# 工事契約への助言をする

STEP 9-1：契約前の建築主と施工者に改めて理解しておいてもらうこと
STEP 9-2：着工前の施工者に再確認しておくこと

## STEP 9-1　契約前の建築主と施工者に改めて理解しておいてもらうこと

**見積書・工程表・契約約款の内容は，施工品質に大きな影響を与えます。**

今まで述べてきたSTEPの内容に沿って設計を進めてくれば，工事費用も予算枠に納まっているはずですし，職人さんたちの仕事への取組み姿勢を含めた力量もある程度は把握できているはずですから，ここで改めて行わなければならない図面作成などの設計作業はありません。

ただ，契約書類に不十分なところがあると，施工品質に影響を及ぼす場合があります。「STEP 5 コストプランニングをする」でも触れましたが，特に見積書，工程表，契約約款の3つは影響が大きいことから，建築主と施工者の双方に理解しておいてもらう必要があります。こうしたことまでは設計業務には含まれない，と考える読者の方もおられると思いますが，施工品質の確保につながることと考えていただければと思います。

### STEP 9-1-1　見積書について

**内訳が明記されていない見積書で契約をしてはなりません。**

STEP 5でも触れたように，見積書には内訳の記載が必須です。ただ，内訳の作成にはたいへんな手間がかかりますので，「一式」で表記された見積書や，表9-1のように形の上ではm²当たりの単価が表記され，「一式」とはなっていないものの，総額を単に床面積で割っただけ（○印）の「一式」と何ら変わらない内容の見積書が少なくありません。

こうした見積書では，特に木工事は工事費総額に占める比率が大きく，使用材料のグレードによって費用も大きく異なることから，費用の実態が把握できないことによる見積書全体への不信感につながりがちです。ただ，木工事の場合，数量を記載してあっても，継手の位置によってその数量は当然ですが異なってきますので，実態の不透明さは解消しません。こうした場合，継手位置を図面に記載してあれば，数量の把握のための共通のベースがあることになり，施工者と設計者の双方の手間が増えることになりますが，透明性は高まります。

木工事に限らず，内訳の記載を要求するのであれば，その内訳内容の確認をする手間がかかってくることを前提としなければなりません。また，相互が共通のベースとすることのできる情報（図面）を施工者に提示しなければなりません。こうした手間をかけてはじめて内訳を記載してもらう意味がでてきますが，これは無償のサービスではなく，当然設計料にもはね返るということを，建築主には理解してもらわねばなりません。

厳しい予算のなかから設計料を捻出しなければならない建築主が大半であると思いますので，理解を得るのは簡単ではないと思いますが，まずこうした内容をきちんと説明するところから始めてもらいたいと思います。

### 表9-1：使用木材の内訳が明記されていない見積書

| 名称 | 摘要 | 数量 | 単位 | 単価 | 金額 | 備考 |
|---|---|---|---|---|---|---|
| 木工事 | | | | | | |
| 木材費 | | 200.00 | m² | 24,000 | 4,800,000 | |
| 大工手間 | | 200.00 | m² | 24,000 | 4,800,000 | |
| 建方 | | 1 | 式 | | 300,000 | |
| 金物 | | 1 | 式 | | 200,000 | |
| プレカット | | 200.00 | m² | 4,000 | 800,000 | |
| 2階床 | けやき厚15 | 50.00 | m² | 3,500 | 175,000 | |
| 1階床 | チーク厚15 | 80.00 | m² | 14,000 | 1,120,000 | |
| 小計 | | | | | 12,195,000 | |

### 表9-2：使用木材の内訳が明記されている見積書

| 名称 | 摘要 | 数量 | 単位 | 単価 | 金額 | 備考 |
|---|---|---|---|---|---|---|
| 木工事 | | | | | | |
| 木材 | 土台 桧 特 4m 120×120 | 50 | 丁 | 13,000 | 650,000 | |
| | 土台 桧 特 4m 120× 45 | 15 | 〃 | 2,000 | 30,000 | |
| | 柱 通し 桧 特 4m 120×120 | 10 | 丁 | 36,000 | 360,000 | |
| | 〃 管柱 桧 3面上小 4m 120×120 | 5 | 〃 | 150,000 | 300,000 | |
| | 〃 〃 桧 2面上小 4m 120×120 | 5 | 〃 | 110,000 | 550,000 | |
| | 〃 〃 桧 1面上小 4m 120×120 | 10 | 〃 | 20,000 | 200,000 | |
| | 〃 〃 桧 特 4m 120×120 | 100 | 〃 | 13,000 | 1,300,000 | |
| | 〃 〃 桧 特 3m 120×120 | 100 | 〃 | 10,000 | 1,000,000 | |
| | 梁 米松 上小 5m 120×400 | 5 | 丁 | 26,000 | 130,000 | |
| | 〃 〃 〃 4m 120×400 | 10 | 〃 | 19,000 | 190,000 | |
| | 〃 〃 〃 3m 120×400 | 5 | 〃 | 14,000 | 70,000 | |
| | 〃 〃 特 6m 120×240 | 5 | 〃 | 18,000 | 90,000 | |
| | 〃 〃 〃 5m 120×360 | 5 | 〃 | 21,000 | 105,000 | |
| | 〃 〃 〃 5m 120×300 | 5 | 〃 | 18,000 | 90,000 | |
| | 〃 〃 〃 5m 120×390 | 5 | 〃 | 16,000 | 80,000 | |
| | 〃 〃 〃 5m 120×240 | 10 | 〃 | 14,000 | 140,000 | |
| | 〃 〃 〃 4m 120×360 | 5 | 〃 | 13,000 | 65,000 | |
| | 〃 〃 〃 4m 120×390 | 5 | 〃 | 16,000 | 80,000 | |
| | 〃 〃 〃 4m 120×300 | 10 | 〃 | 11,000 | 110,000 | |
| | 〃 〃 〃 4m 120×240 | 30 | 〃 | 9,000 | 270,000 | |
| 小計 | | | | | 5,810,000 | |

　表9-2には、使用する木材の内訳が明記されています。伏図や軸組図をもとに、施工者と設計者がお互いに数量を確認することで拾い間違いの防止が図れます。また、この数量拾いの作業のなかで、継手位置の不具合などを相互に確認し合い、問題のない架構を造りあげていただければと思います。

**見積書には，できる限り仕様を明記させてください。**

　表9-3は住宅の基礎工事，表9-4はRC造建築物の見積書です。前述の木工事と同様に，コンクリートも仕様によって費用が異なってきますので，表9-4のように仕様を記載しておくことが望ましいといえます（表9-4○印）。また，住宅工事の場合には，公庫仕様書にも記載のある，呼び強度24N/mm²・スランプ18cmのコンクリートが使用されることが多く，これ以外の仕様とする場合，例えばスランプを15cmとすることが図面に明記されていたとしても，施工管理者は他のいつもの物件と同じという感覚で，図面を確認せずにスランプ18cmで手配してしまう場合があり得ます。見積書に仕様の記載があれば，必ず気づくというわけではありませんが，発注の際には数量と金額の確認は必ず行いますので，間違える可能性は少なくなります。

**表9-3：コンクリートの仕様が明記されていない見積書（住宅の基礎工事の例）**

| 名称 | 摘要 | 数量 | 単位 | 単価 | 金額 | 備考 |
|---|---|---|---|---|---|---|
| 基礎工事 | | | | | | |
| 布基礎 | | 20 | m | 40,000 | 800,000 | |
| 〃 | | 120 | 〃 | 27,000 | 3,240,000 | |
| 束石 | RC共 | 38 | 本 | 10,000 | 380,000 | |
| 防湿コンクリート | | 80 | m² | 4,000 | 320,000 | |
| 土間コンクリート | | 15 | m² | 6,000 | 300,000 | |
| 天端均しモルタル | | 170 | m² | 900 | 153,000 | |
| ポンプ | | 1 | 式 | | 180,000 | |
| 建方 | | 300 | m² | 1,200 | 360,000 | |
| 小計 | | | | | 5,733,000 | |

**表9-4：コンクリートの仕様が明記されている見積書（鉄筋コンクリート工事の例）**

| 名称 | 摘要 | 数量 | 単位 | 単価 | 金額 | 備考 |
|---|---|---|---|---|---|---|
| コンクリート工事 | | | | | | |
| 捨てコンクリート | FC16N/mm² スランプ15cm カート打ち | 20 | m³ | 16,000 | 320,000 | 小型車搬入 |
| 土間コンクリート | FC21N/mm² スランプ15cm カート打ち | 10 | m³ | 18,000 | 180,000 | 小型車搬入 |
| 基礎鉄筋コンクリート | FC21N/mm² スランプ15cm カート打ち | 140 | m³ | 14,000 | 1,960,000 | 小型車搬入 |
| 躯体鉄筋コンクリート | FC21N/mm² スランプ18cm カート打ち | 630 | m³ | 14,000 | 8,820,000 | 小型車搬入 |
| 温度補正費 | | 1 | 式 | | 30,000 | |
| ポンプ車損料 | | 1 | 式 | | 800,000 | |
| 普通型枠 | | 4,000 | m² | 5,000 | 20,000,000 | |
| 打放し型枠 | | 90 | m² | 5,300 | 30,000 | |
| 外壁打継ぎ目地 | | 950 | m | 1,200 | 800,000 | |
| 外壁誘発目地 | | 150 | m | 1,200 | 180,000 | |
| 人通孔ボイド型枠 | | 10.00 | カ所 | 3,000 | 30,000 | |
| 小計 | | | | | 33,150,000 | |

## STEP 9-1-2　工事工程表について

**工期を守ることのできる工程表を提示させてください。**

　契約書には工期が明記されますが，住宅工事では残念ながらその工期が守られないことが少なくありません。工事工程表が契約時に添付されないことや，添付されていてもそれが実際の手配に裏打ちされたものでない場合が多いことが，工期が守られない原因となっているようです。まったく手配がされていない工程表は，百害あって一利なしですが，だからといってすべての職種についての手配ができなければ工程表を作れない，というのでは現実的ではありません。筆者は，大工さんのスケジュールさえきちんと押さえることができれば，それほど狂いのない工程表を作成するのは難しくないと考えています。図9-1に，5件の施工実例の工程を基礎工事の開始日（-----の位置）をそろえて整理しましたので，これをもとに大工さんの作業が工程に与える影響を確認してみたいと思います。

　まず「基礎工事」ですが，5つの事例のすべてで，基礎工事が始まってから約1〜1.5カ月で木工事が始まっています。鳶さんはその作業の性質上，2〜4人程度の複数で行い，機械力を利用した作業も多いため，建物の規模による差はあまりでていないといってよいようです。

　次に「その他の工事」ですが，いずれの事例でも，木工事が終わって約1〜1.5カ月で工事が終わっています。職種が多いため，手配の巧拙によってこの期間が延びてしまう場合もあるようですが，これについても規模による差はあまりないといってよいように思います。

　最後に「木工事」ですが，1人の大工さんで行った場合（④，⑤）と，3人で作業した場合（②，③）の工期を比較すると，②，③は規模が大きいにもかかわらず，④，⑤に比べて短い工期ですんでいるのは，大工さんの人数が影響しているといってよいと思います。ただし，③は⑤の1/3ではなく半分にしかなっていないことから，この期間は人数が増えた比率がそのまま反映されていないこともわかると思います。

　以上から，規模の大小にかかわらず，「基礎工事」や「その他の工事」よりも「木工事」が工期に大きな影響を与え，さらにそれは大工さんの人数によって左右されるということを理解していただけると思います。また，「刻み」と「木工事」は大工さんが行いますが，一つの職種の職人さんが関わる期間としては，他の職種に比べて最も長いこと，予定通りに「刻み」に入らなければ，仮に基礎工事が予定通りに終わったとしても，それ以降の工事にずれが生じてしまうこと，などからも影響の大きさを理解していただけると思います。

　設計者の方には，工程表を契約の必要書類の一つとしてそろえることだけを施工者に求めるのではなく，鳶さんと大工さんに関する手配の実情を必ず確認していただきたいと思います。

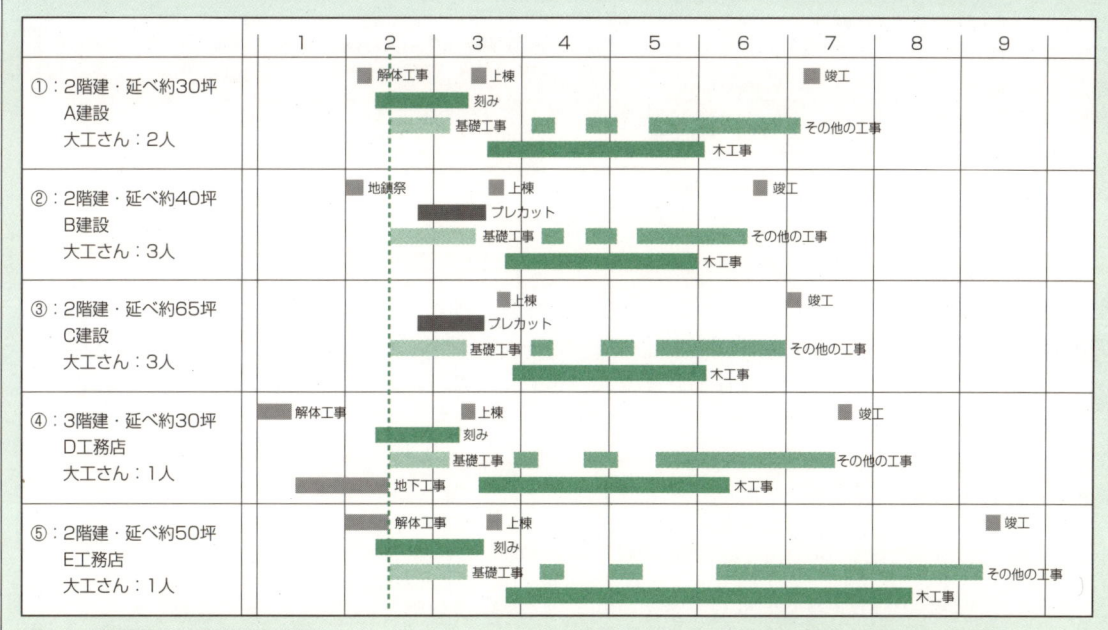

図9-1：事例別の工事工程の比較

**工程表の体裁にこだわる必要はありません。**

図9-2の工程表は、内容は別にして、工事項目としてこれだけ書かれていれば十分であるし、文句のつけようのない立派な工程表だと思います。しかし見方を変えれば、契約前の段階で工事後半のクロス張りや内部建具の手配までをすませることは、事実上無理に近く、形だけを整えたといわれても否定できない面があるように思います。

図9-3の工程表は、図9-2に比べれば記載されている工事内容は少なく、記載のない工事の手配はされていないことが想像できますが、基礎工事と木工事の職人さんの手配さえすんでいれば、その他に関しては工事の進捗に合わせて手配をしていけば問題はないといえるように思います。

図9-2の工程表を否定しているのではありません。立派な工事工程表を作ることが目的ではないことを理解していただければと思います。内容を重視した工程表を作るよう、施工会社に働きかけていただければと思います。

| | 1 | 2 | 3 | 4 |
|---|---|---|---|---|
| 仮設工事 | 準備・地縄　　先行足場組み | | | 足場ばらし |
| 土工事・基礎工事 | 根切り・型枠・コンクリート打ち・基礎天端均し | | | |
| 木工事 | 刻み　上棟 | | 屋根下地・外部造作・内部造作 | |
| 断熱工事 | | 外壁断熱工事 | 床・天井断熱工事 | |
| 屋根板金工事 | | 屋根葺き工事 | | |
| 左官工事 | | | 内部、外部左官 | |
| 内外装工事 | | | 外装工事・タイル張り | 内装工事・外部床タイル張り |
| 建具・ガラス工事 | | 金属製建具取付け | 木製建具取付け | |
| 塗装工事 | | | 内部および外部塗装 | |
| 給排水衛生工事 | スリーブ取付け | 配管工事 | | |
| ガス工事 | スリーブ取付け | 配管工事 | | |
| 電気工事 | | 配管工事 | | |
| 衛生器具・住器・雑工事 | | ユニットバス取付け工事 | | 器具取付け工事・クリーニング |
| 外構工事 | | | | 外構・植栽 |

**図9-2：工事内容の記載が詳細な工事工程表の事例**

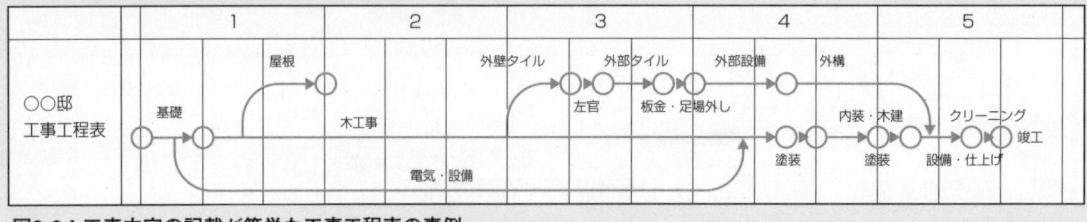

**図9-3：工事内容の記載が簡単な工事工程表の事例**

**施工品質と工期の関係を十分に検討してください。**

163ページで、工事期間の決定要因として、大工さんの人数が大きく関わってくることを述べましたが、短い工期がどのような場合でも好ましいというつもりはありません。

現在は、短工期が評価されているといってよいと思いますが、そのために施工品質が低下するようなことがあってはなりません。当然のことではありますが、長すぎる工期も短すぎる工期も問題であり、適正な工期が最も望ましいといえます。

ただ、一方では品質の確保に重点をおいて、腕の良い大工さん一人でじっくりと木工事を行うこととしたために工期がかかる、という場合があってもよいのではないかと考えています。工期を長くすることは、一般的にいって工事費用の増につながりますから、そうした方向での検討がされることはほとんどないといってよいと思いますが、施工品質の確保という視点でみた場合には、こうした考えがあってもよいように思います。

## STEP 9-1-3　契約約款について

**記載内容が不十分な約款で契約してはなりません。**

契約約款は，あらかじめ書式として整ったものを使用する場合がほとんどであると思います。写真9-1はそうした書式のいくつかの事例ですが，これらの中では比較的よくできているといえる「民間（旧四会）連合協定」の約款でも問題がないとはいいきれません。例えば，この約款は大型工事にも使用されるものであることから，履行遅滞違約金の算定方法については，住宅工事の契約額を考えると比率が適当でないように思われますし，瑕疵担保期間も短く，建築主の解除権も多くの建築主が個人であるということを考えると，もう少し建築主寄りの内容でもよいのではないかと感じられます。

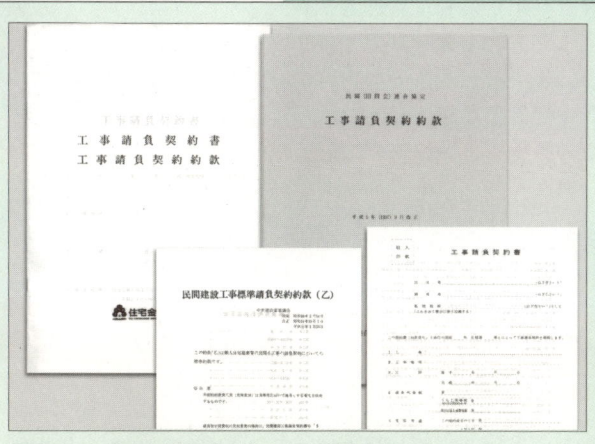

施工会社が提示してくる約款の中には，図9-4（これは契約書と約款が分かれていないタイプです）のように，重要な項目が落ちているものも少なくありません。ちなみに，ここに記載されていないおもな内容を列記すると，以下のようになります（これらはその内容は別にして「民間連合協定約款」には記載されています）。

1．瑕疵担保の規定について
2．履行遅滞違約金について
3．仕様書不適合の改造義務について
4．検査関係について
5．施主側の中止権，解除権について
6．紛争処理関係について
7．工事監理者について

こうした内容が欠けている約款は使用しないことをお勧めしますが，どのような約款を使うにしても，建築主はこうした内容に関する知識がない場合がほとんどです。十分に時間をかけて内容を説明し，必要に応じて加筆訂正するなどで実情にあった約款を作るように，設計者の方から施工会社に働きかけていただければと思います。

写真9-1：住宅金融公庫（左上）・民間連合協定（右上）
中央審議会（左下）・日本法令（右下）

図9-4：記載内容が不十分な約款の事例

## STEP 9-2　着工前の施工者に再確認しておくこと

> 図面の上だけでなく，実際の工事における施工品質を確保するために，施工者に再確認しておくことがあります。

　ここで述べているのは，工事監理業務に関わる内容であり，これは本書の主題である，設計段階での施工品質確保の要点を明らかにすることからは外れているといえます。ただ，施工品質の確保という目的を達成するためには，この段階で施工者に工事監理の方針を伝えておくことが有効であることから，ここで取り上げています。

　工事監理業務の内容は，担当の施工管理者や職人さんたちの仕事への取組み姿勢やその力量によって大きく異なります。すべてを任せてしまっても問題ない場合もあると思いますし，基本的な内容から説明しないと施工品質の確保がおぼつかない場合もあると思います。ここに記載した内容は，必ず実行していただきたいものに絞っていますので，これにさらにどのような内容を付加していくかは，個々の状況に応じて読者ご自身で判断していただきたいと思います。

### STEP 9-2-1　工事監理の方針について

> 読者個人の「施工にあたっての注意事項シート」を作成してください。

　施工上の当然の常識であるにもかかわらず，それが守られないことがあります。その原因が施工者の怠慢である場合は論外ですが，勘違いや知識の不足が原因していることも少なくありません。施工品質を確保するためには，基本的なことだからこそ確認しておかなければならないことがあると考えていただきたいと思います。

　確認の方法は，読者ご自身が最も良いと考える方法によることが一番ですが，一つの参考として，筆者が工事監理の方針を伝えるツールとして使用している「施工にあたっての注意事項シート」の一部を167ページに載せています。

　このシートは施工段階ごとに分冊となっており，その作業の手配の直前に，施工管理者と担当する職人さんに直接説明のうえで手渡ししているものです。シート一式をまとめて施工会社さんに渡す方法もありますが，意図が十分伝わらない場合があることからこうした方法をとっています。また，このシートは，担当の施工管理者や職人さんたちの仕事への取組み姿勢やその力量によって内容を追加する場合もあります。

　読者ご自身がおかれている状況に合った，読者ご自身の「施工にあたっての注意事項シート」を作成する参考にしていただければと思います。

### 04-2-1-1：根切り工事に関連して注意していただきたいこと

**写真-1** **写真-2**

　これは布基礎の事例ですが、写真-1は根切り底が荒らされていません。一方、写真-2は根切り底が周囲からこぼれた土で埋まっていることがわかると思います。右の写真のような施工では、良好な地盤であったとしても地耐力を期待できるとは言い難い、という点に関しては異論のでる余地がないと考えております。
　この点に関しては、貴社におかれましてもご同意いただけると考えておりますし、もちろんこうした施工はなさらないし、なさったこともないと考えております。

### 04-2-1-2：地業工事に関連して注意していただきたいこと（その１）

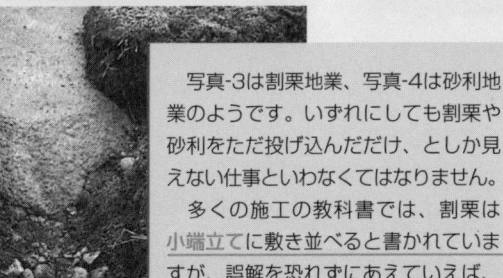

**写真-3** **写真-5**

**写真-4**

　大変な重労働にもかかわらず、ほとんどの鳶さんは、写真-5のように黙々と割栗を敷き並べてくれることを強調しておきます。

　写真-3は割栗地業、写真-4は砂利地業のようです。いずれにしても割栗や砂利をただ投げ込んだだけ、としか見えない仕事といわなくてはなりません。
　多くの施工の教科書では、割栗は小端立てに敷き並べると書かれていますが、誤解を恐れずにあえていえば、これは言葉でいうほどたやすいことではありませんし、このような形を厳格に求めることは現実的ではないと考えています。ただ、だからといって写真-3、4のような仕事が許されるということではないという点に関しては貴社にもご同意いただけると考えております。

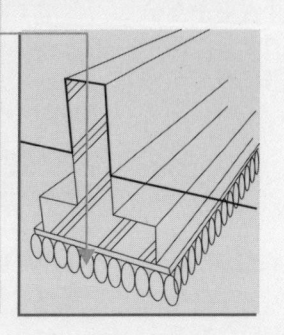

図9-5：「施工にあたっての注意事項シート」例・根切り地業編（一部）

## STEP 9-2-2　工事監理業務が始まる前に伝えておきたいこと

**設計意図を改めて伝えてください。**

　設計施工会議を開催した場合は，施工管理者だけでなく職人さんたちにも設計意図は伝わっているはずですが，要点を文書に整理したものを関係者全員に渡しておくことをお勧めします。

　ただ，この内容を伝えるために関係者全員に集まってもらうことはなかなか難しいと思います。通常は施工会社から各職に渡してもらうことになりますが，地鎮祭や上棟式などの際にできるだけ各職に集まってもらい，そうした場でこの文書を渡すことも，こうした式典を単なるセレモニーで終わらせないという意味でも有効です。

**定例打合せは無意味であり，不定期に現場を確認することを伝えてください。**

　一定規模以上の建築物では，定例打合せを行うことが一般的です。定例打合せでは，工事の進行状況の確認，施工品質や設計内容についての協議などが行われます。規模の大きい工事であれば，次工程への移行にはある程度の時間を要しますので，こうした会議で行われた協議内容を反映させていくことが可能です。

　しかしながら，木造住宅はその進行スピードが早いため，非常駐監理の場合にこうした打合せを行うことで施工品質を確保しようとしても時間的に無理があり，単なる工事報告の場に過ぎなくなる場合がほとんどといってよいと思います。特に，地業工事・基礎工事の段階にはそれがいえますが，必要なときには毎日でも現場に出向き，施工管理者や職人さんたちとともに施工品質の確保に努めることを伝え，施工管理者には必ず一緒に立ち会ってもらうよう，要請をしておくことをお勧めします。

**施工管理者個人だけではなく，会社組織としての施工品質の確保に対する取組み姿勢を確認してください。**

　施工品質の確保を実現するためには，施工管理者個人がもっている管理技術を活用することはもちろんですが，会社が組織としてもっている技術も有効に活用していく必要があります。社内のバックアップ体制や社内検査の具体的な内容を事前に確認し，その内容に不十分な点があれば早急に対策を提案してもらわなければなりません。

　形式に流れずに，実効のある体制を組んでもらうよう働きかけていただければと思います。

**設計変更や手直しに関する連絡は，文書に残してください。**

　竣工までの間に変更や手直しがない工事は皆無といってよいと思います。そうした際の処置には時間的制約がある場合がほとんどですので，費用の点なども含め口頭によって進めてしまうことが少なくありませんが，これは後でトラブルのもとになることがありますので避けなければなりません。

　文書の発行は事後になってもいっこうに構いませんので，費用の扱いを明確にすることも含めて，必ず文書によって処理することをお勧めします。図9-6は筆者が実際に工事監理業務のなかで使用している「工事連絡書」です。解説を加えておきましたので，読者ご自身で使い勝手の良い文書を作成する際の参考としていただければと思います。

下記の書類は，不具合工事部分を補修させる目的で，設計事務所が施工会社に対して発行したものですが，建築主の方が設計変更の連絡をする場合にも使うことができます。

　このような書式に限る必要はありませんが，文書を残すことで，どのような変更や修正が，どのような理由であったのかを，後で確認することができます。こうした文書に費用の扱いも記載されていれば，後々のトラブルを回避することができます。

　なお，この書類は発信内容を記載したものを施工会社に渡して，返信欄に具体的な仕様や金額を記載してもらったうえで返却を受け，そのコピーを施工会社，原本を建築主が保管するという形で運用していただければと思います。

この事例は、不具合工事の補修方法を指示した連絡書として発行したものですので、工事費は「請負工事費用の枠内（つまり施工会社の負担ということです）」としていますが、設計変更の場合は無償という場合が少なく、何らかの費用の増減がともなうことから、「増減清算項目とする」としていただくとよいと思います。

返信欄に金額その他必要な事項を書き込んでもらったうえで、捺印をしてもらえれば完璧です。

設計変更の場合は、ここにその内容をできるだけ具体的に記載してください。
また、「**この書類に金額を記載し、捺印したうえで返却すること。なお、返信があるまでこの変更に関わる各種工事を進めてはならず、その間の遅延による損害は施工会社の負担とする**」という旨の記載をしておくことをお勧めします。
ただ、蛇足ですが、上記記載は変更に関わる部分の施工にまだかかっていない段階で、かつ見積を作成する時期的余裕（1週間程度を見込めば十分です）のある場合に限ります。

**図9-6：工事連絡書**

［引用文献］

1) 埼玉県環境防災部水環境課『埼玉県地盤沈下調査報告書』埼玉県県政情報センター，2001
2) 独立行政法人産業技術総合研究所 地質調査総合センター『1：200,000　地質図・東京』，1987（承認番号：第75300-20021016-1号）
3) 国土地理院『1：25,000　土地条件図　東京東北部』，1981
4) 国土地理院『1：20,000　旧版地形図　川口町』，1892
5) 大崎順彦『地震と建築』岩波書店，1983，105頁，図Ⅵ-7
6) 久田俊彦『地震と建築［改訂版］』鹿島出版会，1982，82頁，図-5-4
7) 埼玉県環境防災部消防防災課『埼玉県地震被害想定調査報告書』，1998，付図13 木造建物の破損危険度想定図
8) 篠崎祐三「地盤特性と被害分布」，『建築技術』建築技術，1995・8，62頁，図2
9) 活断層研究会『新編 日本の活断層』東京大学出版会，1991，174頁，52東京
10) 葛飾区都市計画部建築課『葛飾区地盤調査報告書』，1977
11) 荒川下流広域洪水ハザードマップ検討委員会『もしもの洪水にそなえて～荒川下流広域洪水ハザードマップ（原案）～（2市7区版）』国土交通省荒川下流工事事務所，2000
12) 国土交通省荒川下流工事事務所『身近な川について考えよう（柳瀬川流域編）』リバーフロント整備センター，1998，116頁
13) 日本建築学会北海道支部「コンクリートの凍害危険度の分布図」，『寒冷地教材』彰国社，1991，118頁，図-14
14) 藤原忠司他『コンクリートのはなしⅠ』技報堂出版，1993，91頁，図-1
15) 同上，95頁，図-2
16) 日本建築学会「北海道の地盤凍結深度」，『小規模建築物基礎設計の手引き』，2001，11頁，図2-1
17) 日本建築学会「試験掘りによる地層の簡易判別法」，『小規模建築物基礎設計の手引き』，2001，30頁，表4-1
18) 森 寛「戸建て住宅のための地盤調査」，『基礎工』総合土木研究所，1997・11，23頁，図-3
19) 西岡常一他『法隆寺を支えた木』日本放送出版協会，1987，145頁，40図
20) 藤岡道夫他『建築史』市ヶ谷出版社，1968，20頁，図-23
21) 農林水産省林業試験場監修，木材工業ハンドブック編集委員会『木材工業ハンドブック［改訂3版］』丸善，1982，749頁
22) テノコラム協会『テノコラム・マニュアル基礎構造編』，1988
23) 直井正之「基礎及び地盤補強工法選定の基本的な考え方」，『建築技術』建築技術，1999・2，137頁，図2
24) 同上，138頁・図3，139頁・図8，140頁・図10
25) 日本建築学会「玉石コンクリート地業」，『小規模建築物基礎設計の手引き』，2001，82頁，図6-22
26) 日本建築学会北海道支部『寒冷地教材』彰国社，1991，90頁，図-4-3
27) 全国消費生活相談員協会，ブックレットシリーズNo.34『暮らしの害虫』（社）全相協，1997，26頁
28) 山野勝次「基礎高とシロアリ侵入率との関係」，『日経アーキテクチュア』日経BP社，1998・2・28，120頁，図2
29) 杉山英男『地震と木造住宅』丸善，1996，273頁，図⑨
30) 同上，271頁，図⑧
31) 住宅金融公庫監修『平成14年版 木造住宅工事共通仕様書（解説付）』住宅金融普及協会，2002，25頁，図3.3.10
32) 同上，22頁，図3.3.2-2
33) 近藤泰夫・坂静雄『コンクリート工学ハンドブック』朝倉書店，1965，745頁，表22-8
34) 住宅金融公庫監修『平成14年版 木造住宅工事共通仕様書（解説付）』住宅金融普及協会，2002，22頁，図3.3.2-2
35) 同上，2002，23頁，図3.3.3
36) 日本建築学会「土間コンクリートのべた基礎への併用」，『小規模建築物基礎設計の手引き』，2001，72頁，図6-14
37) 住宅金融公庫監修『平成14年版 木造住宅工事共通仕様書（解説付）』住宅金融普及協会，2002，36頁・37頁，図4.1.6
38) 小玉祐一郎他『パッシブ建築設計手法事典』彰国社，1983，97頁，図-18
39) 同上，104頁，図-10
40) 南雄三「換気システムの開発状況」，『建築技術』建築技術，1997・7，159頁，図29
41) 日本建築学会「暖房度日と最適熱抵抗」，『建築設計資料集成1・環境』丸善，1985，129頁，図-5
42) カナダホームビルダーズ協会編・垂水弘夫訳『R-2000 高断熱・高気密住宅の計画・施工マニュアル』井上書院，1997，123頁，図8.5
43) F. Eichler『Bauphysikalische Entwurfslehre』Band，1970
44) 住宅金融公庫監修『平成14年版 木造住宅工事共通仕様書（解説付）』住宅金融普及協会，2002，107頁，図7.4.11-1
45) 同上，108頁，図7.4.11-2
46) 同上，109頁，図7.4.11-3
47) 同上，107頁，図7.4.8
48) カナダホームビルダーズ協会編・垂水弘夫訳『R-2000 高断熱・高気密住宅の計画・施工マニュアル』井上書院，1997，183頁，図11.6

49) 住宅金融公庫監修『平成14年版 木造住宅工事共通仕様書（解説付）』住宅金融普及協会，2002，43頁，耐腐朽性・耐蟻性の心材比較表
50) 山野勝次「薬剤依存から転換迫られるシロアリ対策」，『日経アーキテクチュア』日経BP社，1998・12・28，120頁，図3
51) 建設省住宅局住宅生産課『木造住宅のための住宅性能評価参考設計図書』日本住宅・木材技術センター，2000，8頁，図8-4
52) 小林一輔『コンクリートが危ない』岩波書店，1999，82頁，図4.3
53) 樫野紀元『鉄筋コンクリート構造物の耐久性　鉄筋の腐食とその対策』鹿島出版会，1988，74頁，図3-7
54) 戸祭邦之『コンクリート工事実務事典』井上書院，1997，94頁，図-1

[参考文献]

（ 1 ）TakeyamaK, HisadaT, and OhsakiY『Behavior and Design of Wooden Buildings』WECC，Tokyo，1960
（ 2 ）力武常次『地震の正しい知識』オーム社，1995
（ 3 ）国立天文台『理科年表』，2002
（ 4 ）股黒弘三『地震に強い木造住宅の設計マニュアル・耐震性を保つメンテナンス手法』エクスナレッジ，1996
（ 5 ）加納猛『木材の材質』日本林業技術協会，1973
（ 6 ）日本建築学会『建築工事共通仕様書・同解説 JASS 11 木工事』，1994
（ 7 ）Stevens『Forestry』，1938
（ 8 ）日本建築学会『小規模建築物基礎設計の手引き』，2001
（ 9 ）坂本功『地震に強い木造住宅』工業調査会，1997
（10）杉山英男『デザイナーのための木構造』彰国社，1986
（11）住宅金融公庫監修『平成14年版 木造住宅工事共通仕様書』住宅金融普及協会，2002
（12）日本建築学会『建築設計資料集成１・環境』丸善，1985
（13）星野昌一「銅屋根の利用と工法」，『ガイドブック銅屋根』日本銅センター
（14）United States Government Printing Office『United States, Department of the interior, Bureau of Reclamation : Concrete Manual, 7th Edi』
（15）松井郁夫・小林一元・宮越喜彦『ここまでできる!! 木組みの家づくり図鑑　木造住宅私家版仕様書　架構編』エクスナレッジ，1998
（16）須貝高『ホルムアルデヒドによる空気汚染に関する研究』日本建築学会中国・四国支部研究報告第10号1996年3月
（17）山田雅士『建築の結露－その原因と対策［増補改訂版］』井上書院，1998
（18）吉川翠他『住まいＱ＆Ａ　室内汚染とアレルギー』井上書院，1999
（19）全国消費生活相談員協会，ブックレットシリーズNo.34『暮らしの害虫』(社)全相協，1997
（20）北原覚一『木材物理』森北出版，1986
（21）日本建築学会編『建築工事標準仕様書・同解説 JASS 5 鉄筋コンクリート工事』，1998
（22）山室滋『図解建築工事の進め方』市ヶ谷出版社，1998
（23）木下工務店技術本部編『木造住宅施工の実務手順』彰国社，1997
（24）日本建築家協会都市災害特別委員会『建築家のための耐震設計教本』彰国社，1997
（25）杉山秀男『地震と木造住宅』丸善，1996
（26）『建築知識』エクスナレッジ，1997・7
（27）『建築知識』エクスナレッジ，1998・9
（28）国立医薬品食品衛生研究所化学物質情報部『国際化学物質安全性カード(ICSC)日本語版』食品衛生研究所ホームページ
（29）『性能保証住宅設計基準　木造住宅(戸建・解説付)』住宅保証機構，1999
（30）山内設計ホームページ『防露設計におけるＨ＆Ｍの位置付け』http://www.yp-i.co.jp/link_pages/seihin_hm_summary.htm

## ●索引

### あ-お

|  |  |
|---|---|
| 相欠き | 93 |
| 亜鉛めっき鋼材 | 129 |
| アスファルトルーフィング | 130 |
| アスベスト | 101, 103 |
| 圧縮強度 | 28, 36 |
| 圧密沈下 | 48 |
| アモサイト | 101 |
| アレスレン | 105 |
| アンカーボルト | 78, 79 |
| イエシロアリ | 52 |
| イグサ | 100 |
| 1等材 | 33 |
| ウール | 104, 110, 111 |
| 内断熱 | 84, 112 |
| 埋込み長さ | 79 |
| 液状化 | 18, 48 |
| エチルベンゼン | 98 |
| 襟輪欠き | 95 |
| 延焼危険度図 | 12 |
| 塩ビ壁紙 | 100 |
| 塩ビ桝 | 75 |
| 塩ビモノマー | 100 |
| オーバーフロー | 139 |
| 押出法ポリスチレンフォーム | 104, 110 |
| 落し込み | 88, 93 |
| おぼれ谷 | 50 |

### か-こ

|  |  |
|---|---|
| 加圧注入処理 | 146 |
| カーペット | 100 |
| 概算見積 | 64, 65, 66 |
| 概算見積仕様書 | 66 |
| 外装用タイル乾式工法 | 103 |
| 外装用タイル湿式工法 | 103 |
| 階段 | 118 |
| 外壁通気構法 | 122 |
| 化学物質 | 98 |
| 可塑剤 | 99, 101 |
| 活断層 | 17, 48 |
| 金輪継ぎ | 59 |
| カビ | 36 |
| かぶり厚さ | 74 |
| 壁紙 | 101 |
| 壁量充足率計算 | 54, 82 |
| 空配管 | 145 |
| 換気開口部 | 71 |
| 換気口 | 71, 73 |
| 換気扇 | 143 |
| 環境共生 | 107 |
| 含水率 | 32, 36 |
| 間接基礎 | 46 |
| 乾燥収縮 | 73 |
| 寒中コンクリート | 21 |
| 岩盤 | 15 |
| 蟻害 | 28, 30 |
| 機械換気設備 | 107, 108 |
| 気乾含水率 | 36, 127 |
| キシレン | 98, 99 |
| 木摺下地 | 125 |
| 基礎 | 46, 62 |
| 基礎パッキン | 72, 148 |
| 木拾い表 | 67 |
| 給水管 | 106 |
| 給排水設備 | 141 |
| 旧版地形図 | 13, 14 |
| 共振現象 | 14, 15 |
| 共振時の増幅率 | 15 |
| 共通仕様書 | 155 |
| 切り土 | 51 |
| 金属屋根材 | 103 |
| 杭地業 | 46 |
| グラスウール | 104, 110, 111, 122 |
| クリープ値 | 157 |
| グリーン材 | 33 |
| クリソタイル | 101 |
| クリモグラフ | 23 |
| グロースタート器具 | 145 |
| クロシドライト | 101 |
| クロス張り | 121 |
| クロルピリホス | 98, 105 |
| 珪藻土 | 101 |
| 経年凍害 | 21 |
| 契約約款 | 160, 165 |
| 化粧スレート | 129 |
| 月桃エキス | 105 |
| 結露 | 84 |
| ケヤキ | 28, 31, 35, 147 |
| 健康住宅 | 120 |
| 降雨強度 | 20 |
| 高気密・高断熱仕様 | 107, 108, 109, 120 |
| 公庫仕様書 | 35, 79, 114, 147 |
| 工事監理 | 154, 166 |
| 硬質ウレタンフォーム | 104, 110 |
| 工事連絡書 | 168 |
| 洪水確率 | 19 |
| 鋼製型枠 | 135 |
| 洪積層 | 14, 15, 17, 50 |
| 構造用製材 | 106 |
| 工程表 | 160, 164 |
| 後背湿地 | 50 |
| 合板 | 88, 118 |
| 合板下地 | 125 |
| 剛床 | 88 |
| コーナービード | 119 |
| コストプランニング | 65 |
| 鏝塗り | 136 |
| 鏝塗り作業 | 119 |
| コマ型ブロック地業 | 46 |
| 込み栓 | 94 |
| 小屋梁 | 89 |
| 固有周期 | 14, 16 |
| コルクタイル | 100 |
| コンセント | 140 |
| 混和剤 | 101, 135 |

### さ-そ

|  |  |
|---|---|
| 砕石地業 | 46 |
| サイディング | 133, 136 |
| サイディング張り | 125 |
| サイディングボード | 103 |
| サウンディング試験 | 26 |
| 座金付きボルト | 83 |
| 左官 | 133 |
| 左官仕上げ | 119, 125 |
| さや管方式 | 75 |
| 仕上塗材 | 101, 103 |
| シーリング | 128, 136, 138, 139 |
| シーリング工事 | 138 |
| 地業 | 46, 77, 167 |
| 軸組 | 84 |
| 軸組工法 | 86 |
| 仕口 | 57, 58, 59, 92 |
| 地震被害想定調査報告書 | 16 |
| 次世代省エネ基準 | 109 |
| 漆喰 | 101 |
| シックハウス | 98, 99, 108 |
| 室内空気汚染 | 99 |
| 室内土質試験 | 26 |
| 地盤 | 25, 62 |
| 地盤沈下等量線図 | 12 |
| 地盤凍結深度 | 23 |
| 収縮率 | 36 |
| 集成材 | 34, 106 |
| ジョイントボックス | 144 |
| 省エネ | 107 |
| 上小節材 | 33, 34 |
| 常時微動 | 15 |
| 常駐監理 | 154 |
| 照明器具 | 144 |
| 初期凍害 | 21 |
| 暑中コンクリート | 22 |
| シロアリ | 52, 147 |
| シロッコファン | 143 |
| 真壁 | 82 |
| 人工乾燥材 | 33 |
| 心材 | 125 |

| | | |
|---|---|---|
| 深層地盤改良工法……………46 | 畳……………………100, 120 | 難燃剤………………………104 |
| 新耐震基準……………………62 | タッカー釘…………………132 | 布基礎……………70, 71, 77, 80, 81 |
| 人通口…………………………70 | 縦胴縁…………………126, 133 | 根がらみ……………………148 |
| 振動…………………………121 | 単位水量……………………157 | 根切り…………………………81 |
| 振動減衰性……………………15 | 炭化コルク……………104, 110 | ネコ土台……………………71, 72 |
| 水害……………………………48 | 断熱材……………110, 122, 124 | 根太……………………………93 |
| 水平剛性………………………14 | 短ほぞ…………………………94 | 熱貫流率……………………110 |
| 水平構面……………………55, 88 | 断面欠損……………57, 92, 93 | 熱貫流量……………………110 |
| 水和反応………………………22 | 断面図…………………66, 150 | 熱抵抗値……………………109 |
| スウェーデン式サウンディング試験…25 | 力骨…………………………134 | 熱伝導率……………………110 |
| スギ……………………………35 | 置換工法………………………46 | 年輪間隔………………………35 |
| 筋かい……………61, 62, 82, 84 | 地質図……………13, 14, 16 | 軒桁……………………………89 |
| スチレン………………………98 | 地耐力…………………………81 | 軒先…………………………131 |
| 捨てコン………………………77 | 柱状地盤改良工法……………46 | |
| ステンレス…………………129 | 沖積層……………13, 14, 15, 17, 50 | **は－ほ** |
| 砂質地盤………………………18 | 長期許容応力度………………47 | パーティクルボード………102 |
| スプリングワッシャー……127 | 長尺シート床材……………100 | 排気型セントラル換気システム……108 |
| スランプ……………………157 | 直接基礎………………………46 | 排水管……………106, 141, 142 |
| スリーブ…………………75, 140 | 通気層………………………126 | 葉枯し…………………………29 |
| 石綿スレート………………101 | 継手………………………58, 59 | 剥離剤…………………135, 158 |
| 石油系断熱材………………104 | 壺掘り…………………………25 | 羽子板ボルト…………………86 |
| 施工にあたっての注意事項シート…166 | 吊木…………………………121 | 柱………………………………53, 58 |
| 設計施工会議………………150 | 電気設備……………………141 | パッシブ……………………107 |
| 石こうボード………………101 | 電線…………………………106 | 波動現象………………………26 |
| 接着剤…100, 101, 102, 103, 104, 106, 120, 121 | 点灯管………………………145 | パラジクロロベンゼン………98 |
| 設備スリーブ…………………76 | トイレ床……………………101 | 梁………………………………53, 56 |
| 設備配管………………75, 76, 81 | 凍害危険度分布図……………21 | バリアフリー…………120, 143 |
| セメント瓦…………………129 | 倒壊率…………………………13 | バルコニー……………87, 139 |
| セメントペースト…………152 | 凍結深度……………23, 73, 81 | 氾濫予想区域図………………20 |
| セルロースファイバー……104 | 胴差し…………53, 56, 60, 123 | 火打ち金物……………………93 |
| 背割り…………………………85 | 透湿防水シート……31, 126, 127, 128, 130, 132, 133 | 火打ち梁……………………53, 93 |
| 繊維強化セメント板……101, 103, 118, 119 | 通し柱………………………56, 92 | 日影……………………………38 |
| 繊維飽和点……………………36 | 凍上………………………48, 51 | ひき立寸法……………………37 |
| 洗面化粧台…………………118 | 凍上現象………………………23 | 非常駐監理…………………154 |
| 総合費用……………………109 | 銅板…………………………129 | 必須仕様………………………65 |
| 外断熱…………………107, 112 | 特1等材……………………33, 34 | 必要壁量………………………55 |
| 外断熱工法…………………104 | 土台……………………58, 83, 91 | 必要壁量計算………………125 |
| | 土地条件図……………………13, 14 | ヒノキ………………28, 34, 147 |
| **た－と** | 特記仕様書……………66, 67, 155 | ヒバ油………………………105 |
| 耐蟻性………………………147 | 塗料…………………………106 | ひび割れ…………135, 138, 148 |
| 耐震壁………………………61, 71, 87 | トルエン…………………98, 99 | 標準貫入試験…………………26 |
| 耐震診断………………………62 | ドルゴ通気弁………………142 | 表面波探査調査………………26 |
| 耐震性…………………………70 | ドレン………………………139 | 平ラス………………………134 |
| 耐水合板……………………119 | | ピレスロイド系……………105 |
| 耐腐朽性……………31, 70, 147 | **な－の** | 品確法……………92, 98, 109 |
| 台持ち継ぎ……………………59 | 内水氾濫…………………20, 51 | 封水…………………………142 |
| ダイヤモンドカッター………75 | 内線規定……………………144 | フォーカシング現象…………17 |
| 耐力壁………………………54, 55, 88 | 内装用タイル乾式工法……101 | 付加仕様………………………65 |
| タイル………………………133 | 内装用タイル湿式工法……101 | 吹付け塗装…………………136 |
| タイル張り…………………125 | 長ほぞ…………………………94 | 腐朽………………28, 30, 35, 148 |
| 田植え…………………………78 | 波形ラス……………………134 | 複合図………………………152 |
| 卓越周期……………14, 15, 16 | ナラ……………………………35 | 複合フローリング…………100 |
| ダクト………………………143 | 納戸…………………………118 | 節………………………………33, 34 |
| たすきがけ筋かい……………82 | | 伏図…………………………153 |

| | |
|---|---|
| 不同沈下 | 13, 46 |
| 太筋かい | 79 |
| ブナ | 36 |
| プライマー | 138 |
| ブラケット | 140 |
| プラスターボード | 119, 121, 152 |
| プレカット | 85 |
| フローリング | 101 |
| 分電盤 | 145 |
| 平衡含水率 | 36 |
| 平面図 | 66, 150, 152 |
| ヘキサナール | 101 |
| べた基礎 | 70, 77, 80, 81 |
| 辺材 | 125 |
| 偏心率 | 54, 61 |
| 防カビ剤 | 101, 104, 106, 123 |
| 防蟻剤 | 99 |
| 防湿コンクリート | 73, 75, 148 |
| 防湿層 | 84 |
| 防水紙 | 119, 125, 130, 131, 132, 133 |
| 防水テープ | 128 |
| 防虫剤 | 98 |
| 防腐・防蟻剤 | 147 |
| 防腐・防蟻処理 | 146 |
| 防腐・防蟻対策 | 105, 147, 148 |
| ホールダウン金物 | 83, 84, 86 |
| 補強金物 | 59 |
| 補強筋 | 76 |
| ポリエチレン | 111, 122 |
| ポリエチレン系断熱材 | 124 |
| ポリスチレンフォーム | 104, 110, 111 |
| ホルムアルデヒド | 98, 99, 100, 101, 102, 104 |
| 本瓦 | 129 |

## ま－も

| | |
|---|---|
| 曲げ強度 | 28 |
| 増し締め | 127 |
| 間柱 | 122 |
| マラカイドグリーン | 100 |
| マルチメディアコンセント | 145 |
| マルチメディアポート | 145 |
| 丸身 | 33 |
| 未乾燥材 | 29 |
| 水セメント比 | 157 |
| 見積書 | 160 |
| 見積要綱 | 66 |
| 民間連合協定約款 | 165 |
| 無節材 | 33, 34 |
| メンテナンス | 31, 81 |
| 面内剛性 | 88 |
| 木材保存剤 | 99 |
| 木酢液 | 105 |
| 木質系ボード | 102 |
| 木質系床材 | 100 |
| 盛り土 | 51 |
| モルタル | 101, 134, 135 |

## や・ゆ・よ

| | |
|---|---|
| 薬剤 | 105, 147 |
| 薬剤処理 | 146 |
| 屋根葺き材 | 129, 130 |
| 屋根用厚形スレート | 103 |
| 屋根用化粧スレート | 103 |
| ヤマトシロアリ | 52 |
| ヤング係数 | 32 |
| 有害性情報 | 98, 100, 101, 102, 103, 104, 105, 106, 111 |
| 床束 | 73, 148 |
| 床鳴り | 73 |
| ユニットバス | 101, 143 |
| 養生シート | 135 |
| 養生テープ | 138 |
| 横胴縁 | 126 |

## ら－ろ

| | |
|---|---|
| ラス | 134 |
| ラスボード | 119 |
| ラップルコンクリート地業 | 46 |
| 立面図 | 66, 150 |
| リノリウム | 100 |
| リブラス | 134 |
| ローラー塗り | 136 |
| ロックウール | 104, 111 |

## わ

| | |
|---|---|
| 我が家の耐震診断チェックソフト | 62, 82 |
| 割栗 | 77 |
| 割栗地業 | 46 |
| 割れ | 35 |

## A－Z

| | |
|---|---|
| JAS規格 | 32, 35 |
| JIS認定工場 | 158 |
| KD材 | 33, 36 |
| $N$値 | 25, 26, 50 |
| $R$値 | 109 |
| SS試験 | 25 |
| VOC | 100, 101, 104 |
| Zマーク | 83 |

## あとがき

「はじめに」でも述べたように，本書は「どのような点に配慮した設計をすれば施工品質が確保できるか」を主題にして書かれています。その意味でいえば，本書は設計マニュアルとしての側面をもっています。

ただ，設計という作業には感性が求められることから，そうした点にまで踏み込むことは自由な発想を阻害する場合さえあり，そのようなマニュアルはむしろ不要と考えています。建築は，美学と工学の両面をもっており，どちらが欠けても建築とは呼べないと考えています。筆者が否定するマニュアルは美学の面に関わるマニュアルであり，工学の面に関わるマニュアルまで否定しているわけではありません。この本にマニュアルの側面をもたせた理由は，感性だけで描かれた図面では，施工品質を保つことが困難な場合が少なくないと考えているからです。

工学の面に関わるマニュアルという側面をもつ本書を，読者の皆さんがもつ感性を十分に発揮するための支えとして役立ててもらえたなら，筆者にとってこれに勝る喜びはありません。

本書は，意匠関連を力石が，構造関連を中村が担当しましたが，設備・電気・空気質・資材・地盤などに関しては，それぞれの専門家に関わっていただきました。ご協力くださった皆様には，この場をお借りして厚くお礼を申し上げます。

なお，言うまでもないことですが，記載内容についての最終的な責任は筆者にあり，浅学菲才のために不十分な記載となっている個所も少なからずあると考えています。そうした点には読者の皆様のご叱責を賜わり，改善の機会が与えられた際に盛り込むことでお許しをいただければと考えています。

最後になりますが，再び本を書く機会を与えてくださいました井上書院の関谷勉社長のご厚意と，編集を担当していただきました石川泰章氏，山中玲子氏のご努力，そして図版等を制作されましたグラフィックデザイナーの小川善三氏に深く感謝いたします。また，筆者を支えてくれたそれぞれの家族の協力に感謝します。

2002年11月　力石眞一・中村茂

● 著者

**力石眞一**（ちからいし しんいち）
1971年，武蔵工業大学工学部建築学科卒業／同年，清水建設株式会社設計2部／1989年，生活文化施設担当建築設計部・教育施設設計担当課長を経て，力石眞一建築設計事務所を設立，現在に至る。
一級建築士
日本建築学会正会員
著書『住宅現場・公開講座 品質を守る木造住宅のつくり方』井上書院（2000）

**中村 茂**（なかむら しげる）
1971年，武蔵工業大学工学部建築学科卒業／同年，戸田建設株式会社技術研究所構造研究室／東京支店建築工事技術部技術課長などを経て，1999年より本社生産技術開発部長，現在に至る。
一級建築士
日本建築学会正会員

● 執筆にご協力くださった方々

**輿水 知**
大成建設株式会社エコロジー本部シニアエンジニア

**村江行忠**
戸田建設株式会社技術研究所環境技術グループ

**梛山和明**
東武建設株式会社東武電設工業統括本部設備本部コーディネーター

**古島 進**
株式会社ヤマト営業部部長代理

**総合地質株式会社**
所在地　東京都世田谷区代沢5-8-11-207
TEL 03-5481-5651

**マルイ木材株式会社**
所在地　東京都東村山市久米川町1-16-12
TEL 042-397-8611

---

住宅現場・公開講座 品質を守る木造住宅の計画と設計

2002年11月10日　第1版第1刷発行
2004年2月20日　第1版第2刷発行

著　者　　力石眞一・中村茂 ⓒ

発行者　　関谷 勉

発行所　　株式会社 井上書院
　　　　　東京都文京区湯島2-17-15 斎藤ビル
　　　　　電話（03）5689-5481　FAX（03）5689-5483
　　　　　http://www.inoueshoin.co.jp
　　　　　振替00110-2-100535

装　幀　　川畑博昭

印刷所　　株式会社オーイ・アート・プリンティング

製本所　　誠製本株式会社

- 本書の複製権・翻訳権・上映権・譲渡権・公衆送信権（送信可能化権を含む）は株式会社井上書院が保有します。
- JCLS〈（株）日本著作出版権管理システム委託出版物〉
本書の無断複写は著作権法上での例外を除き禁じられています。複写される場合は，そのつど事前に（株）日本著作出版権管理システム（電話03-3817-5670，FAX03-3815-8199）の許諾を得てください。

ISBN4-7530-1981-0　C3052　　　Printed in Japan

## 出版案内

### 住宅現場公開講座 品質を守る木造住宅のつくり方

力石眞一　B5判・182頁（二色刷）
在来軸組工法による住宅現場において，品質を確保するうえで必ず守ってほしい施工の基本を，良い事例と悪い事例の写真や豊富な図表を使って，工程順にわかりやすく解説した。建築主・設計者・施工管理者がそれぞれ確認しなければならない項目が一目でわかるよう分類するとともに，重要度のランク表示を付した。　●定価3675円

### 木造建築の木取りと墨付け

藤澤好一監修，田處博昭著　B5判・160頁（二色刷）
木造建築における大工の伝統技術について，木材の扱い方，加工と架構の方法の学び方，大工道具の使い方が理解できるよう，木取りから墨付け，加工，建方に必要な基本的な知識を作業工程に沿って図解した。大工の技能習得を目指す方や設計者にとって，軸組加工の基本と原理を知るうえでも貴重な手がかりとなる一冊。　●定価3150円

### 図解 高齢者・障害者を考えた建築設計

楢崎雄之著　B5判・176頁
高齢者や障害者が安全かつ快適に生活できる「バリアフリー住宅」の生活環境について，その基本的な考え方と，住宅や公共建築の設計・計画を行ううえでおさえておきたいポイントをわかりやすく解説。バリアフリー住宅設計指針とハートビル法に基づく，部屋別・場所別の設計基準や配慮すべき事項を具体的に図解した。　●定価3150円

### 建築の結露 その原因と対策［増補改訂版］

山田雅士　A5判・160頁
永年，結露の原因とその対策の研究に携わってきた著者が，豊富なデータと現場経験とを踏まえ，結露の発生要因，鉄筋コンクリート住宅における表面結露とその対策，鉄筋コンクリートにおける内部結露，外側断熱と結露，木造住宅の結露など，「結露をとめる」ための理論的根拠と実際の施工方法を具体的に解説した。　●定価4515円

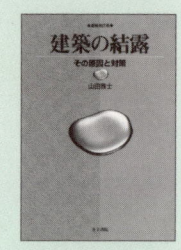

### 住まいQ&A 室内汚染とアレルギー

吉川翠・阿部恵子・小峯裕己・松村年郎　A5判・216頁
住宅内でアレルギー症の原因の大部分を占めるダニ・カビや，化学物質過敏症やシックハウス症候群発症の引き金となっている化学物質による室内空気汚染を取りあげ，アレルギーとの相関性や室内アレルゲン低減化対策の具体例など，健康被害を少なくする住まいづくりのノウハウをQ&A方式で基礎から平易に解説した。　●定価2205円

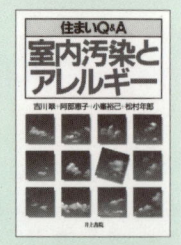

### マンガで学ぶ 木の家・土の家

小林一元・高橋昌巳・宮越喜彦　B5判・144頁
「木」や「土」といった再生可能な自然素材を使った，人にも環境にもやさしい木組・土壁の家のつくり方を，アレルギーに悩む子をもつ一家の，新居の設計監理をうけもった若手設計者を主人公にマンガ形式で解説した。木の調達から木材の加工，建方，土壁塗り，造作，竣工後の手入れまで，各工程のポイントをおさえて整理。　●定価2625円

＊上記価格は消費税5%を含んだ総額表示になっております。